谨以此书献给

国民革命军第74军抗战英烈

鸢飞戾天

96老人王淮冰
2015.6于南京

* 王淮冰先生为原《大刚报》战地记者、后《大刚报》社长，
与吴鸢同为国际新闻社成员。

鸢飞戾天

——一位国军少将的抗战军旅实录

吴鸢 著

壹嘉个人史系列

壹嘉出版

鸢飞戾天

一位国军少将的抗战军旅实录

作　　者／吴　鸢
编辑整理／吴仪东
出 品 人／刘　雁
封面设计／温振涛
出　　版／壹嘉出版（San Francisco, USA）
　　　　　网址：http://1plusbooks.com
　　　　　Email：1plus@1plusbooks.com
印制销售／秀威资讯科技股份有限公司
　　　　　114 台北市内湖区瑞光路 76 巷 69 号 2 楼
　　　　　电话：+886-2-2796-3638
　　　　　传真：+886-2-2796-1377
网络订购／秀威书店：http:/store.showwe.tw
　　　　　博客来网络书店：http://www.books.com.tw
　　　　　三民网络书店：http://www.m.sanmin.com.tw
　　　　　读册生活：http://www.taaze.tw

出版日期／2024 年 1 月
POD版／2024 年 6 月 一版
I S B N／978-1-949736-80-9
定　　价／NT 980 元

吴鸢，摄于1981年

在武昌拜谒辛亥先烈黄兴像。左起：吴莺、张灵甫、皮宣猷

前排右起：吴莺、李初年、郑希冉；
后排右起赵汝汉、张灵甫、刘光宇。年代不详

七十四军军官们。后排左起：卢醒、蔡仁杰、王奎昌、陈传均、陈嘘云、杨宗鼎。前排左起：邱维达、王耀武、俞济时、施中诚、吴鸢。摄于1946年

参观潮州观韩楼、八达岭长城

吴鸢、蒋海琳夫妻合影

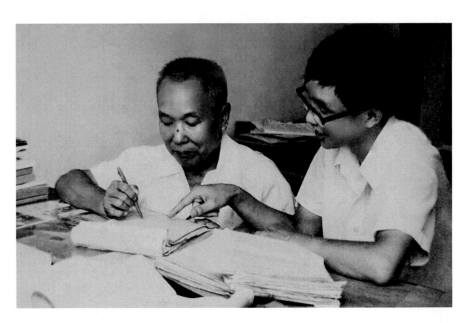

在江西省政协文史办

1940年第75期国际新闻社《半月通讯录》剪报。庚天（吴鸢）表示所拍摄照片"如能用，即作为荣稿吧"，"荣稿"即不用支付稿酬的稿件

1940年第65期国际新闻社《半月通讯录》中，庚天（吴鸢）对国际新闻社重庆办公室遭日机轰炸表示慰问

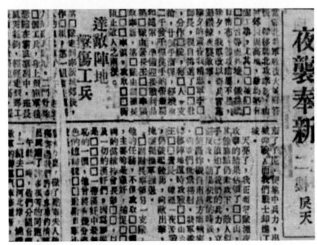

部分戾天（吴鸢）发表作品剪报

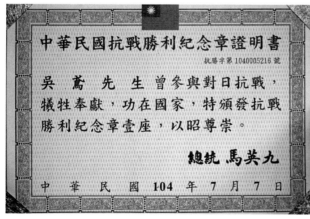

中华民国颁发的抗战胜利纪念章及证明书

中华人民共和国颁发的抗战胜利70周年纪念章

目 录

抗战纪实

淞沪抗战

南京保卫战

武汉会战

南昌会战

1939年第九战区冬季扫荡战

1940年第九战区夏季扫荡战

上高会战

第二次长沙会战

常德会战

浙赣会战

长衡会战

湘西会战

附录

吴鸢简历

吴鸢，字戾天，江西省铅山县河口镇文坊村人，生于1911年10月8日（农历10月初六）生。父亲吴中秀是一名私塾教师，母亲蒋三梅是农村妇女。有兄鸿、姐鹤，弟鹏与鹊。

1922年进入铅山鹅湖乙种商校读书，1924年毕业。

1925年在河口镇长发南货店当学徒。

1927年3月，吴鸢弃商从戎，参加了北伐军，在国民革命军东路军特务营三连任上士文书，随军北伐到山东。

1927年7月3日任国民革命军第二集团军第一军二师六团少尉旗官。

1927年8月1日任第一军二师六团中尉排长

1928年3月毕业于陆军第一师军训班

1928年7月1日任陆军第一师三旅六团中尉旗官

1929年4月1日任湖北警备第一旅上尉参谋

1929年7月1日任独立第十四旅一团上尉参谋

1931年4月1日任独立第三十二旅旅部上尉参谋

1932年1月毕业于中央军校驻豫军官团1期

1933年7月2日任江西保卫三师上尉连长

1933年与蒋海琳结婚，生五子二女，长大成人有三子一女

1934年1月1日任江西保卫三师师部少校参谋

1934年7月5日应王耀武将军的邀请，放弃少校军衔，任陆军补充第一旅旅部上尉参谋

1934年10月毕业于军委会铨叙厅人事训练班1期

1935年12月1日任陆军补充第一旅旅部少校参谋

1936年7月1日任新编第十一师师部少校参谋

1936年9月1日任五十一师师部少校参谋

1937年至1938年参加淞沪会战、南京保卫战、兰封会战、武汉会战和南浔会战

1937年起，开始撰写战地报道，宣传抗战将士的英勇事迹，成为多家报纸和刊物的特约记者和通讯员。已知的有《抗战》周刊、《全民抗战》周刊、《民国日报》《中央日报》《东南日报》《阵中报》《前方日报》《衡阳正中日报》和《益世报》

1939年7月20日任陆军第七十四军军部参谋处参四课中校课长

1939年参加第一次长沙会战、第九战区冬季扫荡战

1940年参加范长江、胡愈之领导的《国际新闻社》，开始向《国际新闻社》投稿

1940年参加第九战区夏季扫荡战、秋季扫荡战、冬季扫荡战

1941年参加上高会战、第二次长沙会战

1941年11月6日在1940年年终考核中，以"成绩优良"获陆海甲种二等奖章

1943年6月23日任陆军第七十四军参谋处参三课上校课长

1944年3月5日毕业于陆军大学西南参谋班9期

1944年4月1日任第二十四集团军司令部参谋处参二课上校课长

1944年5月参加长衡会战

1945年4月1日任第四方面军司令部第一处上校处长

1945年5月任第四方面军司令部第一处少将衔处长

1945年参加湘西会战

1945年6月任第四方面军司令部第一处少将处长

1945年7月20日以"热心奋勉，业务娴熟。数月来昼夜工作，不辞劳瘁，始终如一，更能及时具申意见，适合机宜"在"长衡会战"战役评奖中，获得干城甲种一等奖章

1946年1月9日以"勤奋勉力，对人事调整，兵力补充，敌我战力估计，均能适应，圆满达成任务。"在"湘西会战"战役评奖中，获得光华甲种一等奖章。这是奖章中的最高级别。

1946年2月1日任第二绥靖司令部第一处少将处长

1946年9月30日在1946年元旦授勋中获胜利勋章

1947年7月以"抗战以来，迭建勋劳，南京战役曾获重伤，历年考绩优良"在1947年元旦授勋中获干城甲种二等奖章

1948年3月12日毕业于中央训练团第七期

1948年10月在济南战役被俘

1949年2月被释放

1949年7月任浙江省高级医校附属产院事务长

1951年4月28日在《镇压反革命运动》中，作为"国民党在大陆的残余分子"在杭州被捕，后被押往铅山县。

1953年1月30日由铅山县人民法院以"反革命罪"判处死刑缓期二年，在监狱进行劳动改造

1957年5月8日由江西省高级人民法院改判有期徒刑20年

1961年6月24日由江西省高级人民法院减刑一年

1975年12月，根据《最高人民法院、公安部、中央统战部关于宽大释放在押的原国民党县团以上党政军特人员的实施方案》被释放

1976年2月任南昌市八一商场五金仓库保管员

1981年3月退休

1986年9月任南昌市人民政府参事室终身参事

1986年以后，参加书籍《李觉将军》《蒋经国在赣南》的编辑工

作。开始抗日战争回忆录的写作，作品被全国政治协商委员会文史资料委员会，上海、江西、湖南、陕西、泰安政治协商委员会文史资料委员会，中国文史出版社，中国共产党江西省委员会党史研究室收入出版

1992年1月2日逝世，享年82岁

2015年获中华人民共和国抗战胜利70周年纪念章

2015年获中华民国抗战胜利纪念章及证书

第七十四军简史[1]

吴 鸢

第七十四军是国民党五大主力之一，从番号数字上看，是成立较晚的，它之所以后来居上，是与第二任军长王耀武分不开的。因此，在写第七十四军历史时，得先从王耀武谈起。

五十一师的建立

一九三三年秋，蒋介石在江西南昌行营亲自指挥"剿共"战事时，在河北保定成立编练处，以钱大均为主任，招募新兵六个团。那时，国内遍地灾荒，农村经济破产，农民勤劳终日，不得一饱，河北、山东、河南更不例外。与其在家饿死，不如出外当兵，所以，一向从军者多，因此，六个团的兵额，很快招募完成了。蒋介石原拟将六个团编为一个师，但在江西战事失利，兵员亟待补充的情况下，决定将它编成两个补充旅。补充旅，顾名思义，随时可以拨补的部队。补充第二旅旅长，由第二师副师长钟松调充，补充第一旅旅长则由第九十二师五四七团（原独立卅二旅六九四团）团长王耀武升充，因王在江西宜黄守城有功。

补充第二旅随即改为第二师补充旅，补充第一旅在江西临川整训。当时，在赣东北的红十军团在方志敏率领下，按照中共中央的指示，北上抗日，部队向西挺进。这儿国民党无正规部队，只有浙江保安团，于是将王旅星夜运往浙江，归浙保纵队指挥官俞济时指挥。国民党以十八个团的兵力在怀玉山将红十军团紧紧围住，最后以方志敏被俘结束战事。

---

1. 吴鸢从五十一师前身补一旅开始，直至1944年随王耀武到第二十四集团军司令部就职前，一直在七十四军工作。本文写作日期不详，未曾发表。

补充第一旅在稍事休整后，经浙赣、沪杭、沪宁、津浦、陇海到达西安，归西安绥靖主任杨虎城指挥，接着调到陕南洋县与川军孙震部联防，后又经陇南文县进入四川西北的松潘，戊守经年，调回陕西汉中后，升编为新编第十一师，王耀武升任师长，摘掉了"补充兵"的帽子。未及三个月，第五十一师范石生（原滇军）编散，番号出缺，经重庆行营的推荐，新编第十一师从此使用第五十一师的正式番号。

七十四军的建立

一九三七年秋，淞沪抗战军兴，国民党精锐部队从四面八方调到上海，第五十一、五十八师也先后来到战场，防守罗店、嘉定一带。为了便于指挥，便成立第七十四军，俞济时任军长，辖第五十一师（师长王耀武）、五十八师（师长冯圣法）。当时军部组织简单，只有参谋和副官两个处，只负责军事指挥，不管其他。

七十四军在上海三个月的战斗中，因固守防线，赢得了上级嘉奖。从淞沪撤退后到了南京，归南京卫戍总司令唐生智指挥，在上方镇、淳化镇一带与日军激战，一周内阵亡团长二人，后从南京撤退到开封时，全军仅余七千余人，战事激烈可见。七十四军先调到湖北荆（门）沙（市）一带整补，为时三个月，后北上至开封、兰封、考城一带阻击日军。因黄河决堤，日军改变计划，企图由沿长江西上，进攻武汉。为阻止敌军行动，七十四军奉令入赣，在江西德安万家岭、张古山一带与日军一〇一、一〇六师团激战，在友军的共同努力下，取得德安大捷的胜利。是冬，长沙大火，七十四军奉令调长沙，担任守备，帮助人民在余烬中修整家园。一九三九年四月，日军在赣北展开攻势，部队再度调赣，在潦河、锦江一带防守，王耀武升任副军长仍兼第五十一师师长。

一九三九年夏，俞济时调任第十集团军副总司令，并成立副总部，五十八师师长冯圣法升任第八十六军军长，王耀武升任七十四军军长直到一九四三年再一次提升。这时又将由陈调元旧部（北伐时的第三十七军）改编的第五十七师施中诚部拨入七十四军建制，军为人事经理单位。七十四军中营以上的干部大都属黄埔系列，王耀武任军长后，锐意整训部队，成立军官训练班，自兼主任辖军官队和军士大队，向中央军校洛阳分校商调一批优秀教官来军工作，轮训排长以上干部。将班长、副班长和经过招考进来的一些稍有文化的青年编入军士大队，每晚由人事科长陪同，与参加学习的军官进行个别谈话，了解他们的家庭、经历和其他各方面的情况，并录入档案。对行伍出身的排连长，分别保送到中央军校和各兵科学校学习，提高他们的水平，给予他们晋升必备的资历，将级人员则保送到陆军大学学习。他还打破师、团界限，实行相互交流，从而使部队面貌一新。

发展与壮大

一九四一年春，国民政府军事委员会为适应战场形势，建立中央直辖战略机动部队，决定在全军中选拔四个军为加强攻击军，江南、江北各两个。当时已内定三个：江北为第一、第二两个军，江南为新五军（杜聿明），剩下的一个名额，各方面都在竞争。军令部签拟了在抗战中战绩优异的四个军呈报蒋介石审批，内以第十八军和七十四军旗鼓相当，蒋介石最后圈定第七十四军。

所谓加强军者，是军司令部编制人员较多，军直属部队的人员比一个师的还多，计有炮兵、工兵、辎重兵各一团，补充兵两个团，搜索（半机械化）、高射炮、战车防御炮、通讯兵、特务（警卫）各一个营。正当部队正在编组中时，日军第三十三（一部）三十四两师团和独立二十旅团，分途向上高进犯。第七十四军奉令担任正面防守任务，阻止了日军的强大攻势，与日军在离上高城八里的下陂桥血战两天，虽伤亡惨重，但确保了上高，最后在友军的协同下反攻，迫使日军逃出上高，退回原阵地。此战役，被参谋总长何应钦誉为"最精采之战"，国民政府授予第七十四军以"飞虎旗"（最高荣誉奖——在蓝色绸旗上绣有白色飞虎），授予王耀武青天白日勋章（最高级勋章），被授予勋章、奖章的官兵达二百余人。

自此以后，第七十四军成为第三、第九两战区的战略机动部队，曾参加长沙第二、第三两次会战和浙赣线的金华、衢县外围战。部队从湖南衡阳走到浙江金华，又从金华走到广西来宾，跋涉于浙南、闽北、赣南山区（为避免日机侦察，不得不走小路），往返四千余里，沿途军纪严肃，深为群众所称许。一路上，兵员不减、士气旺盛，大有打不垮、拖不散的气概。

一九四三年冬，七十四军调到湘西常德、澧县、桃源一带守备，当时第一百军军长空缺，王耀武保举了副军长施中诚升充，从此，第七十四军和第一百军两军关系密切。

正当开罗会议召开时，日军进攻常德，这就是日军的"谷仓之战"。第七十四军五十七师（师长余程万）守城，城失而复得数次，最后将日军击退。著名小说家张恨水，为此撰写了小说"虎贲万岁"（虎贲是五十七师代号），这是在抗战中以真人真事写成的第一部章回小说。战后，王耀武升任第二十四集团军总司令，辖第七十三、第七十四、第一百三个军，对原三个军长人选作了调整：原第七十三军军长彭位仁另调，由副军长韩浚升充，第一百军施中诚回任第七十四军军长，第七十四军副军长李天霞调升一百军军长。王在师长和副师长中也作了一些调动，同时，他还规定各军团长以上调动必须报由总司令部审核。王耀武按老办法，开办将校班，轮训连长以上军官，邀请名流、学者莅临演讲。如在长沙时，曾邀请范长江、田汉演讲，在辰溪、洪江时，曾邀请湖南大学教授演讲。在第七十四军中具有才干的人员，都能得到升迁，其中又以第五十一师较多。这其中最主要的关键是蒋介石对王耀武的信任，凡是王所保举的人员，蒋都是"准如所请"。王耀武也确有一番事业心，他不剋扣军饷，用人唯才，从不任人唯亲（他的胞弟王哲恩是中央军校高教班毕业的，但始终给予闲散位置）。王关心下属，每次战役后都组织慰问组慰问伤员，这都成为他事业发展的因素。汤恩伯曾到王耀武的司令部参观，后大为赞许。

抗战中最后一战

一九四五年四月，日军在内外交困的情况下，企图破坏芷江空军基地和国民党军队换用美械装备的进程，确保由中国通往越南的大陆运输线畅通，纠集了六个师团（计第三十四、四十、四十七、六十四、六十八、一一六师团）和第八十六旅团（一称樱兵团），由第二十军司令官坂西一良中将指挥，发动湘西会战（一称雪峰山会战）。这时王耀武刚升任第四方面军司令官，所辖的五个军（第十八、第七十三、第一百、第七十四、新六军）中，拥有国民党五大主力军的三个军（第十八、第七十四、和新六军），士气旺盛，实力雄厚，对战争前途十分乐观。一个多月的战斗，由攻势防御转为攻势转移再到追击，打得日军狼狈逃窜，遗下的人马尸体，沿途皆是。战事结束后，何应钦偕美军将领麦克鲁等亲到第一线视察，陈诚、鹿钟麟、汤恩伯等以及中外记者慰问团，先后到四方面军慰问，一时山阴道上络绎不绝，王耀武名噪一时，美国国会授予王耀武金质自由勋章。第七十四军第五十一师以战功卓著获得武功状二轴，荣誉旗一面。是役，我毙伤日军三千人以上，俘虏日军尉官五人，士兵四十余人，卤获战利品计有步枪三千七百一十四支，轻机枪二百三十挺，重机枪四十八挺，山炮四门，榴弹炮一十三门，迫击炮三十一门，掷弹筒三百六十五具，战刀三百四十五把，此外，弹药、钢盔、太阳旗无数（以上不包括三方面军的数字），另击毁敌机一架。

曲终人散

抗战胜利了，四方面军番号被撤销，所属各军各调一方。十八军担任武汉警备、新六军调东北、第七十三和一百两军守备京沪线（今沪宁线），七十四军卫戍南京。王耀武成了光杆司令调济南，他的新的任命是第二绥靖区司令官。

一九四六年，参谋总长陈诚建议取消军的番号，将军改称为整编师，师改称为整编旅。因此，第七十四军改称为整编七十四师，由张灵甫任师长，原军长施中诚调任第廿集团军副总司令。这年整编七十四师沿运河北上，参加进攻临沂，一路上获得一些小胜利，五月到达山东孟良崮时，为优势之解放军包围，在无水、缺粮的炎热季节，苦战三日，全部被歼灭。师长张灵甫、副师长蔡仁杰、旅长卢醒等，全部毙命，蒋介石、王耀武等闻讯之下，惊惶失措。号称"国民党最精锐的部队"就这样"干净、彻底、全部"地被消灭了。

蒋介石下令王耀武继续成立新的七十四师，由邱维达任师长（王耀武的得力干部之一），后七十四师恢复军的番号。一九四九年一月二日，邱维达在徐州战役中被俘，至此，第七十四军的番号成了历史。

附：第七十四军军长更替情况

军长　　俞济时

　　五十一师师长　王耀武

　　五十八师师长　冯圣法

军长　　俞济时

副军长　王耀武

　　五十一师师长　王耀武

　　五十八师师长　冯圣法

军长　　王耀武

副军长　施中诚（李天霞）

　　五十一师师长　李天霞（周志道）

　　五十七师师长　施中诚（余程万）（李琰）

　　五十八师师长　廖龄奇（张灵甫）

军长　　施中诚

副军长　张灵甫

　　五十一师师长　周志道（邱维达）

　　五十七师师长　李　琰（陈嘘云）

五十八师师长　　　蔡仁杰

整编七十四师师长　　　张灵甫

副师长　　蔡仁杰

五十一旅旅长　　　陈传钧

五十七旅旅长　　　陈嘘云

五十八旅旅长　　　卢醒

军长　　邱维达

五十一师师长　　　王梦庚

五十七师师长　　　杜新

五十八师师长　　　罗幸理（王奎昌）

序言

吴鸢将军的书终于正式出版了。吴将军的女儿吴仪东是我抗日将领后代群里多年的好友，当她邀请我为这本书写序，我很乐意地答应了。

国民革命军第74军成立的时候，我的外祖父王耀武将军是74军51师师长，吴鸢将军是师部参谋。王耀武将军从上高会战开始任74军军长，抗战期间先后升任第24集团军司令、第四方面军司令部司令，而74军一直都在将军的指挥下作战，直到抗战胜利结束。

国民革命军74军从淞沪会战开始，参加了不计其数的战斗，在南京、兰封、南昌、武汉、浙赣、鄂西、上高、长沙、常德、长衡、湘西等大会战中，屡建战功，是抗日军队五大主力之首，有"抗日铁军"之称。

吴鸢将军在抗战期间写了大量的战地报道发往报纸和杂志，宣传74军官兵的英勇事迹。这不是他的工作内容，而是他有这份热情。吴鸢将军的这本书就是74军抗战史的收录。吴鸢将军的后人花十余年时间在各地图书馆搜寻史料，将它们整理编印成书。这是一个战场亲历者当年的记录，资料来源真实可靠。《鸢飞戾天》文集是一笔宝贵的财富，一本对每一个中华民族的后来者具有参考价值的书。

我们是抗日战争参战将士的后人，对保存历史有一份使命感，对历史的尊重是个基本的信念。我对这《鸢飞戾天》问世的意义、效果充分肯定。

谨以此为序。

王耀武将军外孙女　黄惠玲

2023年7月20日

前　言

20世纪的第二次世界大战，是人类历史上的重要事件。几乎全世界都卷入了这场反法西斯战争，几千万人的生命在这场战争中消失。中国的抗日战争是这场反法西斯战争中的重要组成部分，中国战场是持续时间最长的战场，也是牺牲人数最多的战场。有关中国战场的文学作品有不少，但是纪实作品实属不多。

《鸢飞戾天》是一部有关抗日战争的纪实文集，作者是一名抗日军人，他利用军务的闲暇时间，写下了他所亲历的国民革命军第74军的抗战历程。书中收集了作者从淞沪会战开始，包括南京、南昌、武汉、浙赣、上高、长沙、长衡、湘西等会战的战地实况报道和述评。它们忠实地记录了当年这些抗日将士是如何前仆后继，用自己的血肉建起了一座巍峨的长城。这些文章刊登在当时的报纸和刊物上，宣传了抗日将士的英勇精神，激发了全国人民的抗战热情，坚定了抗战必胜的信念。这位军人作家就是我的父亲吴鸢。

我的父亲吴鸢，字戾天，江西省铅山县河口镇文坊村人，生于公元1910年11月10日。我的祖父是名私塾教师，祖母是一普通农家妇女。

据父亲说，他的学历不高，顶多算初小。他于1921年就读铅山县商业学校，那时还只有11岁。1924年，父亲结束了商业学校的学习，到铅山县河口镇的长发南货店当了一名学徒。

这个学徒并不安分，1927年北伐军一到河口镇，他就弃商从戎了。他在自述里写道："我之所以参加国民革命军，是因为国共第一次合作国民革命军北伐到达江西时，各地青年踊跃参军，形成了一股高潮，我也成为其中之一。我读过孙中山先生的《三民主义》《五权宪法》《建国大纲》《建国方略》等，立志要做一个革命军人，一个出人头地的英雄。"

他刚参军的时候，在桂永清将军的国民革命军东路军特务营三连任上士文书，自1934年后一直在王耀武将军麾下。父亲的军衔由上士晋升为少尉、中尉、上尉、少校、中校、上校最后晋升少将。他在抗战期间的最后职务是第四方面军司令部第一处少将处长。

父亲一生中最重要的事情是参加了波澜壮阔的抗日战争。他所在的51师在淞沪会战前夕和58师组成了74军，后来57师也加入了74军。这支被称为"三五"的部队是抗日战争中的铁军，他们从淞沪会战一直打到最后一战——湘西会战，屡建功勋。父亲也因为表现突出，荣获一枚胜利勋章和四枚奖章——陆海空军甲种二等奖章、干城甲种二等奖章、干城甲种一等奖章和光华甲种一等奖章，其中，光华甲种一等奖章是最高级别的奖章。

父亲是一个酷爱学习的人。他知道自己的学历低，在参军后，只要驻地有基督教会的青年会夜校，他就报名去上课。多年的夜校学习给他的文化知识打下了坚实的基础，使他的写作游刃有余。他是国民革命军陆军第一师军训班、中央军校驻豫军官团1期、军委会铨叙厅人事训练班1期、陆军大学西南参谋班第9期的毕业生。

父亲是一个喜爱写作的人，他以自己的字"戾天"和"力田"作为笔名发表作品。在我们找到的文章里，最早的发表于1928年，那时，他还是个参军才一年的士兵。部队驻扎在汉中的1935年，没有战事，相对松闲，他仅在7月发表的稿件就有6篇。父亲的文风比较活泼，收入本书的《第七十四军上海抗战概述》一文是他和王仲模合写的，王仲模写58师，我父亲写51师，风格明显不一样。

父亲是《民国日报》《新蜀报》《衡阳正中日报》《大刚报》《前线日报》和《中央日报》多家报纸的特约记者。他当年发表的文章，我们现在已经找到的有31篇，这都是宝贵的第一手抗战资料。父亲后来参加了范长江、胡愈之和黄药眠领导的"国际新闻社"，写下了多篇战地报道和战事述评，在当时的报纸和刊物上发表。为了支持"国际新闻社"的工作，不论是文字稿件还是照片，父亲没有收取过一分钱的稿酬，完全是义务。

抗战胜利后，饱经战乱的中国重又陷入国共内战。济南战役中，国军战败，父亲被俘，后遣送回家。

1951年，中国大陆开展了"镇压反革命"运动，父亲被作为"国民党留在大陆的残余分子"被捕入狱，24年后被宽释。宽释后，他被安排在南昌市八一商场当仓库保管员，1981年退休，1986年受任南昌市人民政府终身参事。1992年1月2日去世。

2015年，已去世多年的父亲同时分别获得台湾海峡两岸颁发的"抗日战争胜利70周年"纪念章和证书。

著名的作家村上春树说过："我们的记忆，是由个人记忆和集体记忆加在一起构成的"，"这两者紧密地纠缠在一起，而历史的记忆就是集体的记忆"。他还说过："剥夺正确的历史，就是剥夺人格的一部分。"

父亲在抗战期间写的文章就是真实的历史记忆，有些文章就是在阵地上挥就而成。

我们这个家庭也比较特殊，在抗日战争期间，我的大舅蒋芳迈、二舅蒋芳通、三舅蒋芳还、大伯吴鸿和父亲都是抗日军人。我的四舅蒋芳遑夫妇是国民政府军事委员会政治部第三厅新中国剧社的重要成员。我的大伯和父亲都是从淞沪会战就披挂上阵，一直打到最后一仗湘西会战。所以我对抗战历史有深厚的感情。

抗日战争是中华民族历史上最为光辉灿烂的一页，中华民族以弱小之躯咬紧牙关，苦苦抵抗强大的外来侵略，历时十四年终于获得胜利。我们这些后人有义务有责任将这段历史让更多的人知道。

我们感到将父亲的这些文章汇编成册是一件有价值的事情。

用了近二十年的时间，我们搜集到了父亲的这些文章，编成了这样一本书，目的就是为了记录那段历史，并以此寄托我们对父亲的怀念。

父亲在他的自述里提到在抗战中他曾经给哪些报纸和杂志投稿，

但是没有留下那些稿件的标题。我们先是给地方政协文史资料研究委员会写信，得到他们的热情相助。他们不仅将我父亲在1975年以后的稿件复印给了我们，也给了他们收集到的我父亲在抗战期间的发表的一些稿件。

我们也听到过抗战老兵说过，他们在当时就知道吴鸢参谋在报纸上发表文章宣传他们的抗战事迹，部队还组织大家阅读有关报纸。

我们决定根据74军的抗战历程，寻找有关报纸在每次战役中和结束后的时间发表的文章，在这些文章中寻找署名"戾天"的作品。我们也曾看到别的"戾天"发表的文章，但只要不是写74军抗战的，我们都基本放弃。父亲在抗战之前写的一些文章，我们则根据文章内容和当时部队驻地所在地作为依据进行鉴别。像"出亡"那篇文章就是我父亲当年生活的记录，在他的档案里明确写了他在长发南货店当学徒，我们就将这篇文章收入。

十几年来，我和弟弟建东北上北京，南下桂林，东起杭州，西至重庆，在一家家图书馆的故纸堆里一篇篇将这些文章搜索到。搜索的时候，我们既不知道文章的标题，也不知道发表的具体时间，只是漫无边际在报纸的一个一个版面去寻找以"戾天"为笔名的文章，真是"大海捞针"！文章找到后，我又在键盘上把它们一个字一个字敲进了电脑。在这漫长的过程中，我逐渐了解了父亲。抗日战争的史诗奏响之后，这个年轻人义无反顾、不怕牺牲地投入到这场伟大的抵御外侮的战争中去。他说：我想到勒蓝基的名言——"生命对于我自己，无足轻重，我只求把生命利用在最好的地方。"

在他当年的文字中，我看到了一个坚韧不拔、视死如归、始终保持着乐观向上态度的年轻军人。南京沦陷后，他历经艰险回到了部队，仅在半个月之后，他就在《南京之围》里写下了"我们要一点也不气馁，学曾国藩的屡败屡战，抗战到底，直流到我们最后的一滴血"的豪言。

在这些文稿录入的过程中，父亲的形象在我的脑海中越来越高大。正是因为有了成千上万这样不怕牺牲的人，中国完成了驱逐日寇、重建中华的伟业。

1986年起，父亲应一些地方政治协商委员会的邀请，开始撰写一些回忆文章。由于当时的历史环境，他对国民党方面的人和事往往采用了贬抑的口吻，在文中竭力回避对过去的事和人做正面评价，反而进行一些批评，这些在对人物的描述中有明显的表现。当那种压力渐渐变小之后，文章才又变得大胆了一些。一个明显的例子便是有关张灵甫将军的两篇文章。这两篇文章分别发表于1986年和1993年，其中对张灵甫将军的评价虽不能说是大相径庭，但至少是差别甚大。对这些文章，从尊重历史起见，收入本书时一概保持原貌，不做更改。

父亲曾受中国人民政治协商会议全国委员会文史资料研究委员会、江西省政治协商会议委员会文史资料研究委员会、山东省政治协商会议委员会文史资料研究委员会、长沙市政治协商会议委员会文史资料研究委员会的邀请，参加他们的文史资料收集或整理工作，参加了《蒋经国在赣州》《李觉将军》两本书的编写。父亲是个热心之人，他还受朋友的委托帮助他们写回忆录，但这些回忆录都是以当事人的名字发表，父亲要么不署名，要么以整理者的身份署名。我们是看到一些文章的手稿才知道它们是出自父亲的手笔。在汇编本书的时候，我们将这些文章也收编进来，目的是为逝去的历史增添一些史实。

父亲留下的文稿除了有关抗日战争的之外，还有涉及其他方面的，我们也将其收纳在内。根据父亲留下的记载，他写的文稿远不止现在搜集到的这些。因为种种原因，我们尚未找到它们的下落，比如，他在为"国际新闻社"撰稿时，不仅没有收取稿费，并且文章也常以他人的名字署名发表，这些就无从寻找，真是一大憾事。但愿以后能有发现它们的机会。

有些文章来自微缩胶卷，其中有些文字字迹模糊不清，无法辨认，只好用"□"来代替。这给读者的阅读带来了不便，还望能得到大家的谅解。编辑过程中遇到手稿和刊印的文章在文字上有出入的地方，以手稿为准。

在这些年蒐集文稿的过程中，我得到了亲人和朋友们的鼓励和热情相助。我们全家都参与了这长达二十年的搜集、整理的工作，可以说这本书是我们全家心血的结晶。

很高兴抗日名将、74军军长王耀武将军的外孙女黄惠珍女士在百忙之中应邀为本书写了序言。

王耀武将军和我的父亲不仅是多年的上下级关系，也是非常好的朋友。王将军的后人为本书作序是再合适不过。

王耀武将军任补一旅旅长起，父亲就在他的麾下。

南京保卫战期间，我父亲因负伤，没上前线，在师部留守处。

王耀武将军在接到撤退的命令时，马上想到在师部留守处的吴鸢。他乘坐吉普车赶往留守处，把我父亲接出来一同撤退。生死就在这几分钟决定，负伤的父亲如果被日寇抓住，必死无疑。

父亲在军中工作勤勤恳恳，从不拉帮结派，他掌握人事大权，但从不接受贿赂。在父亲的获奖记录里，我们在申报理由一栏里看到：

> 热心奋勉，业务娴熟。数月来昼夜工作，不辞劳瘁，始终如一日，更能及时具申意见，适合机宜；
>
> 勤奋勉力，对人事调整，兵力补充，敌我战力估计，均能适应，圆满达成任务。

父亲的工作能力和人品得到王耀武将军的称赞，在74军得到广泛的好评。大家用"站着的王耀武，坐着的吴鸢"来评价他们的为人。

非常荣幸，父亲的好友、著名记者王淮冰先生在2015年96岁高龄之际为本书题写了书名。王淮冰先生是江苏省哲学社会科学联合会副主席，他在19岁时投入抗战，成为一名战地记者。在采访74军时他和我父亲相识，他们的友谊一直延续到生命的终止。

这么多年来，好友李建华先生、李勇先生、陶琼女士、赵旗女士、易雄斌先生、杜青先生和蒋向宇先生只要一发现我父亲的文稿、照片就马上一一发给我；王勇先生、陈希亮先生、石巍女士和张旭东先生在提供资料、核对史实方面也给了我很多帮助；王小玲女士仔细阅读我写的叙述文字，提出宝贵的修改意见，她还不辞辛苦参加了本书的校对工作，逐句逐段帮我检查文字和标点符号；赖恩典先生热心帮助我和壹嘉出版社联系，使这本书终于能正式出版。

在此，我向诸位一一表示深深的谢意！

尊敬的读者，如果这本文集对您了解当年的抗战史实能有所帮助，我们就感到欣慰了。

吴鸢之女　吴仪东
2023.6.12

抗

战

纪

实

第七十四军上海抗战概述[1]

值兹上海抗战五十周年之际，回忆当年战斗情景，历历在目：我中华儿女筑起了血肉长城，阻敌前进，可以说是一寸山河一寸血，寸血难买寸山河。当时，我在国民党第七十四军任少校参谋，这个军在小川沙、浏河、罗店、蕴藻浜、八字桥等处，与敌周旋，五十八师以机动使用为主，五十一师是坚守阵地，历时三个月。现将所及，叙述如后。因事隔半个世纪，手头又无地图、文件，个人日记早在文革中烧了，年老（今年七十八）记忆不全，失误之处，尚祈知者指正。

日本当局是借"虹桥事件"派兵来沪的。所谓"虹桥事件"者，是一九三七年八月九日下午三时许，日军海军中尉夜山雾夫和一等兵斋藤要芷，乘车来到虹桥机场，强行入内，卫兵当予制止，夜山不理，拔枪射击，卫兵还击，阴谋未遂。在折回途中，与闻声前来的巡逻队（保安部队，当时限于淞沪协定，不能驻正规军）相遇，夜山又拔枪射击，当被保安队击毙。事后日军借题发挥，大批陆、海军运沪，于八月十三日上午九时许，日海军陆战队由天通庵、横滨路越过淞沪铁路，冲入宝山路，从而揭开淞沪战序幕。

上海的重要性是众所周知的。日军初意是一举而

1.本文原发《上海文史资料存稿汇编》第三册，上海市政协文史委员会编，发表时题为《第七十四军上海抗战概述》，署名吴鸢、王仲模。

得，我军是寸土必争，因而双方都不考虑"逐次增兵"是兵家大忌，不断增兵。国民党的大量精锐部队纷纷投入战场，从八月十三日起，到十一月十二日南市撤退止，为时三个月。

沪战一开始，驻陕西汉中、洋县一带的第五十一师王耀武，与驻平汉线（今京广线）河南信阳至湖北孝感间的第五十八师冯圣法奉令调沪参战。王师是从宝鸡上车，经陇海、津浦、京沪（今沪宁）线开抵上海郊区的；冯师是从汉口船运南京，再车运苏州的。这两个军都是嫡系部队，军官均为中央军校出身，装备较好，均为两旅四团制。为适应战场需要，将这两师编为第七十四军，以俞济时为军长（黄埔一期后任蒋介石侍卫长，总统府军务局长，现在台湾）。当时指挥系统如下表：

第七十四军系统表

（一九三七年沪战时）

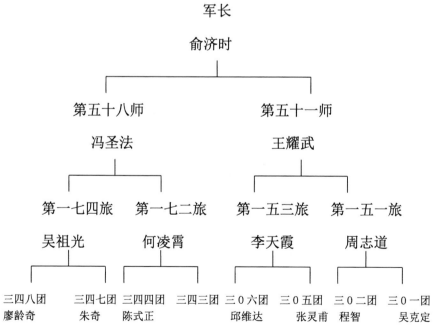

五十八师战斗情况

川沙河口附近之攻击

八月三十日，五十八师（欠一七四旅）到达嘉定滩石桥附近地区集结时，奉到陈总司令命令要旨：

一、川沙次河口登陆之敌为第六师团一部，经我友军阻击，连日以来，陆续增援，似有南犯企图，着五十八师（欠一七四旅）到达滩石桥后，即经岳庙—新家桥，向川沙镇之敌攻击。

二、右与五十一师，左与五十六师妥取联系。

当时，一七四旅是担任白茆口—浒浦—福山镇沿江守备，采取"游动"、"后退"配备，遇敌登陆，即乘其立足未稳，将其击破。

遵照总部作战命令，制定作战方案如下：

一、当令第一七四旅旅长吴祖光率部于卅日晚，乘夜暗推，进至陈家湾附近，展开于仓基、罗宅之线，攻击当面之敌，进击北岸南北线，作战地境如下：

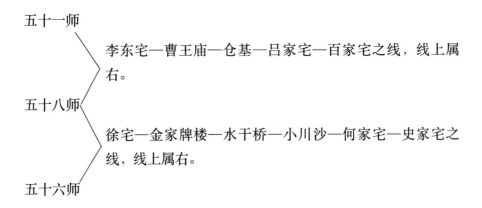

五十一师

李东宅—曹王庙—仓基—吕家宅—百家宅之线，线上属右。

五十八师

徐宅—金家牌楼—水干桥—小川沙—何家宅—史家宅之线，线上属右。

五十六师

二、师直属部队：工兵营位于岳王庙；通讯兵营以岳王庙为基点，构成与各部通讯网；辎重兵营在余家村、南樊村，开设弹药交付所；卫生所在新家桥开设绷带所。

三四七、三四八两团，于三十日午后十时，准备完毕，于三十一日五时，以迅雷疾风之势，开始攻击前进，使敌猝不及防，其警戒部队大部被歼。七时许，三四七团进展至唐家宅、蒋宅、顾家、油车、张宅之线，与敌主力遭遇，双方开展肉搏战；左翼三四八团在西宅、蒋家宅、水桥之线，亦发生激战。敌集结约两个中队的兵力，向我两团结合部猛攻，轰炸机三架，临空助战，投弹百余枚，使我伤亡较大，一时情况紧急。第三四七团三营营长李嵩（抗战后期任五十八师副师长）机智勇敢，不失时机，率领团预备队攻击大徐宅，袭击敌之侧背，一战奏功，俘鹰森旅团井木旺队上等兵田一中武等二名（当时生俘日军是不容易的，日军士兵受武士道影响，多自杀），夺取轻机枪二挺，步枪二十四支及战刀、杂件等，使敌攻势顿挫。第三四七团团长朱奇，带领第二营乘势猛攻，将侵入东王宅之敌，歼灭过半。下午二时，李嵩营攻占二七五高地，这个制高点，若敌据此，可以掩护川沙河口上岸之敌；我部据此，可瞰制川沙镇附近之敌和扑灭登陆之敌。因此双方反复争夺，易手三次，卒赖我将士不顾一切牺牲，前仆后继，确保此制高点不落日军手中。黄昏后，战斗停止，是役，我伤亡官兵达二百七十余人，初战告捷，给全师官兵以莫大鼓舞。

浒浦镇沿江防御战

九月二日，敌巡洋舰一艘，由崇明岛向白茆口驶来，下午，二时许到福山镇附近游弋，逐渐接近南岸，当驶至浒浦镇附近时，以机枪向南岸盲目作侦察性射击，我军则一枪不发。日舰见无动静，一小时后离去。

九月五日，敌炮舰三艘载有橡皮艇及木船十余只，乘晨光曦微之际，驶至浒浦镇附近，施放烟幕，掩护陆战队登陆。守备在这一地区的一七二旅三四四团第二营利用既设工事，构成炽盛火力，在营长童亚仆的沉着指挥下，歼击登陆之敌。日舰发现我军阵地，集中火炮轰击，工事毁坏过半。三四四团长陈式正（抗战中期任五十八师师长）率领预备队第三营增援，在浒浦口至花家之线激战三小时，敌不支，施放烟幕，向东逸去。追九月十二日，奉令将防务交一五三师接替，一七二旅归还建制。

曹王庙至海王宅之阵地战

八月卅一日，午后八时，军部转来总部电话命令：因战略关系，着五十八师于今（卅一日）夜转移至罗（店）浏（河）公路以西地区占领曹王庙（不含）、岳王庙、苏村至朱家宅之线阵地，限九月一日拂晓前部署完毕。当时各师作战地境如下：

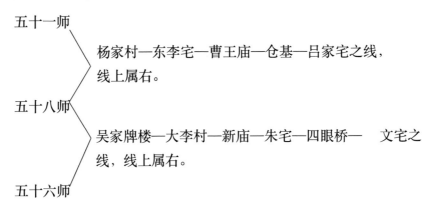

五十一师

杨家村—东李宅—曹王庙—仓基—吕家宅之线，线上属右。

五十八师

吴家牌楼—大李村—新庙—朱宅—四眼桥— 文宅之线，线上属右。

五十六师

九月一日七时许，我各部队正在加紧构筑工事时，有日搜索兵五、六十人，由小川沙窜至王家楼附近，与三八四团警戒部队接触；九时许，有步骑兵联合之敌，约七、八百人，由小川沙经南樊宅、陆家宅向王家楼急进，并以约两百余人经新家桥、丁家楼向三四七团二营警戒阵地进犯，全线展开激战。十一时许，敌机三架，向王家楼俯冲轰炸，敌步兵在空军掩护下发起冲锋，反复肉搏，我部官兵奋勇迎击，与敌反复肉搏，卒将来犯之敌击退。入暮后，敌曾数度进犯，但均被遏制。

九月二日，敌仅派小部队进扰两次，被我击毙十余名后退走。

九月三日，敌按照一贯战法，集中炮兵火力，向三四八团王家楼阵地轰击。步兵约七、八百人，在密集炮火掩护下，以三面围攻方式，向王家楼进攻。十一时许，敌机十余架，临空助战，工事几乎全部被毁，全营伤亡颇重，营长龙腾的两条腿被炸断后牺牲，九连连长阮康达负重伤。经过苦战后，我军阵地屹然未动。经过这一次血战，旬日间无较大战斗。当于九月四日，将防务交三四八团一营接替，该营调至滩石桥师部附近休整。在这次战斗中，我俘获轻机枪一挺，步枪十二支，官兵伤亡达三百余人。

苏村附近争夺战

九月十三日，一七二旅归还建制后，奉令接替五十六师朱家宅（不含）至吴家巷之阵地守备，师基于持久战之目的，对两旅作战境地区分如下：

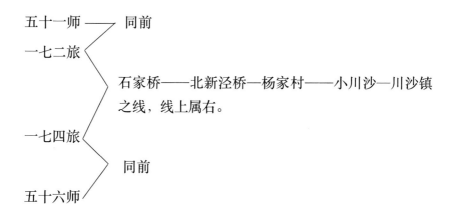

五十一师 —— 同前

一七二旅

石家桥——北新泾桥—杨家村——小川沙—川沙镇之线，线上属右。

一七四旅

同前

五十六师

九月十八日，敌配炮四门，向我三四三团三营阵地连续发射千余发。因我阵地连日来逐次加固，伤亡甚微。上午七时许，敌步骑兵约三百余，经高家衖钻隙窜至三〇六高地，与我警戒部队接触，一小时后，敌增至八、九百人，我警戒部队伤亡殆尽。八时许，敌窜至苏村北端，发射各种信号弹，接着炮兵集中火力，向苏村阵地密集射击，轰炸机六架，轮番投弹、扫射。敌步兵在空、炮协同掩护下，逐步深入，激战至午，苏村东北阵地被突破。营长陈车木，不顾敌机轰炸，率领第八连，向敌逆袭，反复搏斗，终将阵地恢复，并生俘敌兵两名，局势始告稳定。午后二时许，我炮兵集中火力，向敌方密集射击，正当我炮兵扬威时，敌机五架飞临炮兵阵地上空，投弹不下二百余枚，迫使我炮兵不能发射。我三四三团三营，血战竟日，情况危急，已无预备队可派，当令辎重兵营营长张彝模率领两个连增援。张营长临危受命，由苏村东端经张家宅向江宅附近之敌攻击，威胁敌之侧背，敌不得不向三二六高地退走。张营长在追击中不幸弹中头部，当场牺牲。从俘获的文件中得知，当面之敌为第六师团。

王家宅附近反击战

九月十九日起，敌在我正面改取守势，主力逐次进犯蕴藻浜方面，目标似指向大场，军部发来命令：

"敌自窜过蕴藻浜后，逐次南犯，有攻略大场企图。我友军一七一、一七三、一七四、一七六四个师（均系广西部队）由陈家行、广福附近，采取攻势，向当面之敌攻击，我军为策应友军作战，着五十八师派出有力之一部，于今（廿）日午后六时，开始向当面之敌攻击，以牵制敌人兵力转用。

五十八师当即部署如下：

一、着一七四旅三四七团派兵一营，附迫击炮四门，于午后六时，经王家宅攻击新家桥附近之敌。

二、着一七二旅三四四团派兵一营，附迫击炮四门，于午后六时，经永干桥攻击东李宅附近之敌。

三、其余各部，仍固守原阵地，以防敌之窜扰。

下午六时三四七团二营与三四四团一营，按照命令指示，向当面之敌攻击。七时许，分别接近新家桥、东李宅敌军阵地。我正破坏鹿砦、铁丝网时，敌以交叉火力，向我扫射，因夜暗目标不明，我伤亡较轻。我迫击炮向敌新家桥、东李宅阵地射击，步兵发起冲锋，与敌展开白刃战，三四七团二营，于拂晓前占领新家桥。三四四团一营刚占领李东宅立足未稳时，即遭到敌强大的炮兵群准确射击，由于地面开阔，阵地突出，致蒙受较大伤亡，当于黄昏后撤回原阵地。从俘虏口中得知敌军为台湾守备旅第一联队二大队。是役，俘敌兵三名，轻机枪三挺，步枪二十六支。

苏州河南岸八字桥附近阻击战

十一月六日上午，奉军部命令要旨：

一、窜过苏州河南岸之敌，现在东西陶滨、屈家桥至姚家宅之线，处与我友军对战中。

由金山卫登陆之敌，与我六十一师、六十二师对战。

二、着五十八师于七日拂晓前，接替李家（含）、北新泾、东西陶滨、屈家桥、八字桥、施家街至方家之线阵地，拒止敌之进扰，并限七日六时，接替完毕具报。

五十一师当令一七四旅接替第三十六师李家（含）、北新泾迄东西陶滨（含）之线阵地，重点保持在左；一七二旅接替教导总队西陶滨（不含）、屈家桥、八字桥、施家街（含）之线阵地，重点保持于右。作战地境如下：

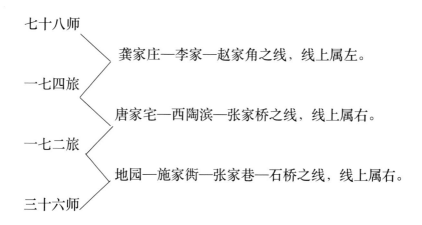

七十八师

一七四旅

龚家庄—李家—赵家角之线，线上属左。

唐家宅—西陶滨—张家桥之线，线上属右。

一七二旅

地园—施家街—张家巷—石桥之线，线上属右。

三十六师

师炮兵营应在西蒋上附近选择阵地，准备对西陶滨、屈家桥、秋巷上之敌射击。

骑兵连归一七二旅指挥，担任右翼之敌搜索、警戒，并与友军接合部之联系。

十一月七日，上午六时许，敌步兵约五、六百人，开始向东西陶滨、屈家桥、八字桥、施家衖之线大举进犯，集中优势炮火对我阵地发炮百发，尘土飞扬，步兵乘势猛攻，激战至九时，敌始终未逞。敌机九架对我东西陶滨、八字桥一带阵地倾泻炸弹，使我阵地工事几乎全毁。三四八团一营之东陶滨阵地，被敌突破一小部，营长陈中起率领预备队逆袭，歼灭部分敌军。八字桥方面之三四四团，在敌陆空炮联合进攻下，浴血应战，营长童亚仆坚强抵抗，誓死不退，不幸在激战中，头部中弹，当场阵亡，部队失去指挥，情况危急，该团中校团附（即副团长）刘国用，指挥一、二营逆袭，使局势暂趋稳定。

下午二时，大批敌军又发起攻击，在空军、炮兵掩护下，向我东西陶滨阵地猛攻，工事摧毁甚多，一时硝烟弥漫，搏斗惨烈。第一七四旅旅长吴祖光亲临第一线指挥，激战至黄昏仍保持原阵地。由于日间双方恶战，入夜，仅有小接触。

八日拂晓，敌再向东西陶滨发起攻击。七时许，一股约二百余人之敌，由北新泾、东陶滨间隙处突入，直趋张家宅，有切断公路企图。当由三四七团中校团附李嵩，带领第一营由范家宅袭击敌之侧背；第三营由北新泾西端侧击侵入之敌，敌军背腹受敌，被迫退回原阵地，第一营营长应扬，在与敌搏斗中，流弹贯通头部，当场壮烈牺牲。团长陈式正，在第一、二两营营长相继阵亡后，重新组织兵力，在敌机轰炸和炮兵集中射击下，艰苦支撑。午后，方拟调整部署时，奉到军部命令，由于金山卫登陆之敌得逞，直趋松江，我军作战略转移至嘉兴、苏州一带布防。官兵们含泪忍痛撤离上海。

阵地守备战的五十一师

第五十一师是一九三七年八月二十九日到达嘉定的，接替十八军的防务，担任左自感桥起经施相公庙、杨家宅、东李宅、曹王庙、仓基、吕家宅、罗店亘刘行的防守任务。

八月三十日，日军约一个旅团，由川沙镇登陆，经石东桥南犯，企图直趋罗店、刘行，进出真如、嘉定，切断京沪线（今沪宁线）及苏州河南岸我大军后路，因此，罗店的得失关系整个战局的安危。

任何部队都愿意打运动战，可捕捉战机，有运用自如的自主权，不愿打持久的阵地战，因为这是等着挨打。今天，分配给五十一师的任务却是在这港汊纵横，空旷的原野，构筑阵地，抗拒敌人；在装备上，敌优我劣，敌军陆、空、炮动作协同，还在阵地前沿进行气球观测。白天，我无活动余地，只有利用夜间，加强工事，不断向敌逆袭。九月上旬，下了几天雨，虽然天气暂时限制了敌军的活动，但给我蹲在战壕里的战士，也带来了很大的不便。积水一时排不出去，水深之处可以没膝，没有坚韧的毅力，是支持不了的。有几天，饭都送不上来，只能以小块饼干充饥，大家忍饥挨饿，但毫无怨言，都风趣的说是"受洋罪"。

天晴了，敌军陆、炮、空协同，天天发动进攻。我们摸清了敌人的规律，尽管炸弹、炮兵把泥土掀到半空，我们头也不抬，他炸他的，我守我的。当敌军进入有效射程内，我们才开始射击。这时，飞机不敢投弹，炮兵不敢射击，是步兵对步兵的白刃战。我们将少数会武术的组成大刀队与敌拼搏，杀得遍地血迹。经过几次较量，我军虽蒙受重大伤亡，但敌人也没有得到便宜，局势暂时安定了。九月初，我发动了几次夜袭，摸进敌人警戒阵地。八日，一五一旅三〇二团二营营长詹文（黄埔四期，湖北浠水人）率领两个连，乘小雨迷濛，摸进敌人炮兵阵地，犹如飞将军从天而降，手榴弹、刺刀杀得敌人晕头转向，他身先士卒，与敌搏斗，不幸壮烈牺牲。事后，报请军委会特准晋两级抚恤（国民党阵亡官兵，一般都晋一级抚恤）。我伤亡官兵九十余人。获悉击毙了敌联队长竹田和炮兵联队长鹰森，受到总部通报嘉奖，这种夜袭换来了九月上半月的沉寂对峙局面。

敌军的气球，天晴时，就在两军阵地上空窥测我军动静，这个眼中钉一定要拔掉。大家动脑筋，白天看好进出道路，夜间挖好交通壕，选出两名特等射手在黎明前进入临时据点。到了十点钟，在气球上的观察兵正拿着望远镜四方看时，我方射手冷不防双枪齐发，把气球打破，敌观察兵便活活摔死，我潜伏的战士顺着壕沟回来了。敌人便经常更换地方，我们也就因地制宜，予以打击。

九月二十日，为配合友军作战，再一次抽调两个营，组织突击队，作有限目标的攻击，借以牵制敌军兵力转用。这出敌意表的行动，打得敌人措手不及，我前进了二公里，占领了敌军原工事作为据点。在这次战斗中我一五三旅三〇六团一营营长刘振武（黄埔五期，山东历城人）阵亡，连遗骸都没有抢回。此役，我俘虏敌兵三名，获轻机枪二挺，步枪四十二支，我伤亡官兵八十九人。十月四日，我派出三〇一团一营营长尹元之（黄埔六期，湖南人）率领全营夜袭，摸进日军联队部，击毙联队长川于大佐，尹营长也忠勇殉职。此役，我伤亡官兵六十七人，俘获轻机枪三挺，步枪卅六支。

敌军在几次夜袭战中受到创伤，就白天大举进攻，飞机轮番轰炸，炮兵密集射击，阵地上硝烟弥漫，工事大半被毁。我官兵俟敌进入有效射程内，发挥十字火网的威力，并与敌肉搏，使敌空军、炮兵，都失去威力；入夜，我便加紧修补工事。日军新闻发言人承认在罗店至刘行这一地区，因我工事巩固，进展困难。日军原来直趋真如、嘉定的企图被挫败。上海《大公报》《申报》《新闻报》《时事新报》等记者纷纷来到五十一师采访，师长王耀武的照片刊在头版，来师工作的战地服务组织就有三个，组织中的青年学生大部分后来随军西撤，王耀武根据个人志愿，或保送中央军校学习，或资助升学，使他们有了归宿。

十一月八日，日军在金山卫登陆成功，战局急转直下，大军撤离上海，他们含着热泪与厮守三个约的阵地诀别，发誓：我们一定要打回来。我因负责指挥后方辎重撤退，被敌机炸伤手臂。

七十四军从上海撤退后，在南京保卫战中，与日军鏖战于上方镇、中华门、水西门一带；渡江北撤中，损失较重。尔后，经过整补，转战于河南、江西、湖南。在俞济时调离七十四军后，五十七师加入建制，由王耀武任军长。七十四军锐意整训，愈战愈强，从而成为国民党五大主力之一。

一九三八年冬，长沙大火，七十四军调驻长沙。田汉（时任军委会政治部三厅五处少将处长）曾为七十四军作军歌，由任光（《渔光曲》作者）作曲，歌词大意是："起来，弟兄们，是时候了，我们向日本强盗反攻！他，侵犯我们国土；他，残杀妇女儿童。我们保卫过京沪，大战过兰封。南浔线[1]，显精忠；张古山，血染红。我们是人民的武力，抗日的先锋，人民的武力，抗日的先锋！"

1.南浔线，指南昌至九江的铁路。

在东线上 [1]

从头说起

在川陕边区负责着绥靖地方责任的我们，每天是刻板的学科、术科交替递嬗着。然而，这样有规律的生活，在半殖民地的中国国军是享受不久的。果然，当"七·八"号炮声传到那个山角落里，我们便奉到"集结待命"的宣告，二星期过去了，还没有开拔的消息，大家都觉得有点心焦。正在这个时候，由我们的最高统帅自首都颁来一个很简略的电报。即是："该师迅向西安集结"。于是我们在二十四小时内，便别了那汉水的源头踏上陈仓古道了。

当到达宝鸡的时候，才知道"八·一三"的抗战又在展开。无疑的，敌人是一个无耻的强盗，到处放下一把野火，企图牵制我们抗战的力量。淞沪是我们的心脏，绝不容许敌人横行的！因此，我们以五十小时的速率，由斗雉台下到达苏州，于残月模糊中到了嘉定。

防线在罗店

我们在安亭下车，经了三小时的行程，到达宿营地。这时刚好黎明，这正象征抗战的前途，"黎明"是属于我们的。一切刚布置好，敌机便在头上盘旋。两架九一式的水上侦察机，低低的在四周旋转。突然，它用机枪向我们扫射。大家一点也不惊慌，蛰伏在防空壕里。半小时，飞走了。我们到附近侦察，原来有友军的一部分骠马，在郊野奔驰，使我们坐了半小时的"禁闭"。

一些同事们，都外出活动，联络友军，侦察地形，每人戴上柳枝编

1.原载民国26年（1937年）11月6日《抗战》周刊第1卷第9期、民国27年（1938年）1月《战地通讯：在火线上——东南线》。

成的草冠，披上保护色的伪装网，蹒跚地行走。入夜，总部电话：进入罗店附近的施公庙至曹王庙的阵地，接替×师的防务。大家抱着热烈而勇敢的姿态出发了。

正在下一阵小雨，将夜间点缀得格外黑暗，路在田塍上，非常泥滑，大家屏息着气，摸索前进，草率地将任务接收。我们看到友军疲乏的背影，觉得他们已经尽了短时间的责任了。

第一次试战

白天，敌人是不会轻易放过的，尤其部队换防多少有点征候，所以五点钟左右，攻击开始了。首先大炮奏着前进曲，天明了，飞机在阵地上空翱翔，低低的不到五百公尺，许多人都想开枪，然而，谁都不敢，不！敌机正在侦察我们的位置，好似孩子们在捉迷藏，开枪射击，正代替了位置的答复，所以一口气又咽下去了！

飞机终于走了，它的成绩是在阵地前面造成许多窟窿，给自己的士兵做坟墓。大炮还在狂放，敌人在隐约中看见了，因为这里是稻田，坦克车失去了它的威力，他们像鼠一般前进。在"有效射程""精确瞄准"之下，敌人饮弹而倒了。这时，机会在向我们伸手，一阵反攻，一中队的皇军都埋在他们飞机轰炸的洞里了。

事后，清扫战场，敌人是十一师团，计俘获两挺机枪和五十多支步枪，防毒面具等，我们也伤亡了二十多个士兵。从每个敌人的身上搜出很长的"千女缝"、"御守"、"××宫红布"，可怜他们的妻子、母亲，或者爱人整天徘徊街头求乞织成的"千女缝"和"斋戒虔诚"乞来的红符，终因军阀的好战，而不能获得神庇了。

两个月战场剪影

第三天，我们奉到前线总攻击的命令，我们一共编了三个支队，向罗店以北的潘家桥，长桥（沪大公路北段）之敌攻击。我们三〇六团六连连长程权同志，他勇敢地向敌冲击，收复了长桥，另外我们刘营长振武，詹营长文，不幸殉国。

天明了，程连长这一连人在新阵地的工事还没有完成，这时，敌机不断轰炸，四面包围，我们几次增援，都受了挫折。黄昏时，派队再度还袭，里应外合的粉碎了敌人的重围！意外的，天明只有十五人负伤。相反的，倒是我们怅望着飞机的轰炸而干急。他们告诉我，沿村缘死守，一天到晚敌人冲击了十几次，有几柄刺刀都弯曲了，大家忘记了饥饿与疲乏。可是在晚上继续攻击时，这位程权同志和那一连忠勇的弟兄们，又鼓其余勇坚决地要求前进，不幸实践了"死在阵头上"的诺言。而这晚，经全线总攻的结果，将敌人驱出罗店。

敌人在我们意料中反攻罗店了，街市成了焦土，一切失去凭籍，友军苦守几天退出，我们仍然是正面第一道防线，每晚都派队出击，可是给与我们的教训是"易攻难守"。白天是敌人的世界，而我们却利用黄昏去报复！每每晚上攻占的村落，白天变成了焦土，工事无法加强。这样伤亡数字，是随着时日增加，而敌人的死亡至少要比我们加二倍。

二个星期飞快地过去了，一切都成了习惯，自然，中国民族的天赋才能，是不知亦能行的，经验优于学理，种种困难在试验我们，都得到很好的答复，像工事我们已经逐渐加强，一切都合着纵深配备的原则，我们绝不拿人去做无谓的牺牲。但是，使我们感觉困难的，就是侦察敌情机关。同时，自己的企图，不能秘密，活动的痕迹，时常给敌人的飞机和系面气球探得一清二白。

这时，我们正面的敌人经几次的换防，现在又是敌人的正规军了，经我们探明之后，马上夜袭几次，"仇人见面，分外眼红"，大家绝不放松一步，而他们"皇军"的技术，只是那些。我们哪怕是一个新由后方补充来的士兵，也都知道利用低姿态和地形地物，力求接近敌人，这样获得了好几次胜利。

然而，他们也是死不甘心的，当我们出击以后也"反攻"了。这是战场上"你不打我，我便打你"的原则。他们也用小部队三五百人，攻击我们突出部分的阵地，我们弟兄们照例不打一枪，待他走进阵地铁丝网时，手榴弹的接近战，把"皇军"的胆子都吓破了！他们假如聪明一点的，一定会想"支那马鹿真勇敢"，绝对不是"军部"所说的那样不堪一击。"痛惩""屈膝"是绝不可能，至少他们是被出卖了。

一个月又走过了，秋雨的季节又在开始，战事的重心，已由我们左翼移到右翼，一切都休止状态中，大家都觉得有点乏味。可是战争又开始了，那是雨后初晴，敌军有二班人在雨中构筑交通壕，已离我们不到一百米，并且筑了一个据点，晚上，我们使用二排人去包围。可是，我们侦探班长沈传发同志（二十三年代表江西在武汉参加华中运动会得万米冠军者）他自告奋勇首先前进，利用运动上的技巧，潜伏地接近敌人掩蔽部，用两个手榴弹抛进去，这样一班"皇军"解决了。等到敌人支援部队前进的时候，这位勇士已经背了五支步枪安全回到阵地了——不幸这位勇士，已在十月十九日殉国，真是我们一个损失。

总之，敌人在全线一次、二次，乃之几十次的主攻或助攻和四次总攻，都遇到极强韧的抵抗。我们宁肯全团的同殉阵地，决不退却一步，这种肉弹的精神，至少，惊醒了帝国主义侵略的迷梦。而我们在最近的将来，无疑的要取攻势了！

两个月便轻轻地从我们身边溜走了。这其中我们始终坚守着阵地，看到许多的友军换防与接防；许多亲爱的战友负伤与殉国。另外，发生的事件也不少，像：汉奸的活跃。辎重、补给地或是炮兵阵地，高级司令部（初到达时）附近，往往会发现怪信号弹，指示敌人明显的目标，怎样也捕获不着；好几晚，较长一点的电话线都发生故障。有一次，通讯兵查线回来时，押来两个破坏电线的汉奸，证据是一把尺来长的大剪子，他们都是上海的苦力。问他受谁的驱使，说是姓叶的"头脑"。这"头脑"是介于他们与敌人的中间层。代价是每人每天出发时一元，休息五角。为了低微的代价，不惜去做汉奸，真是痛心极了！可是，他们是最小的汉奸，而厉害的是到处都有汉奸，而且并不限于这"苦力"的阶层！这真是唯一心腹大患。

另外，我们有一位李排长，他是辽宁新民人，新由中央军校毕业分发的。一天他在掩蔽部里打电话，意外的，对方的步哨答起话来。这是听去生疏而又熟悉的东北口音。他和李排长对话式的谈到家乡了。他告诉我们，他是新民人，那地方离李排长家还不到三十里。他说：来了好几天了，今天换防到这儿，队伍是台湾、朝鲜、东北人混合编成的，日本人只占三分之一，那是班长以上的军官和轻重机关枪手。他们这次征来，由九家亲友连环担保不"反水"，他们都是一些有"良心"的，所以步枪都朝天放，末了，他加上一句："凭良心说，你们受伤的弟兄，是不是机关枪和炮弹破片炸伤的？"在本国领土上，让自己的同胞在异族的鞭策下来做屠杀自己的工作，还在讲"良心"，这是如何难堪的事！同时，这也是中国民族不能牺牲小我利益的毛病，"所以""只好"屈服了！然而，责任在我们身上，我们要坚决地抗战，要将他们从敌人铁蹄下解放出来。

为了职务的关系，在一个下午，我和几位同事——晓村，启勋，耀东他们，到前线视察工事。天是一张阴晦的脸，愁苦的同情？失望的忧虑？我们在纵横的交通壕里奔走，水到膝盖上，谁也不觉得，一些掩蔽部上已长出小小的谷芽和蒜叶了。想到时间是这样的快，而敌人还在我们的面前，脸上还是真有点"发热"！

掩蔽部是一个土堆式的错综在大地上，士兵们在里面是很安逸的谈话或是睡眠！——除开哨兵以外，他们是那么的幽闲而镇静，这便是第一线的士兵生活，可是他们对于敌人和工事，一点也不含糊，他说："参谋，放心啦！我们绝不会丢人的！"真的，过去雨下好几天了，里面还是干燥的。

空 战

这仅有的一天（九月二日），看到敌我两军空战。事先，由总部电话："我空军九架，本日来罗店轰炸敌人。"大家都在企望。那是午后的三时许，敌机三架在嘉定新泾桥间轰炸，突然我们英勇的空军出现了，马上将敌机包围，"我们的飞机来了"这句话在到处关动着，许多人都站在空地上翘首，忘了危险和规律。几架飞机高高低低的兜圈子，机关枪的响声很尖锐的传播，慢慢地离开我们的视线，突然一架飞机向下倾斜，不多远便堕地了，其他两架，加速地往东奔逃，无疑的这是"膏药"商品，这时大家在欢呼鼓掌！晚上，接到电话，那架敌机毁于南翔广福间。可惜这儿被敌人占领了制空权，我们的空军很少活动了。

战区种种

现在的淞沪战区曾是国人口中的"天堂"，一望无际的江淮平原，金黄的稻穗，栽遍了原野，到处是港汊，没有水灾和旱灾。三五百步或几十步，便有一个村落，而每个村落里都有茂盛的竹木，小溪像围带似的做了天然的防御，只要将主要的桥梁破坏了，是无法通过的（水虽不深，因为是泥灰层，不能徒涉，与防御上不少的便利）。在往日，他们过着平安的生活，可是现在的乡村，在前线上的，完全逃了。我们初到时，还看见三五成群的难民，扶老携幼地往后方奔逃，一幅悲惨的流亡图画摆在我们的面前。其实整个的国家，都陷入战争的恐怖，哪有前后方之分呢？

空洞的房子，印上蜂巢般的弹痕，门板多数搬去做工事了。乡村是死寂的，没有人影，野狗瘦饿的，看到人来时，再也不会狂吠，曳着无力的尾巴跑走了。而现在敌人为减除我们攻击起见，将那些残余的村落，付之一炬。这一带的居民，因国难所受损失，确实不小了！最近秋深了，胆大一点的回家寻觅寒衣，用欣慰和咒骂，去答复希望。但，稍为较后方的镇市，还是有早市，香烟，酒，鸡，肉，一切供不应求，价格在飞涨着，然而没有谁在吝惜金钱！至于乡村的农人，他们还在收棉花，割晚稻，但是当敌机袭击的时候，他们又很迅速地匿伏着，战争将他们教训得很聪明了！看到这些劳苦的群众，再加以组织和训练，说句时髦话："有民如此，中国不可亡也"。

至于战区的党政机关，像嘉定县城，到现在还不知道下落！

尾声

写来觉得太长了，似乎还没有写到什么，我能写些什么？详细战况的报告，早有报纸，我不能做说谎者，欺骗那遥远的人们，所谓前线，唯一的特征，便是炮火，一小时前还是一所大厦，刹那间便摧毁了。黎明，敌机来请早安，掷下贵重的早点——炸弹。大炮还是不分昼夜狂吼！在黄昏，我们的炮兵也向敌人答礼，校正它今晚的目标（因炮位时时移动，免为敌机察觉）这訇然的音响，已撩不起我们的心弦，变成特殊的音乐了。照明弹像五光十色的晓星，在空中摇摆，探照灯像长虹似的喷出毒焰，将战场附近，点缀着"金吾不夜"。

谈到我们所守的阵地，再说一遍。二个月了，不曾退出一寸一尺。屡次的袭击，俘获许多的武器、弹药和文件。师长王耀武的照片，在上海申新各大报上披露着。许多战地记者在揄扬着我们，长官在嘉奖我们，可是我们绝不骄矜，也不堕落，因为目前的胜利，并不能使我们满足！况且，敌人还在继续增加，有全线均用毒气（现在已在好几个阵地使用过了）的企图，反正帝国主义国家的军阀，是惨无人道，什么都可以做得出的，好在我们誓将我们的鲜血，去建筑一道新的战壕，一切毫无顾忌的。可是，我们却需要后方同胞永远的镇静和热情。

廿六，十，廿（1937年10月20日）

于罗店附近阵地中

鸭子的故事[1]

这个故事过去将一个月了。

那是雨后初晴的黄昏，我们在界泾河上（罗店北沪太公路北段）的哨兵，发现顺水凫来大批鸭子，使战士们惊奇的欢喜的叫了！

诚然，在前方，肉食是很可贵的。猪、牛、羊肉在附近已购不到了，采买军士，都挨骂的！因为即使买来一些，人是那么多，要想饱啖一顿，是没有办法的。而现在这一群鲜肥的鸭子，平白地送来，个个眼睛里都射出馋涎的光辉，很迅速的将它们"俘虏"过来。

特务长为了这事，特地派伙夫头到二十里路外的葛隆镇，买来二十瓶高粱烧酒，叫大家好乐一顿。

鸭子一块块地消失在人们的咀嚼中，酒，不经意的喝干了，大家红晕的脸上，浮出胜利的微笑。末了，还抱着一个共同的愿望，即是"今晚要能过去摸几个鬼子馋真过瘾"。

可是，快乐满足了，烦恼即刻"跟踪追击"。

半夜厕所上蹲满了人。

"你干嘛了？"山东籍的三班副班长王得胜说。

"肚里交关难过"，七班班长余春祥的答复。他那"下江"口音，向是被人认为文绉绉的。

排长，特务长，……大家都犯了同一的毛病："肚痛，吐泻！"

"这是什么鬼啊！"一阵疑云笼罩在各人底心头。

第二天，清早便将医官请来，有几位多贪点利益的，已经泻的不

---

1. 原载民国26年（1937年）11月1日《抗战》周刊第1卷第10期。

能起床了。经过医官的诊断，认为是流行霍乱症，必定是吃坏了甚么东西。

"哟，那是鸭子！"一群人的声音。

问题抓住了。前线哪来许多鸭子？这病菌必定是河里鸭子带来的。

无疑的，敌人在总攻失利后，当然会想出许多法子，借助禽兽是免不了的。他们将一些病菌放在鸭子身上，从上流放过来，这样，使我们的战士吃了，马上发生疾病。

为了一顿口福，有好些同志，带着无可奈何的神气在后方医院病床上躺着，其余的也是满肚子不舒服，他们誓死不再吃鸭子了，牙齿咬得紧紧的，拳头举得高高的，要"报仇"！而这机会却正在他们的面前，他们是不会轻易放过的了。

二十六年，十一，二，于施相公庙阵地

血战江阴[1]

一、谜的揭开

在敌人的军事文件中，江阴是中国比较完备的
要塞，曾用许多方法都不曾刺探得它的内容（在我们
俘获敌人印的"支那要塞图"，在江阴要塞上印下内容
不详几个字，因此可知）至于在国人的心目中，它更
是一个谜了。而今，江阴已经沦陷，这个谜之江阴要
塞，如果说是可以解开的话，那么，我很想去完成这
个愿望，可惜我所知道的太少了。

江阴地濒大江，江面至此狭隘，水流湍急，两岸
淤泥甚多，小船都无法靠岸。沿江及城门的四周，山
峦起伏，这些便是要塞的形成。

当吴淞要塞已经失去了它的作用之后，江阴便成
为长江第一门户了。

要塞地带是在沿江的几个山——巫山、长山、
肖山、黄山、马鞍山、鹅山……等七处，每山配备
重炮，在要塞名词上称为台（如长山台），也有两台
的，那便用甲乙去区别（如肖山甲台，乙台），每台
有炮四门至八门，炮的口径有八公分八，十五公分，
二十公分，四十公分等四种。二十公分和四十公分
的，稍嫌半旧了！十五公分和八公分八的，却是最新
式的出品，尤其是八公分八的，具备了高射、平射两

---

1. 原载民国27年（1938年）2月12日《抗战》周刊第21期。

种效能。

一个台的编制，和陆军炮兵一连相仿，不过阶级稍微高点，待遇稍微好点。台长是中少校级，下有台附……等，官兵共计百余人。以上是各台一般的情形，普通称之为重要塞。其他蟠龙山、凤凰山、平顶山……等，也各筑相当的工事和掩体，普通称之为轻要塞。另外，有要塞守备队步兵两营，专任护卫的勤务。

因为要塞是固定的国防工事，所以人事很少异动，服役的官兵，有的是好几年了，最少也有两三年，差不多每个人都受过相当的训练和选择（官佐为炮兵学校出身，士兵多为炮兵附属之练习队学兵）而成为一种特殊人才。

和要塞并峙的，有炮兵学校要塞班和海军电雷学校。在平日我们经过江阴的时候，可以看到他们在要塞地区出入，觉得他们是禁闭在神秘的境域里。可是在另一方面，他们正因此而负了国防最大的责任，所以不得不和外界隔离了。

江阴要塞的改造，是在一·二八抗战后最高统帅刷新国防计划中第一步工作。同时，我们国防工事，也就由江阴做起点，经无锡、苏州到乍浦。因此，江阴要塞便成为一个谜了。

二、守备经过

七月中旬，政府宣布封锁长江，封锁线便在江阴下游的毛竹港起，中经新港到长山，第一线是用船只和石块，仅留有小型汽轮的出入口，第二、三线是用水雷和电雷，一触即发，真是我们的水底长城！所谓"弱水三千，飞鸟难渡"吧？像这样浩大的工程，绝不是一、二天所能办到，这便是平口国防机密的反证。

当江阴封锁之后，敌机不断地飞往侦察轰炸。我们停泊江面的××、××两军舰，在敌机五十九架攻击下，牺牲了。报纸上只刊出江阴被炸的新闻。自然，在全面抗战中，随时随地都有悲壮的斗争。有的是公布了，有的不得不暂时保密。然而，在英勇抗战史上，是不会遗漏或者湮没的。

上海血战三月，我们向西后撤，江阴成为中外注视的焦点。这时，我们守备江阴的部署是：××总司令刘×，下辖要塞司令许×——负要塞责任，江防司令欧阳×——负封锁责任，陆军三个师，炮兵两个团（实在只一个团）先后在要塞外占领阵地。

苏、锡沦陷，江阴形成突出，我们知道固守是没有办法了，可是我们不能因它无法固守而自动放弃。我们要在每一块土地上染上我们的鲜血，要使敌人随时付出极大的代价。

果然，自十一月二十四日起，江阴东面闸上镇，便发生事情了，敌人的骑兵不断向我们袭击，因为是佯攻的，倒没什么。

不久武进（即常州）失守，江阴变成三面皆敌，这时敌人在海、陆、空立体战术下，向我们总攻了，而我们预料的这一天开始了。

负了某种任务，在二十五日的夜间，我便到了江阴，当时，有些人都笑我痴，可是，我却笑他们太没有知识了。

敌人首先进攻的是空军，同时他的兵舰也溯江而上，冲破了第一封锁线。我们要塞炮台待他到了我们的有效射程时，各展神威，半天功夫，击沉三艘，负伤的大概有四五艘（按我十五公分榴弹炮射程为二万公尺，八公分八长管××式炮射程为一万二千公尺，发射时是四个炮弹齐放的）。

海军受此重创，才不敢再来尝试了。可是他们的机械化部队却沿着锡澄公路进犯，掩护部队和炮兵前进，同时它的系留气球（下面用曳引车或者是汽车将气球系住）也升空侦察。

本来，白天有了敌机，我们运动已很困难了，现在（敌人）增加气球好像如虎添翅，因为相隔在一万公尺左右，（我们）无法射击，可是他却一天一天的逐渐临近我们的阵地。首先，黄山炮台向他射击，因为空炸信管是八千公尺（我们各式新炮附有距离测量钟，每次射击时，当炮弹出口，它便会自动响起来，到弹着地时，戛然停止，将距离的数字指明，每具代价闻为××万元），于是，在晚间我们将炮移动，前进一千公尺。这样第三天气球升空时，只一炮便将它粉碎了，欢喜得我们掉泪。

相反的，敌人不断地增加，空军整天地轰炸，到处都着火，为了节省兵力，我们不得不缩短战线。除开以一个团守备城垣外，其余沿山和敌人作阵地战。

因守军×师失利，花山等处不守，所以廿八日，敌人的炮兵很迅速地和我们的要塞炮战了。我们先得将炮位移转，对陆地射击（要塞炮位是对江防的）。

这时，我们在江北之×军以一旅渡江，集结于××，先以一个团出击，不幸这一团人没有一点儿消息，这便是外间所传的××，究竟怎样，谁也不知道。

二十九日，敌人战车（水陆两用）已冲到城下，于是守城部队又和敌人接触。

到了三十日，整个江阴四周全陷入混战的状态。

最后，上峰决定在一日晚间撤退，一路渡江到泰兴；一路沿江到扬中入京。

于是这长江唯一的门户，在一日晚间由我们自己破坏了，集结所有的兵力，冲出敌人的包围圈，怀着羞愤、无奈的情绪，别了江阴。

金瓯是缺了，纵然补上，创痕是无法消灭的。

三、镇江被炸

我随着沿江西上的一群在二日到达扬中，当晚到达镇江。

人多，船小，又是突围，所以行李没有不要说，连牙刷、脸巾也作了牺牲品。到镇江时，我和几个人到街上买日用品，可是街上静寂得像死城，只剩下那无力的标语，做了抗战的表示。

南门被炸了，偶然有一二辆汽车驶过，使大家疑心到处空袭。

当我们回到河滨公园附近时，敌机来了。轻、重轰炸机像乌鸦似的散布在上空，我们赶紧伏在树林下（镇江没有防空壕，要有，那是一脚都可以踢翻的，如果有镇江来的人们，都不会反对我这句话）。

第一个炸弹在我们不远的地方爆炸了，接着一气投下了十几个。一阵模糊，我什么也不知道了。

大约几分钟后，附近传来一片痛的呻吟，自己一身的硫磺味。靠近我的传令兵，他说："咦，你受伤了。"

"什么地方？"

"手！"

神经立刻紧张，左手前膊被炸了，外衣、毛绳衣、衬衣像锐利的剪刀剪开似的炸开了，殷红的鲜血沾满了衣袖。可是我一点也不知道痛，立刻爬起来。而那位唤醒我负伤的士兵，他却爬不起来了，他的一只脚趾已被炸去，到这时他才觉得；而近邻的几个人，一律"挂彩"。

这时，我和几个人便找医院，可是医生都走了，救护队，一个也没有。走一步，血滴一下，浑身只觉得发冷，许多人因找不到医院在咒骂，心里真难受。

好容易找到一个医官，他用救急包将我的伤口裹好，这时，才意识到有些痛了。

手被纱布吊起，衣裳不能穿，大衣只好披着，"自己也做了伤兵了！"不禁哑然失笑。

因为负了伤，被指定第一批走，当晚便西上。第二天到了南京，很幸运地又躬逢首都保卫战，这样战争将我锻炼成一个更倔强的人！而增强我抗战的信念与学识。

二十七年一月二三日于建阳驿

南京之围[1]

"在我们手中失去的土地，要由我们手中夺回来！使一篇血账永远没有透支。"首都失陷，很快地一个月了，往事的创痕，沉重地压在我的心头。为了纪念这伟大的抗战，我不得不将当时所知道的情形，忠实地呈现在读者面前。

——作者

一 战前姿态

写南京之保卫战，应当简略地从上海撤退说起。上海的撤退，是受了乍浦的影响，所谓一点突破，全局受挫。我个人认为上海的撤退，确是我们相当的损失，然而，那些话已经不必谈了。

从上海到南京，沿途除了江阴、望亭、无锡之国防工事（按国防工事系自江阴起到乍浦止，依实地地形筑有据点）外，一直要退到南京。所以当时一面是节节抵抗，一面是抽调前方比较精锐的几个师卫戍首都，赶筑工事。

卫戍首都的部队，分作江南、江北两部分，江北是两个师，江南又分作内线和外线，外线从龙潭、汤水、淳化、湖熟，到秣陵关，守军是第×军等，计六个师，内线是守城，为××师，宪兵、警察等，统受卫戍司令长官唐生智先生节制。在十二月一目，唐先生召集了各军、师的参谋长、参谋处长会议，对于作战详细部分都有规定。军事计划，是决定了，不幸的管理国防工事图表的职员，并不全在首都，临时发掘，反而得向附近居民探询，以致时间、人力，都不经济。

---

1. 原载民国27年（1938年）1月22日《抗战》周刊第1卷第20期、同年2月汉口战时文化出版社刊物《东战线上》以"永不能忘怀的南京"为题发表。

国防工事，大致发掘完了，可是，它只是据点，关于据点间的联系，是有待于作战部队完成的。好在上海抗战的结果，用血肉换来的教训，是做工为第一要着。因此，士兵们虽然由上海退到南京，他的工作器具——圆锹、十字镐还是背在身上。

工事刚在预期中完成了，同时，敌骑也到了我们底面前。

敌人到达天王寺后，一路沿京沪路西进，攻镇江之新丰镇，大部沿京杭国道到了句容。又分作三路，左翼沿国道攻汤水，直趋中山门，中央沿土石路攻淳化镇直趋高桥门、光华门。右翼攻湖熟镇，直趋秣陵关。这样，十二月四日，首都保卫战便开始了。

从十二月一日起，敌机便不断地到首都上空轰炸。在二日的正午，曾发生一次激烈的空战。进攻的敌机是十二架，我们应战的是新式的驱逐机十八架。遭遇在京郊附近，天空晴朗，看得非常清晰。在青龙山附近，击落敌机两架。那时，笔者恰在上方镇，我和一些友人们忘记了危险与恐怖，翘首而望。那被击落的敌机，在空中起先是一缕火光像电也似的一闪后，白色的降落伞马上便在空中飘摇，而我们的空军，便不断地用机枪向它扫射。等待那位俘虏降落到一家茅屋时，已经满身血迹，快要死了。这一幕伟大的空战，真是生平第一次目击，友人们还派兵去拿来一块残铁，送给我作纪念，这些情形，到现在还像一幅清晰的图画，张挂在我心灵的面前。

二　血战

敌入一贯进攻的策略，是步、炮、空联合动作。首先用飞机轰炸，炮火集中火力射击，战车冲锋，步兵跟进。

从四日到六日，两天的恶战，湖熟镇、汤水镇相继沦陷了。正面的淳化镇，形成突出，守这里的是××师王耀武部主力。他们本着在罗店三月的经验，始终沉着应战，上下咸抱与阵地共存亡的决心。敌人便由汤水攻淳化之左，湖熟攻淳化之右，这样，淳化镇便成战事的重心了。

同时，敌之后援部队由汤水攻中山门，由湖熟攻秣陵关，以期截断京芜铁路。

这时，我们的空军，因光华门外的飞机场邻近火线，起飞不便，不得不先行撤走，而敌机便更形活跃了。

七日下午，淳化镇便成了焦土，飞机轮流轰炸（属该处的高射炮都被炸坏两门），炮声的稠密简直和我们机关枪声一般，战士们的脸上，身上，都是土，守军团长张灵甫，团附纪鸿儒等负重伤，全团牺牲到只剩两三百人，于是，淳化镇一度陷落了。王耀武先生因为淳化镇的重要，马上再增兵一团，用附属他们的三辆中型战车掩护，一个反攻，当天便恢复原有阵地，毙敌甚众。于是，敌人改变策略，从青龙山附近突破，进入上方镇，以致淳化镇背腹受敌，不得不于九日的晚间，奉令忍痛撤退。这次我们固然有相当的损失，可是敌人却付出更高的代价。

上方镇不守，敌人中央、左翼，都连成一线，立刻进攻高桥门、光华门、中山门。中山门曾一度突破，经守军的努力，马上恢复了。这时，敌人的炮兵，已经延伸射击到城下，城门附近的屋宇，立刻在燃烧着。

右翼敌军以全力攻陷秣陵关后，便北攻牛首山和雨花台，这时，龙潭、南京间也消息不明，战况是紧张到万分。

雨花台于十一日不守，守军××师，不无一点责任。因雨花台沦陷，中华门的守兵便受了瞰射，敌人便一面进攻中华门，另由雨花台、牛首山两路攻赛公桥、水西门，拟直趋下关，与京沪路西进之敌相呼应。这样，南京包围的姿态遂完成了，可是防守该处的恰巧又是××师，那位团长程智，他抱着必死的决心。他知赛公桥的失守，是南京的致命伤。两天争夺的结果，赛公桥还是没有失守，而我们这位年青英勇的程团长，却实践他的诺言——阵亡了（他是中央军校五期生，湖南醴陵人，年三十岁，奉任陆军步兵中校，他之死守赛公桥，使在下关的军民能够渡江，完全是他的力量，在这里应当特予表扬的——笔者）。

中华门既然受了瞰射，不久便被敌人突破了。这时，紫金山和新街口的银行大厦，都相继起火了——中了敌人的烧夷弹。到处电话不通，城里的情形，已陷入混战的阶段状况。大概各军在这时便奉到撤退的命令，向敌人反攻，冲出重围，城内的部队，多数经中山北路出挹江门。

三 流亡生活

这时，笔者正在城里，而且手伤未愈（笔者在镇江为敌机炸伤，容在"迫战江阴"中叙述之）。到鼓楼难民区去做顺民，那简直是可耻，而且是死路（按，南京经外侨建议，得我方之允许，敌方之默认，在城内设置难民区，仿上海南市的例子，双方不得攻击，我方当允将军事设备解除。乃首都陷落后，敌竟在难民区大肆屠杀，并据掠外侨财物，其兽行如此）！只好光着身子，带着最宝贵的一本日记，跟着大众北走。中山路再宽，也挤满了行人。快到铁道部，前面停了许多汽车，从流线型的小包车到破旧的卡车，连接成了一条直线。人行道上，有军队、民众、少许的高射炮和小型战车。前后都有枪声，究不知敌在何方，几经探询，才知道挹江门的守军第三十×师不许人通过。

人是越聚越多了，稀疏制止前进的枪声，已抑制不住群众的高潮，不知谁的引导，一声呐喊，马上将守兵冲散了，人便像潮水一般涌出了城。

挹江门已经闭了两个，剩了一个又只开了一半，还堆了许多沙包。有几辆人力车倒在地下，一个不留神，人便跌倒了，后面的马上从他身上走过。这样，城门里的缺陷，立刻用人来填平了！走在上面，软绵绵的好像在沙发上走着。

从人潮中挤出了城，又是惭愧，又是悲愤。下关也在起火，人是各走各的，码头上都站满了人，可是都没有船，大家在"望江而叹"，那胆大一点的，立刻去扎木排，下门板，甚至一张桌子，跳在上面慢慢地划着走了，马上传来的反映是一片救命呼号，于是，其他剩下的便将趸船开走，几十个竹篙在飞舞着。

正在徘徊的时候，遇着××军部的一位副官，他说，他们有一只船，叫我跟着他走，这真是说不尽的欣慰。到了他们的码头，门是关着的，许多卫兵把守着，到了里面，觅船上的人已经满了，一只轮船在离码头二百公尺远近地方停泊，不时冒出无力的清烟。

船刚靠拢，许多人抢着上，船上对天开枪也没有效果，立刻开走了，本来可以装八百至一千人的，只装了三五百人便开走了。岸上的咒骂和船上的呼叱，夹杂成了一片。这样，船往返了三次，月亮已西沉了，笔者才上了船，快到北岸的时候，岸上的守兵突然用机枪向我们扫射。经过了一阵叫喊，总算停止了，可是船上不知哪一位士兵，又朝天放了一排子弹，什么用意也不明了，岸上立刻再来一次，使我们饱受了半小时虚惊。

几经辗转，船靠在浦口上游五里许的江边上，恰好这里有一只民船，做了我们的临时码头，而在更上游一点，有一只子弹船正在烧着，枪弹，信号弹，夹在一块，红的、白的，像流星般四射，火光熊熊，附近几百公尺内都通明了。回看下关和城里，一处处的火光，真是伤心极了。

大地上一片漆黑，茫然地跟着人走，在涌镇附近，不幸遇到守兵检查，将所有的旅费都检查去了，眼睁睁敢说什么？

天明了，到花旗营，右侧又发现枪声，只好继续地北行。可是一些军人，因不堪疲意，便在路旁的村落中休息，鸡啼犬吠的声音，冲破了早之寂寥。

浑身给霜露浸湿了，棉衣增加了它的重量，压得肩上发痛。

人是疲乏到万分，可是不能不走，为了什么呢？"是要活下去，继续反抗下去！"自己在回答自己。

到了东葛，幸运地遇到一列车北上，好容易挤上了，这样便到了滁州。

同伴没有了，钱，棉裤里还剩下没有查出的八毛，伤口在发痛，只好咬着牙。

敌人是不会放松我们一步的。当天，滁州被炸了。我正在一家茅屋里面喝水，相隔不到九十公尺的客栈炸倒了，硫磺味冲进鼻管，茅屋大门震倒，土灰不住地下坠，真是危险至极了。

第二天，北上到蚌埠，找到一个同学，借了五块钱，住了两天，因为敌机的肆虐，街市闭户，无法立足，这样，又搭车到徐州。

徐州也因敌机的轰炸，陷入恐慌的境域，在这全面抗战的时候，哪有前后方之分，富裕一点的，远走了，留下来的都是抱着苟安的心理——过一天算一天。守土的×司令长官慷慨的说与土共存亡，并委下不少的游击司令，组织民众积极活动。徐州大概不致令人失望吧！

津浦南北两线都成战场，两天的行程，车子送我到开封，这里有不少的故旧，承情他们的照顾，得到暂时的安息。

从东葛到开封，这遥远的长途，我不曾花费一文车费，经验告诉我，搭车的诀窍，是迅速、敏捷，看到那列车要快开了，立刻上去。可是，白天，有太阳，只有煤烟难受点，夜里衣单风寒，可难受了。

在开封遇到不少继续流亡的人们，他们告诉我几件故事，都是可叹可泣的。

第一，十三日上午，敌舰已到下关，敌人战车也由城内冲到下关，这时，我们还有千余官兵在那儿固守着，敌人派汉奸来游说缴枪，他们将汉奸杀了，结果，这一千多人终因粮竭弹尽而殉国。

第二，一个趸船上，装满了人，大概有六七百吧，因为船无法靠岸，始终泊在北岸附近，敌舰开炮射击，只一发便将船身击成一个大洞，血肉横飞，人便死了一半。随后，汉奸和几个善说国语的敌人驾着小艇来了，将他们未死的分为两起，军人在一边，民众在一边，施行个别检查。当他们正在检查的时候，不知那一位战士将那个敌人，推到江心去了，大家跟着将这几位皇军打死。随后的人跳水的，泅水的，没有谁愿意偷生。

至于他们，是由难民区逃出来．当他们搬进难民区的时候，花了七块钱才租到一间门房。可是房东霎时又嫌他们是光身汉。同时，敌人正在大肆搜查，凡是换了便衣的军人，以及青年壮丁，都是乱杀。　妇女被拉走了，银钱被掠夺了，他们装做拉洋车的逃到燕子矶，用木排过江，经六合，到滁州，情形是比我还狼狈。

开封表面上比从前进步了，其实，一点也不紧张，旅馆，茶寮，天天客满。防空壕一点不合实际，我在那儿的时候，敌机光顾过两次，可是没有投弹。

个人一切渐趋正轨了，奉令搭车南来，由孝感步行八天，到这山里来工作，继续训练一批战士，这里表面上和外面像隔绝了，可是我们每个人心里都充满着怒火，我们知道，在我们手中失去的土地，要从我们手中夺回来。使一篇血账上永远没有透支，我们要一点也不气馁，学曾国藩的屡败屡战，抗战到底，直流到我们最后的一滴血。　那么，才能把握住最后的胜利。

二十七年一月十三日，建阳驿

锋镝余生话往事[1]

——南京突围记

在八年抗战中，我参加了大大小小十一次战役，其中有胜有败，但从没有像南京保卫战那样狼狈。回忆当年，往事历历在目。

一九三七年，"八·一三"揭开了淞沪抗战的序幕。国民党军事委员会为适应战时体制，将黄埔体系部队更换番号，其中第五十一师王耀武、五十八师冯圣法合编为第七十四军，以俞济时为军长（后任蒋介石的侍卫长，即总统府军务局长，现在台湾，为元老之一），防守罗店、施相公庙一带两个多月。淞沪撤退后，直奔南京，十一月底到达南京近郊，编入保卫南京战斗序列，受南京卫戍司令长官唐生智指挥。

唐生智原任训练总监、军法执行总监，是位有名无实权又无实力的人物，仓促组成卫戍司令长官部，应付这艰困的局面，谈何容易。当时的作战部署，分为一、二两线，总兵力约十一、二万人（对外号称二十万）。其中除教导总队是生力军，兵强械利外，余多系疲惫之师（从上海撤退而来）。

当时配备在第一线的部队是：

第六十六军叶肇辖第一五九师谭邃、第一六〇师叶自兼师长

第七十四军俞济时辖第五十一师王耀武、第五十八师冯圣法（均为两旅四团制）

第八十三军邓龙光辖一五四师巫剑云、一五六师李江

---

1. 此文未发表过，从文中内容来看，估计写于1987年或1988年。

第二军团军团长徐源泉辖两个师

第二线部队是：

> 教导总队桂永清
>
> 第七十九军王敬久辖八十七师沈发藻
>
> 第八十八师孙元良
>
> 第三十六师宋希濂
>
> 重炮第八团娄绍凯
>
> 宪兵两个团（巡逻）

第七十四军担任板桥镇经牛首山至淳化镇、上方镇之线的防守。十二月七日，遭受敌军猛攻，因叶肇阵地被突破，后撤到紫金山东北地区，所以七十四军侧翼受到严重威胁，不得不退出淳化镇。八、九两日，敌机数十架，从早到晚，在南京城内外轮番轰炸，尤以下关地区为甚。敌军在陆空联合、重炮轰击下，发动猛攻，我军苦战两日，阵地突破多处，到十二月十日，敌军已兵临城下，窜至光华门附近，城墙被炮轰塌部分，有少数敌军窜入，经守军组织力量反扑击退，情况益趋严重。唐生智准备死守巷战，与城共存，但部队伤亡大，番号多而无实力，局促一隅，民众四处无组织地奔逃，秩序相当混乱。

十二月十一日，五十一师在防守光华门外飞机场亘水西门之线时，一五一旅三〇二团上校团长程智（黄埔五期，湖南醴陵人）阵亡，即由第一营营长徐景明（黄埔五期，江西丰城人）继续指挥作战，组织兵力逆袭，击退敌人数次进攻后，不幸又殉国。一五三旅三〇六团上校邱维达（黄埔四期，湖南平江人，后任七十四军军长，在淮海战役中被俘）负重伤，该团一营营长胡豪（黄埔四期，江西兴国人）身先士卒，击退敌人多次进攻后忠勇殉职。在这干部伤亡殆尽，情况危急的情况下，官兵们仍能各自战斗，表现了同仇敌忾，视死如归的斗志。由于局势恶化，唐生智得到蒋介石指示，召集师长以上开会，宣布突围，一部渡江北撤，一部入皖境。仅仅五天的时间，所谓南京保卫战便宣告结束了。

当时，我任五十一师少校参谋，主管后勤、人事业务，由上海撤退时，押运一批被服、辎重后撤，路过镇江时遭到日机轰炸，左手为弹片炸伤，到达南京后，暂住鼓楼留守处。到了十二月十二日，市面一片混乱，留守处官兵已经四散，那些被服、粮秣、行李、箱子等已无人过问。我因人地生疏，手又吊着，徘徊在留守处门口，无所适从。记得是那天下午三时许，师长王耀武乘吉普车来了，只带了一名副官，对我略事询问留守处情况后，便叫副官、司机把一些米、面送给附近居民，叫我随车走。车行至中山北路，马路再宽，也为人马车辆所堵塞，只得弃车步行。到了挹江门（旧称仪凤门），只开了一个门，人挤人，人推人，稍不小心，便会跌倒，脚下是软绵绵的，那是被踩死的人和马。好不容易出得城来，却与王耀武失去联系了。一个人孤单单地走到一座冒烟的趸船上，上面已站满了人。江中有一只船，离岸丈许，冒着淡淡的烟云，人们都在望船兴叹。正在这时，我碰到师部输送连排长张金宝，两个人都有说不出的高兴。他对我上下打量一番后说：“我把你抛上船去，怎么样？”

“怎样抛法？”

“你把棉帽耳套放下来，包紧面部，用带子捆一下，保护好头部，我再用绑腿布（当时国民党官兵都打绑腿）把你捆扎，甩到船上去。”

“行吗？”

“你个子小，我举得起，保证不出事。”

这时，我别无选择，只有听他摆布。我准备好后，他双手不费力气，把我高高举起，说时迟，那时快，我只觉得身子飘空，晃荡了一下，还来不及思考，人便甩到船上了，接着，张排长纵身一跃，也来到船上。原来，他这个山东大汉，不仅体格魁梧、强壮，在未入伍前还学过武术，今天真用上了。这时，便有些人学样，但成功者少，落水者多。

船到午夜才向北开，停泊在北岸芦苇地边缘，没有码头，没有人家。我下船后，脚一落地，便拔不出来，原来这里是泥沼地。正在为难时，张排长从后面过来了，一手把我拽起，告诉我就地滚，滚到土硬的地方再起身。他要先走了，我如法炮制，果然上了岸。这时，南望紫金山和南京城，火光烛天，枪声不断，我才感到伤口发痛，身上发冷，肚子饿，只有咬紧牙关，一步步慢慢地向北走去。忽然，脚上踢着个什么东西，用手电筒一照，却是个大红薯，真是喜出望外，连忙拿到路边的小沟里洗了一下，便大口大口地连皮啃了下去，那味道比平日吃什么都美。这时几个过路的军人问我吃什么，能不能给他们一点。当听到我介绍后，大家都用手电筒照射，发现路边是块红薯地，于是动手去挖、洗，大家坐下来边吃边谈，彼此都是失群的孤雁。我吃完红薯后，精神陡涨，脚也有了劲，大家谈谈说说上路。天明，到达乌衣，恰逢师部段副官乘手摇车来此设联络站，心里落了实。看到铁路两边，人们像条线似的自南北来，军民混杂，不用说，都是炮火下幸存的人群。

部队在滁县稍事休整便调到开封，全师仅三千余人。尔后，全军调到湖北荆门、沙市间整补，不断有人归队，每个人都大谈其经过，有如一篇篇传奇，内以陈医官的遭遇较突出。他是南京人，家住吉兆营，当部队撤到煤炭港等船渡江时，他请假回家向父母告别，等他再回到江边时，部队已渡江了，没奈何只好回到家里，把军衣扔了，换上便装，静观变化，心想，在自己家里，该不会有问题吧。过了两天，汉奸带领日本兵上门，查问户口，有无隐藏军火、军人。又过了两天，来了四个日本兵，先将三户住家集合，再分男女关押，两人看守，两人入室强奸。只听到邻家少妇小玲惨叫两声，日本兵便出来了。事后才知道是小玲奋身抗拒，打了日本兵一记耳光，日军便用刺刀插入她的生殖器内，再向胸前搠了两刀，那真是血流满地，惨不忍睹。一星期后，他化装成卖香烟的小贩，混出城来………

51师305团三营营长刘光宇不幸被日军抓住。日本兵要对被抓到的人进行屠杀，把他们押到长江边，这样被杀的人会直接掉入江中被水冲走。在开枪前一刹那，刘光宇大喊"跳江！"跳入水中，奋力向北游去，最后胜利登岸，终于找到了自己的部队。后在抗战中因作战勇敢有功获勋章和奖章。

南京的大屠杀揭示了日军的兽行，更激发了中华儿女抗战的斗志。时光荏苒，不觉五十年了，今天我们当本着"怨可恕而侮不可忘"的古训，向儿孙们进行爱国主义教育，要把自己的祖国建设得更加辉煌，为人类正义事业写出新篇。

鄱湖风云[1]

——江南会战前夕的素描

一、往事回顾

大江南岸的战事，这几天正在进行阵地争夺战，当这会战的前夕，让我来作一个片段的描写。

首先必须介绍的是鄱阳湖，在过去，它是蜷伏在地图上小小的一角，很少被人注意；而今却站在国防第一线了。

湖的位置，在江西北部。周围八百里，为我国第二大淡水湖。灌溉着十数县，容纳着江西全省各河流的水量。南自南昌起，北至湖口止，沿湖有不少历史佳话。当"风和日丽，水波不兴"的时候，是"落霞与孤鹜齐飞，秋水共长天一色"诗情画意的境域。东岸的彭泽，为高风亮节不肯腼颜折腰的陶潜遗址；江中小姑（小孤山）居处尚无郎的市招，迎送着往来的舟楫，为到达江西境界的标识。西岸中外避暑胜地的庐山，像巨兽一般的蹲着。云烟笼罩中有新中国摇篮的传习学舍，山的那边是九江，有风流倜傥，富贵雍容的庾亮遗迹。湖南岸的章江滕王阁，为短命文人王勃出风头的所在。而少年得志的周公瑾，也曾在此训练水军，击败睥睨一世的魏武帝；和尚皇帝朱元璋和陈友谅在此作最后的角力。民初二次革命之役，李烈钧将军在湖口起义，誓师讨袁。当南浔路车未通时，为江

---

1. 原载民国27年（1938年）9月3日《全民抗战》第18号。

西运输惟一的孔道。像沿湖的吴城、姑塘，往昔占江西商场上重要的一环。历史的命运注定湖水的波涛，因此，在民族解放的战争上，鄱湖因地势的关系，它的名词又广泛地流传在人们的记忆中。

湖的东西两岸，在军事上为重要据点的像湖东的高家桥、马鞍山、老爷庙，湖西的姑塘、星子、西孤岭、流星山、张汉岭、渚溪、吴城。姑塘为九（江）星（子）公路要站，入湖登陆第一关口。星子有德星公路直趋德安。流星山、渚溪，各处有路至德安、永修。吴城西可袭击涂家埠，南则艇舰直趋南昌。湖面宽阔，不受陆地威胁。至湖东高家桥、老爷庙，为至都昌孔道。敌军入湖登陆，不外这几个地方。

可是马当给敌人侥幸占领，彭泽、湖口，又相继失陷。这些地方，都没有充分发挥它在江防上的价值。姑塘沦亡，守军×××师，不无微咎。因姑塘的沦亡，使九江感受威胁。所以敌人在一百五十架飞机掩护下在九江下游十余里处登陆。

九江在商业和交通上，为江西门户。可是在军事上它的命运是决于湖口姑塘的！因为九江地濒大江，无险可守，在机舰两重火力控制下，于我不利，所以九江的自动放弃，倒是我们意料中事。今后的重点是在德安。

二、战场形势

南昌、长沙、武汉，为我国防中心。敌人进犯武汉，必须攻南昌，截断我在浙皖境内作战大军的后援。而德安便是南昌北面的屏障（国民革命军北伐，便是先攻德安），为德瑞（昌）、德永（修）、德星（子）各公路的中心，西可窥伺修水、武宁，进迫鄂南；南则沿公路铁路，直犯南昌（日前敌机已将德安城区炸成焦土，昔日大街，今成鬼市，其轰炸我不设防城市，屠杀我平民，兽行至此。）

依照一般的观测，将来敌人进犯，大概东沿德星公路，然而姑塘之敌，不能越过海会寺，离星子尚远。在□□、□□□（注：原文如此），沿庐山山脉都筑有强固工事。中沿南浔路，路基早经破坏，铁轨移作他用。沿途港汊纷歧，徒涉都不许可，步兵通过是很困难的。所以敌我仍胶着于沙河附近，稍后一点的黄老门、马迴岭，山峦起伏，更不利于大兵团的使用。西沿德瑞路，路基早经破坏，而且经过与庐山并峙的岷山。岷山脚下（地名）隘路甚多，有利于我游击队之活跃。同时，在第二线又都配有精锐部队，构成一层层的火网，无论从何处进犯，都不得逞！如从湖东进犯，那必定先攻都昌，再犯浮梁，以期截断京赣、浙赣两路，与浙皖之敌呼应。但我在浙皖赣之间有大军数十万。敌我阵地犬牙交错，孤军深入，随时有被歼灭的可能。揆诸现状，敌人似不致此。

层峦叠嶂的山岳与浩荡汪洋的湖泊，这里已非海军炮舰射程所能及。地形是这样有利于我们，是阵地战配合游击战最好的场合！可是，山林湖沼，却又利于毒气之使用，鄙怯的"惶军"，无疑的将必然做出这无耻毒辣的勾当！好在我们已有相当的防范。但是装备较劣的我军，在现代立体战术原则下，久守也是困难的。唯一补救的办法，是巧用地形构筑工事。鄱湖西岸和德安附近的工事，都经俞军王耀武部一手完成了。他们在短短的一个多月中，从沿湖的西孤岭到吴城，中经马迴岭到岷山脚下，日夜不息地做工事，凭着过去固守上海罗店三月的经验，工事做得那么坚固结实。结果，伪装的目标一点也不暴露，使你走到面前还不知道。虽不能说这是东方马其诺防线，但至少将使敌人付出最高的代价！笔者曾赴各处视察，将士们像黄豆般大的汗珠，一滴滴地渗入新鲜的泥土中，忘记了溽暑与疲乏。伟大的民族战士！

三、前线见闻

军事上秣马厉兵，可是政治必须与军事配合，当姑塘尚未沦亡的两周前，星子城区便没有市面了！偌大的县城，一两油盐，一点菜蔬，都得跑到七十里外的德安购买，采买军士十有九在叹气。因此往往将装运弹药、器材的军用车，少许空点位置，带点生活日需品，而减少运输力量。

姑塘失守，德安民众跟着奔逃。等待敌机轰炸一次后，更是十室十空。现在前线上的几十万大军，每日必需的菜蔬和日用品，远点，到南昌，涂家埠。近点，也得跑到离德安五十里外的集市去。使运输上，官兵底生活上，受到一点困难，闻各军拟办小规模合作社以资调剂。

我曾在德安、永修、星子、瑞昌，各县毗连地区调查，八月的乡村，是那么沉静，有许多地方，枯黄的稻穗，长得很饱满的颓丧地倒在田里，很少有人去收割，妇女们缠着足，农村还是那么闭塞，山将他们远隔到前一个世纪。他们很少知道全面抗战的！大都听天由命，与世无争。他们只求天赐纯嘏，自给自足，虽然少数的壮丁被征走了，与那留下来的还是漠不相关。

在这儿落籍的河南光山人很多□二十年左右逃难来的（注：指民国二十年）还带点北方人特有的质朴，豪爽，忍耐。他们得时常派差，例如军队向县府要伕，县府令保甲照摊。保甲向农村摊派，可又不说明使命。他们是那么惧怕，自然不想去，于是几家共请一个人，代价是十五元到三十元。伕子没有交到军队便跑了，军队再催，县府再派，保甲再摊，农人再出钱！一幕幕的重演，公式是不会改变，而那保甲长的不廉洁更是最大的症结！城区的人跑了，只苦了乡村的自耕农。据说：一担谷子，得付六七斗的苛杂。年轻一点，跑到山里去躲避。剩下龙钟的老头儿和妇女（妇女也只有年老的）。自己的国军，在自己国土上抗战，往往雇不到伕役和向导，这些都是铁一般的事实。真是一个严重的问题。闻各师政治部企图补救，并加强民运工作，亡羊补牢，其斯之谓？

假如我们再在德永公路作一次巡礼，一方面是看到忠勇英伟的将士们一队又一队的走上前线。而在另一方面，是许多难民扶老挈幼向南昌或者修水奔命。挑着仅有的家私——芦席、棉被、小铁锅之类。我曾见过一个妇人，背着周岁的孩子，三寸金莲，一步一颠地走着，问她，自沙河来，七十里走了六天了，两天不曾吃饭，饿了便伏在路旁，喝点田里的凉水，哪里顾忌到混浊与不洁，奶水是一点也没有。可她身上却藏有二升炒米。她宁死也不去吃。等待孩子哭泣的时候，便将一把炒米塞入小小的嘴里，也不管能否消化。她那么愚蠢的去宝贵她的孩子，忘记自己的存在，这事实后来给王耀武师长知道，立刻下令官兵节食三日：

每人节食三日，每人每日一斤四两的改发一斤。将余下的米粮在德安，燕坊，每二十里设一施粥处。另外每人二斤米。而且将他们去后方运输的空车，尽量装载老幼妇孺，这是值得介绍和赞颂的。

关于伤兵，因军政部第八十一，九十三各收容在沿途的草蓬内，遍派人员收容，很值得钦佩。

现在敌人内部里，夹杂着一些伪军，他们是被敌人宰割着驱到死亡线上。为了解放那些被压迫的同胞，为了防止更多的伪武装的成立，我们要加速地去歼灭敌人，因此，南昌铺的反攻占领，庐山山脉的争夺战，将士们都前仆后继的去冲锋，无疑的，大江南岸的敌人，将被我们歼灭于鄱湖两岸，泥足更深地陷入阱中了。我相信第二次台儿庄的大胜利将会迅速地展开在国人底面前。

前线的官兵，是振奋的！但他们多数需要精神上的食粮——报纸与刊物。

末了，江西是孤忠报国的文天祥，谢叠山诸先贤的故里，当这异族夷凌的时候，他们是会怒吼的罢！

二七年，八，十，作于德安

赣北前线[1]

赣北的新战局

锦江，这与修河、袁水成为赣北三大流域的河道，而今是抗战第一线了。河水自幕阜山脉下东流，奔绕着万载、上高、高安三县的腹心，将高安县东分割着为两起——南城和北城。在四五月反攻战中，我×军×师再克高安以后，锦江之线的战局，已是胶着状态。现在我们将赣中的战线，假定以赣江为重点，那么敌人将有两种可能的行动：一是溯江而上，在临川、丰城中间地域，展开当前血战，锦江沿线将成为战争的尾巴，形成去岁修河对峙状态；一是敌为策应长沙方面的战斗，将主力使用于高安、奉新，以攻略上高、万载，陷我湘北野战军于不利。那么这高安的据点，将展开更激烈的大战！而南昌方面，则成为敌人的支战场，以掩护其南昌要点之确保。所以我们在战术上是以攻为守，而在战略上将利用这奉新、高安的连山地带，充分地准备，歼灭当前的斋藤、松浦两个残破师团。

因此，当再克高安后，有人怀疑到为什么现在还是对峙状，而不于那时乘胜进攻西山、万寿宫，下牛行，取南昌？我们要答复这一问题，必须了解战略与地形。根据前面的论断，我们争取的是持久战与消耗战，而不在于一城一地的得失。南昌为平原都市，不利于攻者。此次敌军南犯，凭其优势装备，尚须迂回到莲塘，以形成包围大南昌的姿态，使我们守军不得不向后撤。在我军劣势装备下，在我们一切总的反攻条件未成熟前，绝无争取的必要！若以沿高安一路进攻，以整个战线论，形成突出，随时受有半内线作战之不利。况且再克高安，已展示我军力量之不可轻侮。在敌人方面，赣北山川峻急，大兵团既不易展开，重火

1. 原载民国27年（1938年）8月29日《前线日报》。

器亦难以行动，加以内在的矛盾日益尖锐，士气颓废，反战情绪高涨，根据了以上各种因素，才造四月来对峙的姿态。在赣北战场，无能的敌人将筹划新的阴谋，但无疑的会受到新的失败！

军民合作在赣北前线

上次敌陷高安，为防止我军反攻与游击队的活动，将高安附廓十里的村落，焚烧殆尽，此次居民回乡，目睹庐舍为墟，不胜悲愤。在这时，我第二线的×师为厉行军民合作起见，除了加强预备阵地的工事外，动员其余兵力，协助民众建筑房屋，麦秆为瓦，筑土为墙。将阵地前方有碍展望和射击的树木，统统砍伐，作为新屋的栋梁。这在战斗和民众需要方面，两有裨益，使新的农村很快长成。现在竹篱茅舍，空气畅通，较之原来的房屋，尤为轩敞了。

在新村筑成以外，军队更帮助农民栽秧割麦。像×师再克高安，追击至祥符观时，夺获敌人俘去的耕牛十三头。长官们因系无主之牛，犒赏士兵食用，而士兵情愿不吃，要求交给区长保管，由各农民轮流使用。这在春耕农忙中，予农民莫大的帮助。

因此，这次在战区募编志愿兵团时，壮丁踊跃参加。（因为战区已停止征兵）他们由于军队的改进和敌人的残暴，已经由消极逃避而走上积极的抵抗，认为这是最后报国的机会了！××师代师长于志愿兵募编后入伍时，在高安附近举行了一个隆重的入伍典礼和游艺会，骚动了附近二十里内外的乡村，许多老太婆们都感叹着说，这是几十年来仅有的盛况。后来他们为宣传抗战建国意义起见，便连续在石脑圩、灰埠、张家渡以及更在前线的泉塘等处举行游艺会。此盛会自六月十一日起到十六日止。在晚间，雪亮的煤油灯下，挤满着军和民，谁也想不到距火线仅有几十里的地方，有这样盛大热闹的聚会。尤其可喜的是，当地民众在第三天要求上台表演花鼓戏，胆大而粗暴的民间情歌，引起战士们的欢笑。

赣北战区农村生活

战时农村经济状况，也是一个重要问题。我国有句古话，叫做"衣食足而后知荣辱"。在抗战中有许多的民众给敌人做小间谍，主因自然是"无知"，其实经济问题，也是因素之一。我曾在锦江沿线走过五十个以上的乡村，沿江土地肥沃，物产丰富，像万载的夏布与爆竹、上高的米线、高安的油豆、麦、米等年产总值在百万元以上。一般农民的生活，大概还足以自给。例如在高安，自耕农约百分之三十五，半自耕农约百分之三十，佃农约百分之二十，地主约百分之十五。一个壮丁可种田和地各四亩。田是种稻（也有可种两次的），秋收后种油菜。每亩可产谷六至八石，菜籽六至八斗。谷值每石约二元至三元，菜籽每斗五角至一元，总计年可得七八十元。地是种杂粮——大小麦、豆、山芋、菜蔬等，获利无标准。像现在前线大军甚多，菜蔬价格飞涨，通常情形，种地四亩，年可得六七十元。妇女们的副业是饲蚕、养鸡、喂猪、织夏布等，获利亦颇可观。在支出方面，田地每亩捐税约在一元三四角，内正捐附加各半（附加为团队、建设、教育等附加之总和），肥料费每亩约廿元，农具修理费约五元，合计约三十元。此外临时的捐款，为壮丁安定费（壮丁出征时，由本保筹款安家，每人十元）。按人口摊派，每人约捐一角，孩童减半。高安每保约二百人，已出征者约六十人（在这里，我们知道人力绝无问题）。平均每户约捐三元。又保甲长办公费月需一元左右，每户约月捐一角，其余特种捐款，各按贫富分配。所以一个自耕农的生活是愉快的。佃农是将租谷交给地主百分之三四十，虽比较刻苦一点，可是他不负完粮纳税的责任，因此一般生活比较安定。此间婚姻风气甚不合理，穷苦人家女儿往往在襁褓中得点财礼，便送去做童养媳或望郎媳。童养媳是有男孩作对象时的称呼，而望郎媳必须要等对方生下男孩时才真有了她的丈夫。所以男女年龄往往相差甚远。抗战洪流已经把这些旧现象冲毁了。因为一些男的已经出征去，在乡的壮丁又不时召集去做义务担架兵、输送兵，遗留下来的工作，统统由她们负担起来。我们每走过一个乡村时，可以看到许多底女性，赤足蓬头，将裤脚捲得高高的，在田里耕作。工作完了，还要做些布鞋，酿米酒，炒花生米，向驻军兜售。战争将她们从旧式家庭带到生产岗位上来了，必然的，她们的地位将随着时代底前进而得到新的发展。

总之，在目前，尤其在前线，我们的一切都在进步中，必然的，这些进步的总和将是新中国的出现。

岷山之战记[1]

——记第七十四军赣北抗日战役之一

一 鼙鼓动地来

一九三八年春，侵华日军在中原战场见阻于黄河决堤泛滥，寸步难行，乃移兵南下，溯长江而上，企图进攻武汉。在安徽境内，日军集中全力，由安庆向西北进犯。守备这一地区的国民党军队放弃潜山，使日军先后在荻港、板子矶间登陆。

当皖赣边境战云密布时，第七十四军俞济时部（辖第五十一师王耀武、第五十八师冯圣法，均为两旅四团制）由河南泌阳南调入赣，于一九三八年六月二十四日到达德安附近，担任星子以南，鄱阳湖西岸南浔线防务，构筑湖防陆防工事，正面长达一百八十余华里。俞部右为第四军，左为第九集团军。德安是南浔线的重镇，东倚鄱阳湖，西为丘陵山地。德安得失，关系到南昌安危，所以必须严阵以待。

六月三十日，在马垱要塞展开激战，七月三日弃守；七月二十七日，九江沦陷，江西门户洞开。与此同时，日军在江西境内，大肆轰炸，省会南昌，空袭频繁，市中心如洗马池、民德路等处，夷成废墟。

日军占领九江后，以九江为据点，兵分两路：一路沿南浔线南下，直逼德安，一路西攻瑞昌。另以第一〇六师团之一部向岷山急。防守该地川军，不战而溃，敌得以乘胜追击，一时情况严重。

负责赣北战场的国民党军指挥官是第一兵团总司令薛岳（在十月间升任第九战区司令长官）。八月初，俞济时升任第三十六军团军团长，

1.原载《江西文史资料选辑》第二十一辑——江西省政协文史资料研究委员会编，原题《抚今追昔篇》，署名南昌市人民政府参事室。

仍兼第七十四军军长，增辖第二十九军陈安宝部。

二　岷山战犹酣

八月二十九日上午九时，兵团总司令薛岳向第七十四军下达电话命令："判断由瑞昌南下之敌不过数百人，着第五十一师派兵一团，推进至洪家山、天师凹、亘德（安）瑞（昌）公路至毛草坡之线，对通往瑞昌小道，确实占领，拒止敌人。"下午六时兵团再一电令："着第五十一师即派一旅（前派一团在内）务于艳（注：二十九日）晚进占鹅公包、岷山之线，确实据守洪家山、郭 、岷山 之要点**垅并努力垅荡窜据皇天脑、杨坪山、北极峰一带之敌，掩护我第九集团军之安全。**"当时，第五十一师因构筑德安外围陆防工事，驻地分散，奉令后，当以一五一旅三〇二团于午后四时先行出发，一五一旅旅部及三〇一团亦于当夜出动。行军途中因川军退却，溃乱无章，道路又已彻底被破坏，导致行动迟滞。

敌初占领岷山、大木尖等制高点，兵力约一个大队，八月三十日晨七时许，三〇二团通过小阳铺抵达岷山脚下之际，即与千余之敌遭遇。第一营营长胡立群（湖南平江人，中央军校洛阳分校五期）身先士卒，向敌猛袭，激战至十一时三十分，占领岷山脚下之线。正乘胜追击，不料岷山之敌得到增援，敌空军及时临空，陆炮空炮密切配合，使我伤亡重大，胡营长不幸中弹殉职，全营失去指挥重心，迫不得已撤至小阳铺附近，占领阵地待援。

下午三时，一五一旅旅长周志道亲率三〇一团到达，部署所部占领花果山、项家岭、饶家山、童子岭之线。当时花果山尚在我新十五师某部固守中，一五一旅与第九集团军确保联络，傍晚，开始向金龙埂、作云岭、蛇子埂、岷山脚下、大木尖之线攻击前进。敌凭借有利地形，组织炽盛火力，抵抗甚烈，我曾数度接近敌阵，终因火力过猛，迄未成功。这一天，敌我伤亡均在四百以上。

八月三十一日，敌机竟日轰炸，投弹逾四百余枚，野战工事毁坏，燃烧弹使山林起火。七时半，敌步兵在空军掩护下，向我阵地猛扑，三次冲锋，均被我击退。至午，我派出一个营，进占高岭、鹅公包，另一部攻占洪家山。

盘踞作云岭、金龙埂之敌，经我两昼夜攻击，仍未奏功。晚间，一五一旅除留少数部队守备原阵地外，以主力由花果山南侧向敌左侧背袭击，敌俟我接近其阵地后，始以轻重武器向我扫射，继以手榴弹、掷弹筒、小炮、迫击炮等，如狂风暴雨，挟以俱来，使我伤亡甚大。我官兵激战彻夜，卒于九月一日拂晓前将金龙埂、作云岭、蛇子埂相继克服，并乘胜攻占关帝庙、屏风坳等地。是役我营长翟玉本（山东人，洛阳分校四期）壮烈殉职，共伤亡官兵六百余人。

薛兵团于八月三十一日午后发来电令："着五十一师王师长于三十一日晚，亲率所部将岷山脚下、杨坪山、岷山大屋之敌彻底肃清。确实占领鹅公包、高岭、岷山线北之洪家山、郭家岭、岷山大屋各要点。"王耀武师长当率部星夜赶进，于九月一日拂晓前到达东岭、大崖山附近，顿时士气大振。敌亦同时大举增援，估计约为一个旅团。

九月一日，大木尖、岷山脚下、张家山之敌陆续增加，在敌机轰炸扫射下，陆空联合向我进犯。我则利用敌步兵接近我军，而使敌机无法肆虐之际，予以反击，致敌不能得逞。十一时许，在与敌相持中，敌由陈家堝方面向我新十五师阵地猛攻，阵地被突破，该师向王家坂方向引退，敌即尾随追击，使我一五一旅被截为数段，陷入重围。这时，敌全线向我总攻，战斗更为激烈。我三〇一团少校团附罗恒（湖南新化人，黄埔五期）临危受命，率部反复冲杀，阵亡于鹅公包（后追赠中校）。黄昏前，周志道旅长目睹伤亡太大，兵力单薄，阵地过宽又无工事可守，且受敌炮兵制约，当晚即撤回占领西岭及其以西地区，构筑阵地。

当一五一旅陷于苦战之际，五十一师主力于东岭、大洼山附近，遭敌机威胁，未能及时前往增援。为策应友军侧翼安全起见，王师长除令一五三旅三〇五团迅速占领背后山、张家坪、螺丝旋、毛家山之线阵地外，以三〇六团（欠缺一营）位置于东岭、西岭间，担任东岭西岭间侧面阵地之构筑。三〇六团之一营，则由凤凰桥经老屋邝（ting）、山里罗，向王家山、王村、小岷山、秦岭线搜索前进，以期进出于大木尖、岷山脚下，攻敌侧背，协力我河里余村之部队，伺机歼灭当面之敌。乃该营进至王家山、王村南方，即与约三百余名之敌遭遇，该营当即逐次展开，向敌攻击前进。初，敌在强烈攻势下，不支后退，我当即占领小岷山。敌恃该地区山势陡峻，凭险顽抗，固守待援，激战至天黑，仍未收效。五十一师为避免生力军被敌吸引，而胶着无所为，乃令该营利用夜暗，酌留步兵一连，掩护警戒，其余部队，归还建制，另图进展。这时，军部下达指示，"着五十一师固守原阵地，俟五十八师到达后，协力攻击当面之敌。"

九月二日拂晓后，髻头坡、饶家山、袁家山一带之敌，约有步兵千余，骑兵百余，山炮四门，在空军的掩护下，向我北背后山、张家坪阵地发动猛攻，冲锋三次，均被我击退。尤以上午九时至十时，战斗最为惨烈，其中北背后山阵地曾一度易手，当敌空军离去后，即被我夺回。

二日上午七时，占领和尚垴之敌，有南窜企图。一五一旅当以该旅之一部，右与五十八师衔接，占领李庄南端陈家埫（dong）；左与一五三旅三〇六团占领之东岭阵地衔接，与友军协力击攘敌人。

当时情况是：五十一师面对优势之敌，逐次使用兵力，加入战斗，既须攻击，又须据守，任务实为艰巨，因而伤亡甚重，目前战局虽可暂可安定，但敌不断增加，企图从我正面南下。针对南浔线侧翼安全可虑，而且情况在不断剧变中，兵团当即下令："着五十八师增加该方面，彻底解决当面之敌，以一个团控置于西岭，两个团位置于猪岭南北线，就攻击准备位置，由东向西攻击。五十八师之开进，由第四军担任掩护之。"在兵团重新部署下，十八军由范家铺自西向东，指向岷山大屋之敌侧背，攻击前进。七十四军以五十一师在西，五十八师在东，向当面之敌发起进攻，逐次与敌短兵相接，犬牙交错，迫使敌机不敢盲目投弹。鏖战两昼夜，我占领了岷山，残敌向瑞昌方向退却。是役，五十一师伤亡军官一百六十余，士兵二千余；五十八师伤亡军官七十余，士兵八百余。

三　胜利的基础

岷山战役以七十四军占领岷山，迫使日军向瑞昌退却告终。从缴获的文件中，证实日军为一〇六师团及第九师团之一部，战役中，俘虏敌兵两名，缴获轻机枪五挺、步枪一百余支、掷弹筒五具、战刀二十三把，以及"武运长久"旗数十面，估计敌军伤亡当在二千余人。

岷山为万家岭前哨，这一前哨战为时虽仅一周，但遏止了敌人锋芒，消灭了敌人锐气，稳定了阵地，从而迟滞了日军行动，为九月下旬至十月上旬的万家岭大战赢得了部署兵力的充裕时间，创造了胜利的条件，奠定了大捷基础。所以，岷山战役的胜利意义，更深刻的是体现在万家岭大捷上。

[本文承当时一五一旅参谋王鸿范（王仲模）帮助回忆，谨致谢忱。]

智取张古山 [1]

一

8月的武汉，素有火炉之称。1938年的这个盛夏，身在武汉的蒋介石真的是坐在火炉上了。

徐州会战和豫东之战方落下帷幕，日军兵锋即直指华中，位于华中腹地的武汉，成了他们的下一个目标。半年多之前，国民政府退出南京西迁重庆，政府各部门沿长江而上。到达武汉之后，在这块尚未被战火延燃的土地上暂时安营扎寨，武汉成了当时实际上的战时之都。蒋介石明白，武汉人称"九州通衢"，水陆交通四通八达，是一个战略重镇，加之政府的首脑机关云集在此，日寇迟早会使出恶虎掏心战略，针对武汉下手。吃一堑，长一智，经过混乱的上海、南京大撤退，蒋介石吸取了血的教训，军事委员会也从最初沉重打击的晕头转向中回过神来，逐渐稳住了阵脚。早在徐州会战之时，国民政府方面就在为保卫大武汉作战略准备。武汉当然也非久留之地，将宝贵的精血耗尽已经证明并非明智之举，所以战略上的设想是争取坚持数个月，以空间换时间，一方面消耗、挫遏敌人的攻势，一方面争取时间完成工厂、物资、机关的继续内迁。留得青山在，不怕没柴烧，长期持久抗战的战略思想已渐成共识。

国民党军委会将作战的重点布置在武汉的外围地区，指导思想是"应战于武汉之远方，守武汉而不战于武汉"。因此，日军要直击武汉，先得夺取周边地区中国军队层层防守的要塞。徐州会战结束之后，日军向安徽、江西等地持续展开进攻，以取得向武汉进攻的战略出发点。

---

1. 原载《江西党史资料》2010年3月 第42辑《万家岭大捷》。张古山战场是万家岭战役的一个重要部分。

中国军队则几无还手之力，除了防御还是防御。虽然在节节抵抗中也给予敌人的进攻力量以大量杀伤，迫使日军不时停下来休整，从而迟滞了日军的进攻势头，但是，蒋介石所期待的捷报却几乎一个也没有。案头上堆积如山的战报，一份接着一份全是令人沮丧的消息：

安庆失守。

马垱失守。

九江失守。

瑞昌失守。

……

日军的铁蹄和隆隆的战车越逼越近，蒋介石被火炉烤得再也坐不住了。就像一个垂危的病人，一支台儿庄胜利的强心剂，尚不足以让病人膏肓之躯能见多大的起色，这个时候，他太需要再打一场胜仗来杀一杀日寇的猖獗气焰，激励一下笼罩在一片败仗愁云之下的军心和民气。

9月下旬，第九战区的赣北战场，终于亮起了一道希望的曙光。

在瑞昌和九江的南面有个地方叫德安，如果把这三个地方用直线连接起来，基本是一个呈倒悬状的等腰三角形。德安东接星子，西临武宁，南邻永修，地势为低山丘陵，北部、东部和西南三面环山，南部为低山地形，中部是大片丘陵。由九江通南昌的南浔线，中段即穿越德安境内，马廻岭等几个著名的战略要地，均在这南浔线的中段上。

日军侵占九江、瑞昌后，德安在当时的重要战略地位更突显了出来，一旦拿下德安，日军可南下直捣南昌并继续威胁长沙，截断粤汉路，对武汉形成大包围。德安失陷，不但会影响南昌、长沙、武汉，而且还会威胁整个粤汉以东的中国军队。因此日军华中派遣军司令官畑俊六派出华中派遣军一部南下，企图经南浔线直取南昌。

畑俊六派出的主将是冈村宁次。懂一点中国现代史的人，对这个名字不会陌生。冈村刚在这年的7月就任第十一军司令官，在日本军队中，他不仅是一员著名的战将，还是一个中国通。一口流利的中国话，常年从事与对华有关的军事谍报工作，完整的从参谋到主官的历练，以及早年与中国军界的渊源，都使得冈村在侵华日军的诸将中显得鹤立鸡群，这也是他日后升任日本"中国派遣军"总司令的雄厚资本。

新官上任三把火，冈村一到第十一军就任，自是要努力做出些战绩来以示与前任的不同。他的第一把火烧到九江，第二把火烧到瑞昌，现在，他要把第三把火点向南昌。

冈村的第十一军下辖第六、第一〇一、第一〇六、第二十七师团和波田支队，其中第一〇六师团是战斗力较弱的所谓特设师团。冈村将所辖部分成三路，左路第二十七师团与第九师团一部由瑞昌南下，右路第一〇一师团沿京九公路向星子进犯，第一〇六师团则沿南浔路向南昌正面推进。齐头并进的三路进展并不如冈村预想的顺利，右路路第二十七师团进到德安西面的麒麟峰，遭到中国守军的顽强阻击，处境不妙；右路第一〇一师团则被中国守军死缠烂打，陷在星子难以动弹。冈村焦躁起来，他要铤而走险了。

在迎战左右两路日军进攻的时候，中国军队的兵力也频繁调动，南浔和瑞武之间因此逐渐扯开了一条防御空隙，正是这条空隙，引发了冈村宁次冒险一试的冲动：派第一〇六师团钻隙而入，向中国军的纵深腹地穿插，从背后瓦解中国军的防御体系。

应该说，冈村想到的这一步，有其高明之处，却也异常凶险。说它高明，因为一旦第一〇六师团大胆钻隙成功，既能避开正面攻击的血拼，又抄了中国军队的后路，以解左右两翼受阻的困境。说它凶险，派一个才一万多人的不满员师团深入虎穴，若被中国军队发觉而断了后路，后果将不堪设想。

要赌就得舍得下注，老谋深算的冈村权衡利弊，认为还是值得一搏。九江、瑞昌的胜利使他陶醉，说到底他还是不把中国军队放在眼里。

上得山多终遇虎，这一次，他遇上了劲敌。这只虎，就是人称"老虎仔"的薛岳。

兰封会战，薛岳先盛后衰，以十五比二的兵力优势痛失好局，被蒋介石不客气地斥之为战史上的笑柄。不过骂归骂，蒋介石也知道，这种结果不能全怪薛岳，自己的门生不争气也是事实。战后，他把失守兰封的桂永清和阻击商丘不力的黄杰撤职查办，第八十八师师长龙慕韩更因擅自弃守兰封而被执行枪决。薛岳则依然获得重用，鉴于武汉会战迫在眉睫，他战后即调任第九战区第一兵团司令，负责南浔线及两侧地区的防务。根据《武汉会战第九战区作战计划》，第一兵团的任务是"以最大之努力，侧击敌人，迟滞其西进"。

9月25日，第一〇六师团在师团长淞浦淳六郎的率领下，向西轻装急进，一头钻进了赣北的崇山峻岭之中，开始了它的死亡之旅。

日军深入我方腹地的情报，很快送到了薛岳的手里。第一〇六师团不顾一切的大胆钻隙精神令他吃惊，盯着山峦起伏的赣北地图，薛岳计上心来，他决定利用地势，给敌人设计一个巧妙的反"八字"包围圈，先任由第一〇六师团长驱直入，再将其一举围猎，兰封之耻可雪矣。他的计划得到了蒋介石和军委会的首肯，于是十万部队迅速向德安南部调动集结。

第一〇六师团长淞浦淳六郎丝毫不觉得状况有异，依然带着一万多人的部队放肆钻隙，深入德安县城西南的万家岭地区，出乎意料地进展顺利，淞浦暗自窃喜，却不曾想，薛岳预设的反"八"字口袋，已开始悄悄收拢。

瓮中捉鳖，这个瓮也得够结实才好，否则又得重演兰封熟鸭飞走闹心的一幕。

所幸的是万家岭不是兰封。

二

万家岭位于山峦起伏的德安西南，离县城27公里，在今天的磨溪乡曙光村。当年万家岭战役的主战场遗迹方圆约四百八十万平方米，如今已是江西省的省级文物保护单位。时近中秋，满山树叶金黄，当淞浦带着他的师团踏进这赣北的山区土地，他不会料到，这里将成为他的师团的墓地。淞浦师团参战时间较长，之前战绩不佳，且伤亡过半，出发前不久，刚进行过补充，对于新来的上司冈村将此重任交给第一〇六师团，淞浦应是心存感激的，这至少说明冈村并不因为他没有值得一提的战绩而小看他的能力，淞浦极想通过此战有所表现，洗刷一下作战不力的前耻。

日军的侦察机照例频频飞临赣北上空，中国军队十余万人的大动作，难以瞒天过海。当日军参谋们根据飞机侦察的情报，将中国军队的动向在地图上一一标示出来，老奸巨猾的冈村不禁倒吸一口气，他最担心的事情发生了：对手正在对第一〇六师团形成包围圈，他下的赌注，很可能被对手一口吞掉！冈村立即给淞浦下令，第一〇六师团尽快向第二十七师团靠拢，以求解围。

淞浦在做什么呢？对着军事地图发呆，他居然迷路了。淞浦一得知自己落入了陷阱，急令手下赶快确定方位，寻找逃生之路。但是在这要命的关头，地图上的标识却与实际位置对不上号了，情急之中只好借罗盘来定位，罗盘上的指针又奇怪地左右乱跳，鬼子们匪夷所思，他们哪里会想到，这竟然是因为山区地下蕴藏的磁矿在捣乱。地图错了，罗盘又失灵，淞浦方寸大乱，第一〇六师团在山里像没头苍蝇般来回奔突，整个师团依然在山区转圈。

这个时候，薛岳的包围圈在万家岭地区合拢，淞浦师团再没有时间自寻死路，只得做困兽犹斗了。

反"八"字的包围圈，像一只碗状，能不能存住碗里的东西两翼当然也重要，最关键的地方还是在碗底，也就是包围圈南部的长岭、张古山一线，这也是敌人最有可能寻求突围向第二十七师团靠拢的地方。薛岳布置在这道战线作战的部队，正是俞济时的第七十四军。

10月3日，包围第一〇六师团的部队开始向包围圈中的敌人作向心推进。俞济时命率先奉调万家岭的第五十八师攻击前进，占领长岭、背溪街阵地，与右翼第四军相呼应，压缩包围圈。这遭到第一〇六师团的猛烈反扑，战况激烈，最危急时，俞济时甚至把军部的警卫营都顶了上去，自己几乎成了光杆军长。全神贯注的俞济时在五十八师压阵，分身乏术，第七十四军的另一条重要战线张古山，就全看随后从德安赶来的王耀武了。

张古山是万家岭战场的制高点，地势陡峭，日军占据着张古山，就多了一道阻止中国军队进击的天然屏障，反之，若七十四军打下张古山，则不仅彻底封死了第一〇六师团的生路，而且居高临下直通敌人的核心阵地。张古山的得失，关系到围歼淞浦师团的成败。王耀武深感压在肩上的担子千钧沉重，他不敢再有任何闪失了，他的心理上正蒙着一层阴影，因为不久之前，他刚刚背上了一个处分。

还在九江尚未失守的时候，第五十一师在吴城、星子到庐山西侧的马廻岭守卫第二线阵地，以防日军利用华中纵横的水网地带，从水路对中国军队的防线作迂回突进。1938年8月22日，日军果然派台湾守备旅团窜入鄱阳湖，试图在星子以南登陆，张灵甫与第一五三旅出兵进行反登陆作战，成功将日军驱逐入湖。

当日，由于瑞昌失守，第五十一师又被第九战区紧急北调救火，归属第30集团军指挥，阻击从瑞昌突入的日军。8月30日，第五十一师前锋第一五一旅的第三〇二团第一营在岷山与日军第九师团第六旅团的一个大队遭遇，营长胡立群在战斗中牺牲，幸亏旅长周志道随后率本部及时赶到，主力奋力反击，才夺回了岷山阵地，并顺势于九月一日收复瑞昌。日军第六旅团恼怒之际，集中主力向一五一旅大举反攻，周志道势单力薄孤掌难鸣，王耀武只得命令该旅撤出瑞昌，退回东岭。占据瑞昌的日军第六旅团马上出发，进击黄老门与马廻岭，以图截断南浔铁路。第五十一师与赶来增援的第五十八师联手抗击，才将日军打退，援军第十八军攻占岷山，保住了南浔铁路。但瑞昌反攻不力让王耀武走了麦城，他在战后被记大过一次。

前车之鉴犹在，王耀武没有退路，张古山一仗对他来说意味着只许成功不许失败。而张古山的地势，明摆着对山上凭险据守的日军极为有利，谁都知道，在这样的山势前，靠仰攻拿下山头是要付出极大伤亡代价的苦差使。由谁来担纲主攻？在师部召集旅团长们讨论作战方案的时候，王耀武意味深长的目光落在刚刚佩上少将将星不到一个月的张灵甫身上。

张灵甫在1938年9月升上了第一五三旅少将旅长，这是他在南京战役后短短半年期间的二度晋升，张灵甫的官阶，这时已经越过早于他跟随王耀武的邱维达，与黄埔三期的学长周志道平起平坐，再次证明王耀武对张灵甫前一时期战功的欣赏和肯定。副师长李天霞则因此被免去原先兼任的第一五三旅旅长一职，张灵甫升任旅长，留下的第三〇五团团长的空缺由唐生海填补，第三〇六团团长在这年的1月已经由常孝德升任。这是一个妥善的人事调动，看出王耀武对张灵甫的特别关照。唐生海是王耀武黄埔三期的同学，虽然届期比张灵甫高，但是他在抗战以前长期在中央军校洛阳分校担任教官，经历以纸上谈兵居多，让他担任团长一职，有助培养他的实战经验。而常孝德则不仅是张灵甫的黄埔四期同学，本身在原三〇五团也给张灵甫当过将近一年的副手，镇住这两个人，张灵甫毫无问题，指挥上可以完全得心应手。

对于王耀武的照顾，张灵甫也是心领神会的，他是个知恩图报的人，打日本没什么可挑精拣肥的，张灵甫向来很看不起一打恶仗就耍滑头做缩头乌龟的家伙，认为这种人缺乏武德，不配称为军人。因而他打起仗来，越是艰险的战斗，反而越激发他与强敌较量的旺盛的求胜欲望。万家岭战役，王耀武在关键的时刻想要张灵甫出马，也是出于对他惯打硬仗恶仗的能力和斗志的信任。担纲夺取张古山的重任，于公于私，张灵甫都义不容辞，再说他这才当上第一五三旅的旅长，也正想再立新功，为自己领上的将星增光添色。

"师长，张古山就交给我吧！"张灵甫主动请缨，语气自信。

他的确是有备而来。

张古山山势陡峭，易守难攻，没有足够的重炮配合，仅凭轻武器攻坚伤亡难免，这些不利因素大家都讨论过了，但是办法总是人想出来的。张灵甫想的是，如何利用地势，另辟蹊径，攻其不备。事先他对着地图将张古山的地形琢磨了一番，又带着团长们在附近作实地勘查，仔细观察之后，张灵甫分析，日军的不备之处当在后山绝壁，于是心生一计。

张灵甫熟读古书，说话时常引经据典，他对王耀武说："三国时蜀将姜维据守剑阁，拒十万魏兵于险关之外，魏将邓艾遂以精兵偷渡阴平翻越摩天岭，下江油直取成都而一举灭蜀，此谓出敌之不意也。我们今天可仿效此战法，以智取代替强攻。"

接着，他向王耀武扼要说明自己的打法："为避免重大伤亡，不宜对各山头直接正面仰攻硬冲，正面应仅取佯攻之态，同时选出精兵编成突击队，绕道后山，无人烟处料敌疏于防范，突击队攀岩附葛摸到山顶进行背后偷袭，成功后，正面部队即转入真正攻势，前后夹击当收事半功倍之效。唯万家岭战场日军具有绝对空优和炸射频率，攻山拟夜间进行。"

张灵甫一席话头头是道，听得王耀武频频点头称是。王耀武对这套出奇制胜的献议极为赞赏，第一五三旅有第三〇五和第三〇六两个团，他马上为张灵甫另配第三〇二团加强攻击力，也就是说，王耀武把大半个师都交给了张灵甫，让他一共指挥三个团主攻张古山。

西沉的太阳落下张古山顶，当最后一道晚霞消失在天边，起伏的群山丘陵无声地隐没在悄然涌起的暮色之中，秋天山涧的晚风，隐约飘来秋蝉的悲鸣。

大战前异样的宁静。

三

10月7日，傍晚时分，第五十一师进入了预定的攻击位置。

依照张灵甫的事先指令，担任主攻的三〇五团已经挑出一批精兵组成了突击队。一小队人马借着暮色的隐蔽，在黑暗中披荆斩棘，奋力向上攀登。

前面响起了枪声，这时正面的部队在突击长岭北部的高地。张灵甫意欲先夺取这个由日军5个中队据守的高地作为支撑点，进而向张古山冲顶。日军通常不作夜战，而国军胆敢在夜里主动挑战日军的更是罕见，因此高地上的日军此时不像白天那样警觉，晚饭过后，除留下少数警戒人员外，其余准备轮换歇息。张灵甫指挥第一五三旅主力突如其来的进攻，把日军打得措手不及，月黑风高夜的山地，山下的中国军队人影都看不清，鬼子们一时间乱作一团，等他们从混乱中反应过来躲进工事里放起枪来，长岭北部山头上已经遍布冲上来的大批中国士兵。这正是张灵甫所要的近距离的对战效果。虽然日军单兵作战的素养远高于一般的中国士兵，但在日军火力不占优势的情况下，轻武器对轻武器，张灵甫对自己训练出来的士兵也具有相当的自信，何况他在人数上占有绝对的优势。仓促间，高地上六百余名日本守军虽然进行了顽强的抵抗，但终究寡不敌众，被迅速歼灭。

拿下了高地，张古山几乎触手可及。张灵甫命令第三〇五团连续作战，连夜出击张古山。张古山上的日本守军约有八百人，长岭北高地的战斗有足够的时间给他们敲响了警钟，日军不敢懈怠。第三〇五团参加佯攻的士兵开始呐喊着向张古山做势进攻，严阵以待的日军不知是计，见对方来攻，果然注意力都被吸引到了正面。正乒乒乓乓打得起劲，猛然间听得背后枪声大作，第三〇五团的突击队从后山登顶成功。张灵甫的这把尖刀，适时向山上的日军背后，挥出致命的一击，突击队员们与山上的守军拼上了刺刀，正面进攻的部队趁山上日军自顾不暇之际，一口气冲上了张古山顶。日军腹背受敌，全面崩溃，张灵甫的两面夹攻战术如愿奏效，约八百名鬼子死的死，逃的逃。

一夜之间张灵甫指挥第一五三旅攻占了最难克服的万家岭战场制高点。王耀武在师部与张灵甫通过电话，长长出了一口气。在一线作战指挥的张灵甫仍不敢有丝毫放松，他很清楚，夜间偷袭成功，只能算是扬长避短获得的暂时性胜利，更艰巨的任务还在后头。在上海、南京、豫东，他领教过日军陆空火炮的绝对威力。白天能不能顶得住敌人优势火力的冲击，老实说，他心里并没有十分的把握。张古山是淞浦师团最后的退路，日军一定不会善罢甘休，天亮之后必将会有更严酷的恶战，他告诫部队枕戈以待。

果然，第二天清晨天刚亮，二十余架日军轰炸机就钻出厚厚的云层，飞临张古山上空，飞机的呼啸混合着炸弹划过空气发出的凄厉啸音，震耳欲聋，顷刻间，张古山上炸翻了天，从远处望去，张古山笼罩在浓烟火海之中，简直是一座熊熊燃烧的火山。由于中国军队几乎没有防空能力，日机异常猖獗，肆无忌惮地作低空俯冲，对准山头轰炸扫射，而不必顾虑被对方防空火炮击落的危险。阵地上的人连飞机身上涂的猩红的膏药旗都能肉眼可见。在敌机剧烈的空袭下，第三〇五团伤亡极其惨重，张灵甫蹲在掩蔽工事里，炸起的碎石浮土几乎掩埋了他半截身体，头上的钢盔不时被爆炸的气浪掀动着，透过呛人的硝烟，他眼睁睁看着自己的许多官兵在阵地上还没出战，就葬身于炸弹火海之中，而自己一方却得不到有效的炮火支援，对日军进行压制，作为一线指挥官，张灵甫心情酸苦杂陈。

上午10点，空袭方停，急于夺回阵地的第一〇六师团向张古山发起了冲锋。张灵甫一身尘土跑上第三〇五团防御阵地亲自督战。狗急跳墙的日军顶着山上洒下的弹雨，不顾一切地弯着腰向山上猛冲，直逼第三〇五团的阵地。当部分日军最终冲上山顶，第三〇五团残余的官兵在旅长张灵甫和团长唐生海的带领下，上刺刀与敌人展开白刃格杀，拼了性命将日军打下山去。趁着战斗的间隙，张灵甫急忙整理残部，将勤杂人员全部编入战斗队，并慰问、安置伤员后退。黄昏时分，第一〇六师团再度对张古山发动强大攻势，炮火密集地倾泻到张古山。经过大半天的激战，第三〇五团已经伤亡大半，精疲力竭了，为避免更大的损失，以利稍后再战，张灵甫不得不将第三〇五团残部撤下张古山。攻击中日军也丢下至少八百具尸体。

阵地的丢失就意味着前功尽弃，张灵甫并不认输，这一仗他和王耀武都输不起，若淞浦师团从他这里打开缺口跑掉，薛岳的整个战役计划将落空，这将是他军旅生涯的极大耻辱。入夜，张灵甫再次组织起四百余名精兵进行顽强反击，夺回了阵地。张古山阵地就这样在激战中几经易手，白天日军凭借空中优势和重炮攻下阵地，晚上张灵甫再指挥部队以夜战夺回。双方都打得头破血流，气喘吁吁。张灵甫不愧为一员善打恶仗的悍将，在他的凌厉攻势之下，日军最终再次被赶下了张古山。10

月10日下午，又一股穷途末路的日军窜到张古山、长岭一带。在飞机和重炮的掩护下作孤注一掷的进攻，试图冲破第七十四军的阵地突围逃命。张灵甫一面指挥第三〇五团继续死守张古山，同时命令第三〇二团与第三〇六团配合第五十八师向背溪街发动两路夹击，经过五个小时的激战，将背溪街五百余名日军也悉数消灭。两军交战勇者胜，张灵甫在第七十四军，人送外号"猛张飞"。张飞打仗玩起命来，对任何对手都是一场血的灾难。五天里，张古山上只杀得尸山血海，任凭敌军再怎样狂轰滥炸，直至12日战斗结束，日军没能从张古山跑出一兵一卒。

张灵甫在张古山笑到了最后。

张古山成了淞浦的噩梦。

战至第五天，第一〇六师团的气数，也到头了。

在张灵甫率部血战张古山的时候，十余万中国大军对包围圈中的淞浦师团正全线出击，在中国军队的强大攻势之下，淞浦师团被打得丢盔弃甲。冈村宁次不得不派出空军，罕见地从其他部队抽调上百名下级官佐空投万家岭，为淞浦输血，企图挽救败局。9日入夜，第一〇六师团已接近全面崩溃，国军开始扫荡战场上四散奔突的日军，第七十四军的一支部队甚至冲到了离第一〇六师团司令部仅数百公尺远的地方，如果不是黑夜中目标不清，淞浦的司令部极有可能被端。据后来被俘的日军说，当时淞浦已经在准备焚烧军旗，紧张得快要切腹自杀了。冈村宁次为了拯救第一〇六师团的残兵败将，破例冒险出动飞机夜航，用空投炸弹炸开一条血路，借着照明弹的指引，淞浦才得以率三百余名士兵逃出包围圈。一般认为，万家岭战役于10月10日结束，但实际上10日之后，一些地方的战斗仍在激烈持续当中，根据陈诚10月15日致蒋介石的密电，第七十四军在张古山、长岭阵地就战至12日方停。由于日本援军纷至，战场上还是有部分溃散的第一〇六师团残兵未及扫荡而得以逃脱。对此，陈诚在电报中遗憾地表示"此次敌迂回作战之企图虽遭挫折，但我集力围攻未将该敌悉数歼灭，至为痛惜。"

不过，整个第一〇六师团在万家岭会战中被中国军队完全打垮了，可以说几近全军覆没，还搭上了前来解围的一〇一师团的第一四九联队。战后，国军在战场上清点出至少六千具日军尸骸。国军第一三九师师长唐永良后来率部游击敌后时，路过万家岭。他在《我亲眼看到的万家岭战场残景》一文中，描写了他亲眼目睹的万家岭战场一年之后的凄惨情景："围绕着雷鸣鼓刘村，都是敌人的坟墓，人骨、马骨……，此外沿山麓、沿道路、沿溪流无处无日军骸骨，若说五步一尸、十步一马，并不算过分。统计雷鸣鼓刘村、哔叽村、万家岭一带战场，日军骸骨至少在六千具以上，马骨至少在千具以上。"

万家岭战役，是抗日战争初期国民党正面战场上继台儿庄战役胜利之后的又一次重大胜利，对挫败日军突破南浔线的企图，延缓日军对南昌的进攻和保卫湘鄂赣边境，起到了十分积极的作用。10月10日，国军围攻胜利已成定局，蒋介石亲自起草嘉奖给薛岳各部："查此次万家岭之役，各军大举反攻，歼敌逾万，足证各级指挥官指导有方，全体将士忠勇奋斗，曷胜嘉慰，仍盼再接再厉以竟全功……"

万家岭大捷的消息传来，全国军民精神也为之一振。尽管武汉已经处于风雨飘摇之中，政府机关正在撤离。刚刚度过一个苦涩的 "双十节"的武汉群众依然兴奋不已，爆竹声昼夜不绝于耳，欢庆万家岭之役的胜利。

张灵甫不负众望，在万家岭战役中为五十一师立下了头功。而第五十一师在此役中也付出了极高的代价，损失最大的第三〇五团，团长唐生海、营长胡景瑗和李石见都身负重伤，接替唐生海任第三〇五团代团长的中校团副于清祥及营长王之干牺牲。另外第三〇二团团长林秀峰、第三〇六团团长常孝德、第三〇二团营长李文光、第三〇六团营长尹本提、王梦庚等指挥官也在激战中负伤。而投入支援的第一五一旅第三〇一团团长张汉铎和营长卢醒负伤，营长陈铭牺牲。第五十一师在张古山血战中四个团一共伤亡五名团长（包括代团长）、七名营长和两千余名忠勇官兵。军官频繁的高伤亡率，说明第七十四军的军官的确具有与众不同的忘我牺牲精神，这种精神支撑着第七十四军的荣誉感和意志，在以后的抗战岁月中，一次又一次打出王牌军的军威。

四

1938年10月中旬，万家岭战役结束，第七十四军起初仍在德安一带驻防并休整。

深秋的赣北，碧空如洗。一天，在野外操练的第一五三旅官兵，看见旅长张灵甫陪着一位不寻常的客人向不久前的战场走去，来客身着军装，举止却不似传统的军人，他言谈热情活泼，不经意间洋溢着一股子才气，连冷峻寡言的张灵甫也受到他的感染，与他一路侃侃而谈。这位来访者是特地从武汉前来造访张灵甫的，他就是著名戏剧家田汉。

国民政府在武汉时期，国共合作的气氛还相当不错，来自共产党阵营的左翼作家田汉，受命担任了国民政府军事委员会政治部第三厅第五处处长，负责艺术宣传工作。他受时任军事委员会政治部副主任周恩来的亲自指导，在武汉积极组织进步的戏剧工作者组成抗敌演剧队，深入到各战区开展抗日救亡演出活动，用艺术形式鼓舞军民的抗敌斗志。万家岭的胜利，是宣传中国军队奋勇抗敌英勇事迹的绝佳素材，值得大书一笔。军事委员会政治部第三厅厅长郭沫若便特派田汉到江西采访前线将士，于是就有了田汉与张灵甫的这次会面。

站在硝烟刚熄的战场，张灵甫亲自向田汉指点战场遗迹，向他详细介绍张古山之战的战术布置和战斗情况，据当时在旁边陪同的旅部文书胡立文对笔者回忆，随行的旅部参谋在访问中，特地向田汉补充了张旅长献计仿三国战例偷袭张古山的情节。

不久，第七十四军移驻长沙，大量伤员转往长沙治疗，第五十一师负伤的军官们全都聚在长沙的医院里，正带着抗敌演剧队在长沙演出的田汉，也到了医院走访了张灵甫的部下，包括第三〇五团团长唐生海等第七十四军的负伤官兵。

1939年1月，张灵甫率一五三旅屯驻长沙小吴门外，田汉来到旅部，再度拜访张灵甫，他以张古山之战为蓝本，编写了话剧《德安大捷》，特将剧本带来给张灵甫过目。在戏剧家的生花妙笔下，张灵甫成了剧中歌颂的抗日英雄角色。过后，《德安大捷》由田汉的演剧队排演，并向长沙市民和第七十四军的官兵作了公演，张灵甫因而名扬湘江，一时风头无二。

田汉在第七十四军还对官兵们发表了演讲。在与第七十四军将士的多次接触中，官兵们为国家而战奋不顾身的英勇事迹，深深感动了戏剧家，这位《义勇军进行曲》的作者，主动挥笔作词，为七十四军创作了一首激昂的军歌，并由著名作曲家任光谱曲：

> 起来！弟兄们，是时候了。
>
> 我们向日本强盗反攻！
>
> 他，占据我们的土地，他，残杀我们妇女儿童！
>
> 我们知耻，我们负重，我们是国家的武力，我们是民族的先锋！
>
> 我们在战斗中成长，我们在炮火里相从。
>
> 我们死守过罗店，保卫过首都，驰救过徐东，大战过兰封！
>
> 南浔线显精忠，张古山血染红。
>
> 我们是国家的武力，我们是民族的先锋！
>
> 起来！弟兄们，是时候了。
>
> 踏着先烈的血迹，瞄准敌人的心胸，我们愈战愈奋，愈杀愈勇。
>
> 抗战必定胜利！杀！
>
> 建国必定成功！杀！

10月底，武汉沦陷，南面的长沙处于日军的严重威胁之下。为了保卫长沙，11月5日，第七十四军接到九战区的命令，急开长沙沙外围后紧张布防。谁知日军尚未到达，长沙城里却先自阵脚大乱，在风声鹤唳草木皆兵的一片恐慌气氛中，抗战期间的又一宗悲剧发生了。事后《中央日报》社论痛心疾首地写道"长沙近三十年来，物资、人力欣欣向荣，全国都市中，充实富庶，长沙当居首要。百年缔造，可怜一炬。"

这"可怜一炬"，指的就是著名的长沙大火。

由于湘北的临湘、岳阳等地相继沦陷，长沙濒危，蒋介石指示当时担任湖南省主席的张治中，若万不得已弃守长沙，则实行"焦土抗战"政策，焚毁长沙，不资敌用。11月10日，张治中在南门外磐园召开省府会议，布置落实焚城的准备工作，约定届时以天心阁上火炬为准，统一行动。不料，日军还没有渡过汨罗江，11月13日凌晨，睡梦中的长沙市民就被接二连三的冲天烈焰惊醒，长沙已经烧成了一个火城，身处城内的人们，上至省主席、警备司令，下至平民百姓，无一不被这突发的大火惊得张皇失措。全城的街道、建筑，十有八九在狂烧的大火中被毁。

大火的起因，各类史书莫衷一是。根据张治中事后发表的《关于长沙大火经过的真相的说明》称："（一）由于地方军警负责者误信谎言，事前准备不周，临时躁急慌张之所致；（二）由于曾从事破坏之人员及人民（自卫团员丁森等）鉴于敌机连日轰炸及最近平江、岳州、通城、通山等县被炸之惨，激于民族义愤，以为敌寇将至，乃即自焚其屋，遂致将准备工作变为行动，于是一处起火，到处发动，以致一发而不可收拾……"

原以为来长沙主要是为迎战日军，现在确实自家后院先起火。11月15日，也就是长沙大火的第二天，张灵甫率领第一五三旅从郊外驻地进入了长沙市区。

火灾后的城区，空气中依然弥漫着浓重的焦黑烟雾，陆续返程的灾民们失去了赖以栖身的家园，只得以芦苇、残砖破瓦、篾席等材料，搭起简陋棚屋，在初冬的寒风中瑟瑟度日。望着焦头烂额无家可归的百姓，这些刚从前线下来的将士既震惊又伤感。张灵甫常把"救民于水火，军人之乐也"挂在嘴边，面对在火灾中挣扎的灾民，也十分痛心，现在正是身体力行为部下做出表率的时候。在部队整训之余，张灵甫亲自带领所属官兵，在瓦砾灰烬之中帮助受灾群众建屋搭梁，恢复家园。由于第七十四军军纪严明，不扰民，加之抗日英雄的名声，张灵甫的部队与当地民众关系融洽颇受好评。

长沙大火也间接地为张灵甫今后在国民党军界的仕途发展，带来一个意想不到的机缘。就是在这里，他与前来视察的蒋介石攀上了直接的关系。大火之后，蒋介石亲临长沙察看灾情，顺便也来到在郊外驻防的第五十一师巡视防务状况，张灵甫因此有机会与他敬仰的蒋校长有了面对面的接触。

蒋介石对曾国藩的推崇是尽人皆知。治军方面，他注重曾国藩的《曾胡治兵录》，在黄埔当校长时，就发给学生人手一册，要求反复诵读。用人方面，他又深受曾文公识人密要《冰鉴》的影响。曾国藩主张：识人观人，神骨为先；欲察德操，则观动静；观人行迹，而知其神；文英武雄，各具其神；天生骨相，不足为论。蒋介石有样学样，考察部下，也喜欢对照着对方的长相、气度、神态和答话内容察言观色，揣度此人能否堪当大任。若认为对方形容猥琐，在他面前举止失措，即使该人之前有什么值得称道的业绩，也难博得他的好感。

张灵甫出挑的外表和高大身材在一群将官中本就显得鹤立鸡群，他对穿着细节又极讲究，军容风纪向来一丝不苟，一派神气傲然的将军相，不难给喜欢面相的蒋介石留下很好的第一印象。蒋介石下部队视察，张灵甫作为部队长理所当然陪侍在侧，蒋介石也很想了解基层官兵的想法，他边走边沿路与张灵甫交谈，向他打听部队的教育训练状况，询问他对民心士气的看法。张灵甫有问必答但无赘言。一番交谈之下，蒋介石发觉这个黄埔门生言语中肯挈要，气宇不凡，不禁心生欢喜，临走前对张灵甫很是嘉许了一番。张灵甫在小吴门外迎校长的插曲，在蒋介石的心目中挂了号，为他日后成为蒋介石青睐的心腹爱将，埋下了契机。

赣北之战[1]

赣北之战，现在已走上第二阶段，即是由敌人的进犯和我们的防御，而转变到我军的追击和敌军的退却了。

当九月中，敌为策应长沙会战起见，先由窃据赣北之松浦师团向南进犯，以期威胁湘东。其阵容为：松浦师团全部及斋藤师团一部。其攻击部署：（甲）左翼迂回部队九月十四日到达会埠，十五日突破潦水（即奉新河），一部经罗坊、上富企图迂回我侧背；（乙）中央两联队十六日开始向我万步脑、河岭、郁柏山一带攻击；（丙）右翼部队为斋藤一〇一师团两联队，十六日开始向祥符观、司公山一带攻击，俟后会合中央部队，直扑高安。各路之敌，均附有山炮十余门，骑兵及战车各一部。

正当"九一八"的前夕，敌军下令总攻，我第一线兵力薄弱之处，即为敌所突破，其中中央部队一部挺进到高安、宜丰中央地区之村前街，使我高安东北地区大军后侧受制，不得不撤至锦江南岸，待机反攻。高安县城再陷敌手，此情况至为险恶。我军事当局立调在某处集结之王军星夜增援，以两天的时间，由袁水南岸赶到锦江北岸，于二十日即将村前街之敌驱逐。此时我赣北全线即实施反攻，计右翼为某军，中央为某军，左翼为某军及某军。激战二日，右翼敌军先行溃退，我军于二十二日再克高安。我中央部队，当连克伍桥河、横桥等要点，直抵潦水，向上富、冶城、罗坊前进。我左翼部队亦向敌右翼侧击。此时，我右翼部队追击至祥符观、司公山一带原阵地后，敌亦退守其原阵地，成为对峙状态。惟敌为挽回颓势计，以大部兵力西犯，战事重

---

1. 原载衡阳《正中日报》，署名"衡阳正中日报记者 庚天"，收于《湖湘文库》168-172《抗日战争湖南战场史料》（1-5）。

心遂转至奉新、上高间之中央正面。至二十九日，敌复以大量空军，竟日向我潦水南岸阵地轰炸，其一部再度突过潦水，与我激战，我英勇将士卒奋神威将其击退。

相持至十月四日，我变更部署，以精锐的王军为挺进部队，向潦水北岸出击。该军李师，由左迂回，于六日在甘坊以北地区与敌发生战斗，迄夜，敌援军大至，山炮亦由四门增至十余门，与我展开空前激战。经过一昼夜之苦斗，我卒于七日午前九时占领九仙汤（查占领九仙汤部队实系李团，在四月反攻战中，该团曾以抢救高安记功，诚属不可多得），残敌向仰山街以北区溃退。同时我右翼军亦向罗坊、上富各处挺进，与李师会合。至此，敌遂全线动摇，狼狈北逃。溃退时，将上富、罗坊、冶城各处纵火焚烧；其进犯企图，至此乃全部失败。

考敌军失败原因：（一）士兵厌战怯战。如俘虏大黑与平长谷川等，均随身带有我军散发之优待证，讯供时，呈出该证，请求优待，并据供称下级官兵中，多藏有此优待证云。又我在已死之敌军小队长田岛身上搜得日记中，更有"士兵（敌自称）素质太差，萎靡懒惰之情绪弥漫我军，令人惊疑，这样军队，何能作战"及"七月十六日，占领合山之我军，因敌（指我军）二小时之逆袭而退出，损失重机枪四挺，生死不明者十人，西尾中尉受伤，此次失败完全因为我军（敌自称）自身之缺乏战斗精神所致，似此迟钝、懦弱之部队，怎能奉行君命"等语。其素质日差，由此可获充分证明。（二）违背战术原则：千里裹粮，越险进犯，此千古兵家之大忌。此次进犯之敌，敌酋令带五日粮秣，不能持久，已伏失败之基，加之山峦重叠，重炮及装甲部队均不能使用，空军在深山中亦不能充分发挥其效能，步兵失所凭籍，致战胜信念愈弱。反观我军方面：（一）二期抗战以来实施精神总动员后，士气振奋，下级干部技能日见进步，官兵临死不丢枪（二）动作迅速，出敌意外，各部队均能机动、协同。（三）军民合作较前进步，至此次，所得战果，毙敌官兵达三千余人，受伤者当倍之，获得步枪百余支，击落敌机两架，又获战车十余辆，其他军用品正由各军清查中，犹忆去年今日绥北亦有大捷，与今年今日正可相辉映云。

迈进中的南昌[1]

　　当赣北我军退出德安，武汉、广州相继放弃后，江西省会的南昌，已形成外线包围的姿态，那时，又值长沙大火，使这"朱帘暮卷西山雨，画栋朝飞南浦云"的洪都新府，人心惶惶，不可终日。可是，四个月过去了，南昌无恙，而且一切都在迈进中。

　　南昌地濒赣江，近年政府厉行建设，为南浔、浙赣、湘赣三路的起点。更有以它为神经中枢的公路网，可通鄂、湘、皖、浙、闽、粤，在交通上为我们东南地区的大动脉。过去它是新生活运动的策源地，同时，也是少年空军总站之一（南昌飞机场之广大，各省罕与匹敌）。毕竟过去的都成为过去了，现阶段的南昌，它是没有恐慌与忧虑，它是在炮火中成长。

　　那是去年十一月一日，敌机的大轰炸，我正由张公渡回到南昌（事后始知系最高长官的莅临），这一次因炸得太惨了，市民相率逃避，大部分都往吉安、赣州，各机关在迁移：电灯公司停止不重要电流的供给，电话局也在拆卸话机。许多载重的汽车，装满着人和物件，奔向那辽远的一方。公路处的票车，改在晚间开行，那繁华中心的中山路、中正路，掩门闭户，有如荒凉的古墟！这一切象征着暴风雨的来到。可是，暴风雨也只是一刹那间的，跟踪追击的是一扫阴霾的晴空。前方（修江南岸）战局的稳定，英勇的

1. 原载民国28年（1939年）3月10日《全民抗战》第58号。

将士们还守着那堑壕。两岸对峙，有如"弱水三千"使敌骑无法飞渡。这是镇定人心最好的说明！于是人们又惭愧地回来了。

本月初，我到南昌，与那时的情况大不相同了，虽说不上车水马龙，可是一切渐复旧观。防空当局，惩前毖后，动员市民挖了三千个防空壕。从热闹的街市中心，到僻静一点的小巷，使你在警报发出的时候，不再张皇失措，减少无谓牺牲。许多伤愈归队的将士，一队又一队地重上前线，市民在向他们欢呼，敬礼，并赠送纪念的礼物。各商店对于将士们购物一律是九五折或者九折。这样，更给忠贞守土的将士们一种鼓励。

同时，省府为增加抗战力量起见，在百花洲路成立了"流亡青年招待所"，编成十一个"江西青年服务团战时工作队"，施以训练后，分发到各县市乡镇宣传，他们虽然待遇菲薄（从十五元到三十元），但是很能够认真地实干！

末了，我们在这第二故乡的南昌，曾作临别的巡视。那水上警察队，英勇地站在赣江之滨，他们的局址便是那些自命风雅的人们所憧憬的"鹤汀凫渚桂殿兰宫"的滕王阁，在门前的墙脚下，埋葬着那半截残碑，给他们去抚摩与凭吊。相反的，在中正桥头矗立着巨大的木牌，写着最高领袖的训谕，到给予我们前途光明的启示！至于那和滕王阁媲美的百花洲，高楼绿瓦，掩映波心，倒没有失去她的妩媚。过去委员长的南昌行营，现在是南昌最活跃的"赣保政训处"和"各界抗敌后援会"了。我们知道这几个月来，赣北之敌，不能渡过修河，是由于他们无法克服内在的困难和我们的愈战愈强！假如冒险地进犯，就是加速地崩溃。所以战局渐渐成了相持的局面。我们惟有努力，才能由这相持的局面而进展到反攻，来争取我们的胜利！

二八，二，十六，于长沙

青年中国的青年炮兵[1]

天上浮满了阴云，稀疏的砲声，从高安东北敌人的阵地里，顺着风的吹送，断续地传进耳鼓，冲破了前线的寂寥，战士们都静悄悄的蹲在战壕，记者和×师参谋长邱耀东同志，走到××炮兵阵地观察，在那儿会见了××炮兵代营长刘炳均，连长王建基两同志，我便提出炮兵的问题来讨论。首先由刘代营长告诉我："中国的炮兵在这次战场中，表面上看来虽说是劣势的，可是我们在战术上运用的很巧妙，和不断的能适应战局而加以改良，所以每次均能配合步兵，予敌人以重大打击，如淞沪之役，双方形成了阵地战，那时，我们在嘉定方面属于左翼兵炮群，因为炮兵的数目比较敌人多，所以我们使用阵地战的兵炮战术，以炽盛的火力封锁每一个敌人的进攻点，而且在炮兵的架尾后方，钉着许多小木桩，每一个木桩标定一个目标，只要得到步兵电话，说明敌人进攻方向，我们立刻把架尾掉过来，对正一木桩，不要半分钟的射击准备，炮弹己狮子般的吼奔敌人阵地而去了。所以嘉定方面我们能稳打三个月，步炮的协同是有相当功效的"。

"去秋南浔线的大捷，敌人一○六师团主力从德安左翼山中向我们作奇袭的大迂回，当时我们的炮兵为随伴步兵联合运动战起见，故将炮的门数减少，增加弹药携带量，随了步兵日夜在崇山峻岭中跋涉，不失时机去堵击敌人，在长岭、张古山与敌遭遇，鏖战十日，残敌败北，我们扫清战场时，敌人遗弃的人马死尸，给炸弹炸毙的很多"。

"现在赣北之敌和我们胶着在高邮市至奉新之间，俨然又成了阵地战的样子，可是因为公路的破坏，我们炮兵的数量远不如淞沪战时之

---

1. 原载民国28年（1939）年7月13日《益世报》（昆明版）第1版，署名"庚天 寄自高安前线"。

多，我们为补助这个缺点，所以改变战术，实施一个崭新的阵地战中的兵炮游击战。这种方法就是把我们的炮配置在一个有利的阵地，然后派遣炮兵斥候四出搜寻目标，得着可以打击敌人的机会，立刻带炮一门或二门，尽量接近炮兵线，予敌以奇袭的射击，打完以后即将炮退回原阵地，再在其他方面另觅良好目标。这种战术实施以来，我前缐的炮兵顿显活跃，几次将敌人的战车和散兵打得四处逃窜。过了十几分钟笨伯的敌炮兵来大肆报复时，我们早已唱着凯旋之歌回到原阵地了，这便是我们炮兵在战术方面不断改进的概况，这些进步完全是由血的经验与教训中得来的。"

"其次，我们炮兵的防空因炮兵目标庞大动作困难，许多人都替他担心着，因为我们在战场上没有积极的防空武器，怎能避免敌机的轰炸呢？这件事在抗战初期确乎棘手，经过短时间后，一切都解决了，我们未曾出发，先就研究在这战场上敌机活动的情形和看看天色来决定日间行军或夜行军。进入阵地以后，随着附近的环境在炮上加以伪装，所以我们阵地中的炮，有时为几个稻草堆，有时像几座古坟，或者小竹林和小松林，甚至将它搁在天然的籐蓬下，假使敌机要轰炸的话，那必定要将整个大地炸毁才有功效，自命不凡的敌军航空员，任他在上面飞过千百遍，也无从发现我们的炮兵阵地。"

"可是有时我们为着适时支援步兵，不管敌机在头上飞行，轰轰的便是几炮，那飞行员胆大点的便飞回来找寻，我们便静伏不动，使他感觉四大皆空，无可奈何而去；那胆小点的以为我们是高射炮打来了，驾着飞机不要命地逃去，就我们所知，抗战以来我们的炮从来未被敌机炸毁过。"

问题谈到这里，由王连长再补充他的作战经验。他曾经参加过江阴要塞保卫战、徐海突围战、长江沿岸的炮兵运动战，当他在皖南大通、铜陵、铜官山等处打击敌舰时，他率领的只是四七公分的小炮连，有炮六门，可是和他作战的敌舰，最小的炮舰和三等巡洋舰的火力也超过他们三倍，在这种劣势装备下，他们利用沿江的山谷地带和天然的隐蔽地，构筑了许多预备阵地，将目标测好，因为炮的口径很小，俟敌舰驰近一千或八百公尺时，才突然射击，很收效果。后来敌人用三只炮舰组成交叉火網来应付我，敌兵有一群，因此消耗了许多弹药和时间。

末了，他们共同的意见是：几次参战的经验，炮兵伤亡较少，且不担任监视敌人的任务，所以士兵一般每日均可得到良好的休息，故其战斗力持久，可继续半年至一年。现在我们所有的炮兵除留一部分机动外，其余可长久在战场以补助我们在数量上不如敌人的缺点。

在暮色苍茫中，我们别了这二位青年炮兵将校。归途中邱处长告诉我刘同志是四川人，才二十七岁，王同志甘肃人，二十六岁，均系中央军校炮科生，很有希望的青年军人。唯有青年中国，才有青年的中国炮兵啊！

在赣北战场上[1]

敌人奸、杀、烧的暴行
我们要报海样深的仇

潦水行

潦水，这由甘坊，上富，会埠，奉新灌入鄱阳湖的河流，是这么的渺小。可是最近因赣北的反攻战，它也给了国人一个不浅的印象。

十月十九日，由上富沿潦水东行，经过冶城，罗坊，竹埠，阴村，招宾而到会埠，走完这四十里的行程，无一完整的村落，一幅烧杀残酷的图画，张挂在这秀丽的山川间。

过去，罗坊街长约二里许，冶城，阴村，会埠也各有居民千余户，均为奉新精华所萃，而今是一片焦壁，不辨东西，死尸腐臭，绵亘数十里，沿河南岸，极目所至，阒无炊烟，惟有野狗成群，饱啖尸骨。在村落中间，有一二老者孑孑于瓦砾中，悲愤交集，和幽灵一般来往着。

在冶城附近时，道旁竹林内尚有三个女尸，光着身子，没有伤痕，一望而知是奸死的。

当我们走到竹埠的时候，大家都因口渴要找水喝，在山里找了几个村子，才找到一户人家，柴门虚掩，床上躺着两个呻吟的女人，我们述明来意后，她

1. 原载1939年11月27日《西北文化日报》第四版。

点点头，叫我们自炊。当我们想向她问明病由时，给向导摇手止住了。他轻轻说"这是鬼子强奸过，差幸留下性命的……在这百里以内，只要鬼子到过的地方，没有一个女人不受糟蹋的！"

在冶城，二百余尸首中，男子占十分之三，他们都是死了还是跪着的！大概在生前先叫人跪下，绑在木桩上，然后杀死。这和在上富杀人的方法不同，那是叫人靠墙站着，被人用长钉在头上、脚下钉上铁钉，然后捆绑在钉子上，杀死后，尸首不倒，仅仅头颈离开约一二十公分。如果远远地望去，真不知道是死的。

倭奴塚

当我们走到上富镇的时候，看到潦水河边一座鬼子的坟，坟上竖着木牌，刻画着他们的职级和战死地点与日期。计可考的，有陆军步兵中尉沟口彪之，昭和十四年九月二十五日战死，陆军辎重兵中尉广濑敏夫，陆军辎重兵伍长村井浅太郎，一等兵矢野高一，田村时一，（以上均系九月二十九日战死）。这些都是敌军困守时埋葬的。因为埋得浅了，给野狗将坟土扒开，露出小小的瓷罐，里面盛着牙齿、脊梁骨和少许骨灰。我们便将他埋得更深点。至于敌军溃退后的战死者和焚毙的残骸，纵横交叠，臭不可闻。我们掘成一个大坑，因姓名番号无法辨别，便给他干脆来一个"倭奴塚"三个大字的石牌！必然的在抗战三年的今日，在我们的困境里将会有无数的倭奴塚出现来作为收复河山的纪念碑。

九仙汤

九仙汤这响亮的地方是赣北大战最激烈的据点。为什么叫做九仙汤？这是根据神话的。相传有神仙九人，在此沐浴，留下了温泉而得名。而今，这温泉分做东西两起，在东面的街上为男浴池，可容二三十个人，形式和普通池塘相似。在街西南头的为女浴池，只可容三五人，温度据笔者试探，在华氏百度以上。其清洌可和临潼的华清池媲美。

这次敌我争夺九仙汤的时候，发生巷战，浴池里有好些敌军尸首，到我们掩埋时，尸首都快煮熟了。

在九仙汤住了一天，因余臭未除，不能沐浴。走时，友人晓邨给他写上一幅对联是：

"九"天欲洗中原恨 "仙"境流来热血"汤"

来作此行纪念。

让温泉来洗净血膻吧！

巡视九仙汤上富战场[1]

　　此次赣西北高安西犯之敌，原意与修水南下之敌在铜鼓会合，进犯浏阳，威胁长沙。可是，九仙汤一战，为我军击溃，不得不改变方针，退回奉新去。为了纪念这场伟大的战斗，在双十节的早晨，记者偕同邵阳《中央日报》战地特约记者段平右君，由奉新县所属甘坊出发，访问此次大战所在地的九仙汤。

　　由甘坊北行，循日前我军进攻路线——仰坪、上下仇庄、石溪等处至九仙汤，计程四十五华里。沿途村落大半给敌机炸毁，少数民众在挖掘那劫余的残物。但山路险峻，这四十五华里共走了六小时。由石溪到九仙汤，死尸腐臭的气息，刺鼻作呕，尚有我少数负伤将士续向后运，我掩埋队（我每一兵团均有掩埋队之编组，专事清扫战地死尸，不分敌我，均予掩埋）正从事战死者之掩埋工作。间或遇着两三个农民挑着简单的行李，带着胜利的笑容欣然回乡。

　　九仙汤位置于奉新县西境，为奉新、武宁、修水三县交界处，属于西山之脉，原有居民数十户。东经上富镇至奉新城，东北经邱家街至武宁，西北经沙窝里至修水，南经横桥入宜丰，西南经栈桥入铜鼓。附近有上安岭、千里峰、九云岭、龙须崖、苑山等要点。极目四望，云山相接，山花似锦，野草如戟，间有斑斑血痕洒在蓬草间，想见我英勇将士攀山岭，披荆棘，与敌争夺之壮烈。"一寸山河一寸血"可为今日写照。而此万山怀抱中之九仙汤，房舍已成瓦砾，剩下的也是焦烂不堪，墙壁上间有一二行日文，已模糊不清，遗留下的稻草马粪，尚未彻底扫除。除军队外，无一民众。我们正在指点山河，凭吊战场的时候，恰遇攻克九仙汤的李天霞师长经此出发前线，在他百忙中承告攻克九仙汤经过。

---

1. 原载民国28年（1939年）11月3日《前方日报》（吉安）第三版。

"十月六日的夜间，我卢醒团已攻克九仙汤西面的牛冈山及某高地。敌退据到下吴庄工事内。此次由修水方面调到大批敌军，电光雷烁之中，其队伍之长经估计约一联队。未几，敌即向我反攻。敌炮由四门增至十门，向我作猛烈射击，不下十余发。双方血战展开，每一据点反复冲锋，形成拉锯式之混战。敌因避免为我截断，故不得不以全力反攻。因我将士英勇，敌施最后一着放毒气，我卢团第二连之一、二两排，全数中毒殉国。当以陈传均团增援，与以一部抄至敌后侧高地。敌受侧背威胁，形势顿转。我正面部队，复向前猛冲，当续占珠梓冈一带要点。敌之阵线，渐呈动摇，大部即向东南溃窜。

"此时天已大明，遥见九仙汤起火，传来惨呼及炸药爆炸的声音，而敌机三、六、九架不等，不断向我低飞轰炸，阻我追击。我乃遂次前进，当于十月七日午前九时二十分完全克复九仙汤及其附近据点。以一部攻击，一部救火。事后始知敌军纵火原因，是焚毁那些推不走的伤病兵和残余的粮弹器材。我们从余烬中救出敌兵二名，一名井上亨，左足骨断之，为斋藤师团一五七联队十一中队上等兵。一为冈本丈太郎，属于斋藤师团辎重十二联队二等兵。他并无伤痕，似患重病，可惜因灼伤过重，抬到甘坊后，便死了。

"在当初，我们以为这些烧死的人们，必定是我们的同胞或者是伪军，可是从那残缺的文件中和许多铜牌（敌兵每人均有铜牌，上列队号），以及这两个较为完整的俘房看来，才晓得都是正规军。据掩埋队报告，估计约有二百余具之多。"因此，我们知道日本军阀为了掩饰自己的战败，为了欺骗国内民众，为了虚伪的"惶军"面目，对于自己的部属，也不惜加以屠杀。这便是在"圣战"中"荣誉战死"的吧。

别了这位青年将领，东南行了二十五里，到了上富附近，会见了新近收复上富的×军施师长。除了一些关于战斗的叙述外，说到敌军溃败时，那便是如同一辙的纵火突围。事实是这样的：在十月七日，残留上富之敌约二三百人负隅镇东，我军当时高呼日语，喊他们投降。可是这人道的呼吁为敌人枪声所淹没了，正在这时，忽然闻到一股子汽油味，大家都猜不出敌军玩的什么花样时，陡见火光熊熊，残敌突围东窜，我们当时分别追击和救火，发现敌尸一百三十多具，全是伤病兵，面目模糊，惨不忍睹。一切正如九仙汤的情况。在这里，我们可以看到敌军是在没落中。以前，他们战败的时候，无论如何，是先将伤病兵运走的，而现在却不顾人道，自相残害。正以屡次所见，可见烧毙伤病兵是出于有计划的整个的行动，更可见敌军战败时，是什么也不顾了！残暴的日本军阀是什么也可以干出来的！但是可怜的那些善良的日本平民，还在迷惑中。他们今天惟有反战革命，才能够得到解放。也惟有在我们抗战胜利下，方能得到自由与和平。想到这些艰巨的任务，我们还需要再大的努力与奋斗！

幸得龙城飞将在，未教敌骑渡潦河[1]

——赣北大捷中某将军会见记

那是淞沪抗战初起的时候，敌人想抄"九一八"的老文章，沿罗（店）嘉（定）公路直趋太仓、昆山，不料罗店的争夺战打了三个月，泥足始终徘徊在界泾河滨。那时防守罗店正面的，正是××将军，我便在那儿和某氏相识。高个儿，三十多岁，山东人，具有燕赵国士的风姿，永远是带有和蔼的微笑，留给我们（的印象）那么清晰。

最近，我走到赣北战场时，在潦河畔奉新前线巧遇这位故人——某将军。可是他因历年的功勋，已升任××军军长了。这次赣北的大捷，收复上富、横桥、九仙汤，直抵奉新城下的健儿，便是某军长指挥的部属。

战场遇故知，倍增旅行者的兴趣，为了明瞭这战斗的经过，我们便在军部做了几小时的长谈。

在浓荫下的村落中，他住的那间狭小的民房里，陈列着竹床、板凳和两张桌子。电话机、红蓝铅笔、拍纸簿很匀称地放在桌上，四壁挂着军事地图，红的剑锋，蓝的横条，交叉在那山岳河川与村落间。就在那些地带里，发生了悲壮激烈的战斗。我们便对这些剑锋和横条，会谈这次会战的经过，某将军首先作了如下的纵横谈：

"这次敌军进犯，一般预料，敌人的目的是夺取长沙。其实攻占长沙的敌人是'小达目的'，他的'大达目的'是会攻株洲。与其说是长沙会战，不如说是株洲会战。因为株洲在战略上的价值，比长沙大。第一步，可以遮断我们××联络线，再进一步，可以逼近衡阳，夺取湘桂资源地，和×战区方面沟通联络。这就是所谓'坎尼战法'（即歼灭战），

---

1. 原载民国28年（1939）11月22日《新蜀报》第3版，接受采访的是王耀武将军。

一网打尽的毒辣手段。它进攻的态势：一路越新墙河进击汨罗，直攻长沙。一路出通城长寿街、平江，直趋萍乡，威胁长沙右侧。一路由奉新进击铜鼓、浏阳，与长沙方面敌军会合。一种崭新的分进合击的姿态。在坐镇武汉的敌酋山田乙三也许认为这是最得意的杰作，比较攻略南昌更轻而易举！哪知在十月一日之后，就急转直下，遭遇了'滑铁卢大败'。"

"这是有原因的：当敌军还没有和他的左翼军取到分进合击的统一联络线时，已经被我们各个击破。我军动作迅速，出敌意表。其次，交通线彻底破坏，这不但妨害了敌军机械化部队的运用，更重要的是破坏了他的补给组织！这几条崎岖的小路哪能担当后方组织强大的敌军运输！他们的给养材料，一天运不到战场，战事就会发生动摇。我们的士兵，饿过三两天还是一样，而他们是一天离了米粮和罐头也不行的！第三，兵法上说'仁道兼行，百里而争利，则擒三将军。'（三将军指秦之三帅）。这次敌军进入山地，同时遇着季节不良，运动迟滞，联络困难，犯了用兵的忌讳！所以，不但没有争到利，反而几乎给我们活捉了几个师团长。"

"那么，赣北的战场，最近会成一种什么形势？"我问。

"在目前，敌人已成为强弩之末，而我们在总的反攻条件未成熟前，除了占领有利地带，随时向敌不断逆袭，以期达到积小胜为大胜之目的。在赣北，暂时会变成相持的局面！"

"敌军的实力究竟怎样？"我进一步地询问。

他先笑了一笑，再说："战场死尸的众多，俘虏和战利品的增加，这便是敌军战斗力萎缩的好证明。我可以引证一件事：每次敌军溃退的时候，他们丢东西都是有一定方式。先丢背包，免得累赘。再丢钢盔，减轻头部负担。可是还是走不快，便丢了那笨重的皮靴，末了，性命也不要，便将枪弹都甩了。他们一路丢，我们一路收。这已成了习惯了。"

"再谈到敌军内部，反战情绪日高，我们每次清扫战场时，从那死者衣袋中，总搜到反战的印刷品，从那日本内地寄来的信件中，虽然封面上陆军省盖了'检查济'的戳子，也不能绝迹。其次，伤亡惨重，病兵太多，素质愈差。据此次俘虏之敌，十二辎重联队上等兵供称，辎重部队都补充七次了，其步兵补充次数更多可知！而且，时至深秋，尚着单衣，这暴露财政的困难。一切战利品上，多有利用本年（昭和十四年）出品，这可以说明存品的支绌！"

为了证实起见，王将军更搬出了最近俘获的炮弹筒、防毒面具等指点给我们看，接着又谈："根据以上种种，再加上外交的孤立，财政的支绌，增进了日本军阀更高速度的崩溃！反之，在我们方面，上面有英明的最高统帅和各级长官，下有技术日益进步的干部士气旺盛，精诚无二。我们在前线的官兵，每一个人都在检讨着经验与理论，想方法来歼灭目前的敌人，这里我再介绍一件故事。"

"当今年四月间，再克高安之役，本军本师某团某连任前卫，遇着高安大城难民郑求吾挈眷西进，他自动嘱咐家小投奔亲友，要求充任我军向导。当时战况激烈，我第×连伤亡甚重，他——郑求吾，过去受过壮丁调训，连忙从已死的弟兄身上，拿下枪支子弹，向敌射击，不幸左足负伤。抬到医院里，没有名字（指军籍），不收，后来，给他证明了才得住院。七月间，向导郑求吾伤愈了，也不去找妻子，迳到××队。问他什么缘故？他说：'现在是报国的时候，正该出力的。'我们觉得很难得，晋升他为上等兵，并呈请长官给奖。颁给他一张奖状和一百元奖金。这次在九仙汤，他奋不顾身，再度负伤住院了。其他志愿兵负伤不退，临死不丢枪的，更不胜枚举！这可证明我们的士气和民心！"

谈话过了两个钟头，前方电话不断传来胜利的消息。为了不愿消耗指挥官们的宝贵光阴与精神，我们郑重握别。从他那豪爽与和蔼的微笑中，透露了新中国青年将领的健康，也透露了赣北战场的胜利。

夜袭奉新[1]

当赣北我军收复大城祥符观后，即移赣北攻击奉新。由于城郊四周高地，敌均筑有坚固工事，尤其五步城、狮子山、洗沙湾等处外壕，铁丝网层口密布，即攻颇属不易。于除夕，我军改以奇兵迂回钻隙，夜袭敌军。

除夕的黄昏，我精忠军李天霞师长，亲自挑选了□□[2]壮士，分作两队，每个人一支步枪，廿个手榴弹；轻机枪配二千发子弹，徒手的带着扁担和绳索，准备迎接战利品。第□队由营长王俊儒率领攻击奉新；第二队由副团长刘光宇率领，攻取干洲街，阻止敌人之南援。

达敌阵地　击伤工兵

第一队走到奉新城郊后，分作□组，第一组　□　□　□　□　□　□　□　□　□　□　□　□敌人阵地，见二门野炮，□个工兵，身上裹着军毯瑟缩在寒风凛冽中。班长郭风、王益钧，轻轻走到那两个工兵后面，用枪将他们击伤，赶紧塞住了他们的嘴巴，再用绳子捆得很结实。营长率领其他士兵便走到相距二百公尺的炮兵中队营舍。那是一座新庙宇，门半开半掩着，在星月下，隐约看到许多高铺。于是十八个手榴弹，瞄准投掷，敌人有的在梦中凯旋，有的负伤乱叫。我们的壮士一刻也不放松，轻机枪开始向屋内扫射，在兴奋的火网下，敌人一个也不曾漏网。于是收获步枪、钢盔、呢军衣一担担地挑走；笨重的山野炮除带走炮闩外，用手榴弹炸成铁片，然后一把火烧个干净；两个活捉的俘

1. 原载民国29年（1940年）3月16日中央日报（贵阳版）第二版。

2. 文中的□系原文如此，用以保密。刘光宇时任74军51师152团副团长，王俊儒时任74军51师152团一营营长。

虏，慢慢地跟着我们走。

健儿奋勇爬进城去

就在这个时候，我另外的组，也攻击奏效，一部爬进了城，有好几处起了火，北门敌人仓库里的千百万发子弹也在狂烧着。城里城外的敌军着了慌，便集中兵力出城迎战，而我们战士却进了城。

天亮了，我正面部队彻夜攻击的结果，占领了狮子山，其余据点仍未攻下。敌人似乎已侦知了我们的兵力，立刻反攻，朝阳初起的时候，□架轰炸机自南昌方面飞来，向我们低飞扫射，我军遂转移阵地。这时攻击狮子山的王俊儒营长，虽经一夜苦战，仍鼓起余勇，向敌出击，掩护挺进军撤退。

刘副团长率领另一支部队，他的任务不仅要攻取干洲街，主要是肃奸，捕捉干洲街的伪维持会长彭子静以及一切的汉奸们。因为彭逆是奉新靖安一带汉奸中最无耻的一个。他曾将有几分姿色的媳妇魏□□送给日军小岛做了压寨夫人。他伤害过我们许多忠勇的情报员，蹂躏了许多孤苦的同胞。

午前一时，他们分组合击，一组去南潦河北岸，烧毁敌人的游动汽车修理库，一组攻击洗沙湾。

枪杀敌酋 俘获汉奸

挺进军是不能攻击的，可是刘副团长下令，绝不能回去。壮士们开始向敌人袭击了，而我河北支队也凯旋回来，攻击敌人后备，这样敌军由动摇混乱而退出了干洲街。壮士们走到维持会后，彭逆下了乡，便选了□□能够超越障碍的弟兄，由团附冷□率领前往缉拿，不敲门，翻墙而入。彭逆正和两个汉奸在烟榻上商量事，当场就缚了。媳妇和小岛好梦初醒不及抵抗双双就擒。哪知另一敌军已闻声赶来，我们便击毙小岛，将三个汉奸和压寨夫人俘来。

两支部队夜袭的结果，毁了敌人的仓库和汽油厂，击毙了□□多敌军，俘获了几名汉奸和许多军用品，可是还没有达到我们预期的战果。但是另一方面，已经惊破了"皇军"的胆子，特别是那些为虎作伥的汉奸们。这胜利的条件，是我们每个官兵，不但是英勇的战士，而且都是机警的情报员。在这里，我们来介绍我们的壮士彭超。

黔人彭超　毕竟不凡

彭超是贵州人，年廿五岁，受过小学教育，是一个志愿兵，口齿伶俐，能说江西、湖南方言，而且生长一副宜于化妆的面孔。第一次，他和两个伙伴侦察敌军番号及兵力，枪缴后被俘去，关在营舍后面小屋里待审。但是房子没有门，这便利了他了然敌军的行动。

午夜了，他因任务没完成，非常焦虑。门口工兵的酣睡声激发了他的智慧，逃！然而敌军番号不知，逃避不行。可是卫兵项下那发光的铜牌，便是他所急需的东西，不时随着头的俯仰而颤动。他决定要盗取，哪怕死了也情愿的。于是他故意碰撞工兵，没有什么反应，便在屋角上捡到一把锐利的小瓦片，大胆地迅速地将铜牌的绳割断拿到手中（按：敌军士兵每人有椭圆形铜牌一面，上面刻联队番号，用红绸系于项上或腰间），一股劲冲出了大门。后面两个伙伴因敌人发现追击殉国了，他幸运地星夜驰回。

第二次，为营救失踪了的情报员，他深入了南昌，做了三天座上客，将敌情打听得一清二白，这次才能将一些汉奸捉到。像这样的壮士，各连排中都有几个。这些便是我们新的力量长成的表现。

驰骋赣鄂战场的壮士们[1]

剧吉成飞身入虎穴

作战要胆大，又要沉着，胆大有冒险的精神，沉着才有清明的神志。我们的少尉排长剧吉成，在锦江前线以这样的条件成功了。

那是去年十二月二十日晚间，他率领攻击高安东北一三四·五高地南端的杨村。防御工事布满了道路，壕边围绕着三层铁丝网，优势的地形再加上坚强的堡垒，正面攻击处处受制。可是剧吉成率领健儿们，利用死角匍匐前进，贴近了铁丝网。枪弹像冰雹的飞来，动一动，机枪的火网便集中射击。好在他胆大沉着，神志清明，他又慢慢地匍匐前进，接近了铁丝网的木椿，用手扶着，身体向上耸，两足微斜展开，身体又往下一蹲，他就这样超越了障碍，一排人照样这样跳过。敌人见他杀进了阵地，心慌意乱，射击也就不能准确，他微俯着身体，一个箭步，跳到敌人面前，飞起脚来像踢足球似的踢走了敌人手中的步枪，结实的拳头打在寇军的头上，五分钟的搏斗，一个敌军官躺在地上了，身边挂着的辉煌佩刀做了剧排长胜利的纪念，那刀柄上还有一行小字"陆军步兵少尉小池宝"。

敌人五名，继续冲来，他飞舞着军刀格斗，死的、伤的，都解决了。可是另一掩体内的机枪还在那儿杀伤我攻击部队，他就沿着交通壕闯进了掩体，一伸手夺到了机关枪，但是敌人的刺刀也削去了他的耳朵。我们的战士像潮一般的涌进来，残敌被围在阵地上，一个也没有跑掉。他看到这些残敌解决后，才胜利地去洗涤头部的创伤。

1.原载民国二十九年（公元1940年）4月9日《前线日报》第五版。

胡金三力敌四寇

步兵胡金三，生长在淮军发祥的合肥，虽然才三十岁，可是国术很高明，以战功由班长递升至中尉。去年十二月十八日夜间，他奉命进击大城北面的梅筱岭。

在冬季，怒吼的朔风又加上细雨，原野上显得更为凄厉，黑压压地不辨指掌。

"敌人真疏忽啊！一个警戒兵也没有！"胡排长在高兴中带着点感慨。其实一路上有敌人埋好的地雷，而且还用铁丝锅盖着。在主阵地附近，铁刺丝网架设了三层。在白天，我们是无法接近的！

将士们避开了地雷，直奔铁丝网，刀斧齐下，音响惊破了敌人的睡梦，短兵相接，枪支失了功效，彼此用着手榴弹、刺刀、拳头来格斗。胡排长的左膊被炸伤了。

这时，风雨已止，星月露着微光，胡排长负了伤还是继续战斗，也许他那白色裹伤布在黑暗里暴露了他自己，一个黑影，向他奔来，他不慌不忙向左稍微移动，那黑影便扑了空。回头他便向黑影撞去，两个人在地上揉做一团。他这时才知道敌人是一个军官。"擒贼先擒王"，他勇气百倍地用着仅有的右手，使出全身的力量，拼命地捶，结果了寇军的性命；摘下那符号和佩刀，才知道是宫崎少尉。

天已渐明，嗤嗤的子弹，从他的耳边掠过，他迅速拿死尸来当盾牌。发现百米外一个敌军向他瞄射，他连忙东躲西闪逐渐跃进，一颗手榴弹，结束了那射手的生命。突然两个敌人从左右驰至，两把刺刀，刺伤他的左右臂，他纵身一跃，敌人再刺时，便没有刺着。但敌人因用力过猛，身体倾斜，被胡排长全身用力踢到一个，而我们的弟兄也赶到了，敌人双双就擒，不曾漏网。

朝阳照满了山谷，腥红的血液，染遍了他的军衣，创口已变成紫色。因为流血过多，他在担架后送的途中殉国。可是徒手杀四寇的故事，已传遍了锦江前线。

张班长石块碎敌头

木棍、石块，在古代本是人类战争的武器，可是在今天，杀人的东西已经进步了，但木石有时还不失为良好的武器，像张班长庭先，在大城北端粒坡的时候，便曾用过它。

二十八年十二月廿一日午后四时，张班长随排长守备新近收复的粒坡阵地。因为地当高安、奉新要冲，敌人大举反攻了，他们抱着宁死不退的决心，在顽强地抵抗。伤亡的数目和时间一般地增加，他们仅剩下八个弟兄了。正当张班长凝神射击的时候，陡然枪身动摇，身影遮住了他的视线，抬头看时，从左侧掩体来一个敌兵，握住了他的枪口。没有刺刀，而五十米外，又来了第二个敌兵，他便赶紧用左肘压紧了枪身，右手拾起那垫枪的一块石头，约有三四斤重，用力向敌人的头上打去，卜通一声，脑袋迸裂了，后面跟来的敌兵稍一踌躇，也被他拿着第二块石头照样地击伤。

援军这时赶到，粒坡并没有丢失，可是，张班长身上有三处挂了彩。

夏继周忠勇完大节

"叱咤风云谁与俦，追随原不为封侯，遥瞻齐鲁怀忠义，马上西风哭继周。"

记者走到赣北战场的时候，在一本油印抗战诗选《引玉第》上看到李琰先生怀念夏继周烈士的这首诗，后来便听到关于夏烈士的故事。

他是山东人，家住在崂山麓，早年便受到倭寇侵略的刺激，国耻与家仇，陶铸了他那铁一般的意志。在武汉外围田家镇要塞一役，继周任施中诚师营长，因右翼情况紧急，奉命增援。而敌人也是不断地反攻与增援，他这一营人也被包围了。他立刻下令"手榴弹集中"，"步枪上刺刀"，"轻机枪集合，冲！冲！弟兄们只有上前没有退后！"前一排的敌人倒下去，后一排的敌人又上来，战车将他们的去路堵塞，子弹从头上、脚下、腰旁穿过去，整个的阵地是火和血，三百多弟兄只剩下不满一百人。

"营长，你负伤了，我背你去吧！"一个班长说。

"不，你们冲出去，白白地牺牲可惜！"

"不！不！我们愿死在这里，营长先冲出去！"群众的答复。

"我们要死在一块，我们要保护营长！"另一群也喊！

"那么，你们听我的话吧，你们先走，我任掩护。"夏营长下了命令。

士兵们含着悲愤的情绪，冲出了重围。我们的营长和一位传达兵，担任着最后的掩护。传达兵也阵亡了，手枪子弹也打光了，敌人从四面八方围来，夏营长抽出那柄"军人魂"的短佩剑自刎了。他还躺在田家镇，他的英魂还在期待我们的反攻。

赣北战场旗开得胜

锦江大捷经过[1]

前线健儿正以更大热情 去迎接更大的战斗

上 胜利的经过

赣北反攻战，已经白热化了，我军一部挺进南昌近郊，便衣队将南昌市区日军仓库焚毁。外围的大军，正以英勇的姿态向当面之日军压迫。这里所报告的是旗开得胜的锦江前线的捷报。

自从长沙会战以后，赣北战场也呈胶着状态。可是在"双十二"的晚上——这中国历史上伟大的纪念日，就在这天夜深，我锦江两岸的大军，以钳形的姿态，英勇地向日突击，打破了这沉寂的局面。这正如孙子兵法所谓"静如处女，动如狡兔"。

一般人都知道高安、奉新为南昌外围据点，可是作为奉新、高安间的大城，又为据点的据点，虽然在五万分之一的据点上，大城的位置还没有一粒黄豆大，可是在军事上的价值是被许多红蓝箭头所指向着，因为它是湘赣、高（安）奉（新）公路会合点。自今年三月间，日军占大城后，一向成为战车、重炮、粮弹的集中所，此次我军出击，为歼灭高安以东地区的日军，遮断日人后方的联络线，即以大城为攻击目标。

防守锦江奉新间的日军为关龟师团之落合联队与甘柏师团之门联队。当长沙会战赣北大捷后，日军时刻防备我军出击，增强每一据点的工事，其重要据点有外墙、三层铁丝网，在铁丝网上装着许多洋铁罐，稍一碰动，便发出音响。据点的前面还有警戒阵地，他们的斥候又还

1.原载民国二十九年（1940年）2月21日《大美晚报》第七版，原题《赣北战场旗开得胜：锦江大捷经过　前线健儿正以更大热情 去迎接更大的战斗。《开明日报》转载。

在警戒阵地之前。其第一防御线为：左自锦江北岸起，经白茅冈，张古脑，左家坊、沙古岭、万步脑、鸠岭、奉新至武清。其第二线祥符观、竹园胡村、梅筱岭、小岭、虬岭、赤田张，向大城、鼓楼冈为其最后的联络线。

攻击开始后，首开记录的是我南岸孙军，一举而收复高邮市，而高邮市后面的东冈岭，海拔一九一一公尺，日军筑有日堡，仰攻困难，彼此相持有好几天。

江北出击部队为精忠军王某某部，他分三路，左翼攻取白茅冈，右翼攻击奉新，阻止日之两援，中央由猪婆、大垱、黄兵作锥形突击。这儿似乎是日人的结合部（即两军作战地境），兵力稍薄弱。可是也是最危险的地方，因为两方面的日军，都可以随时向我袭击。然而，我为了期待更大的胜利与更大地打击敌人，牺牲是在所不计的。

自十三日起，我中央地区大军，连克万步脑、梅筱岭、小岭、迪龙山各要点，推进三十余里。日军极形恐慌，立调某处集结之饭田及佐藤两联队增援，我仍不顾一切向前迈进，迄十六日已占领马头山，直抵大城！盘踞大城之日军乃纵火退却。在大城两翼之磨子岭、合同山一带与我对战，我将公路遮断后，因目的已达，向右席卷，期将锦江北岸的日军聚歼于沿江地区，当以雷霆万钧的姿态，继续收复俞家山、粒坡、竹园胡村，追至祥符观外围据点的沙古镇。该处地区地形险恶，工事坚强，三个野堡，像品字一般筑在三个山峰上。假如沙古镇收复后，那么张古脑便失去了屏障，祥符观的日军也是站脚不住的。因此，每一野堡内的日军增至一中队，和我们作最后的角逐。每次攻击到铁丝网附近时，都因火力太猛，同时，日人又施暂时性的催泪瓦斯，因而受到顿挫。自然，战争不是那么简单，失地是要拿血肉去换取的，这时，我们在阵地上的一位将领——步兵指挥官李琰，他大声喊着"同志们，前进呀！我们是拿人来换阵地的！"在这个威严壮烈的命令下，展开了更激烈的战斗。掷弹筒和迫击炮的火光，燃烧着锦江的天际，重炮与机枪的吼声震破了山谷和原野。一连人牺牲了再来一连。随后，我为调整部署，请改以陈式正师攻击，这精锐的国军生力，以前仆后继逐次跃进，两晚的苦战，将三个野堡，完全占领，所有沙古镇、下赤冈三个中队的日军除生俘五名外，余均歼灭。

二十日晨，我再克张古脑。日军为最后挣扎计，集中战车二十余辆，日机五架不断地低飞轰炸，将我某团围困于左家坊与张古脑之山石地带，同时全线向我逆袭。其大城以东阵地重炮增加二门，野炮增加十门，向我密集射击，一时情况，颇为紧张，幸我官兵沉着应战。又平射炮适时赶到，瞄准射击，连毁战车五辆，而我右翼大军，亦收复京东岭，向日侧击，日知颓势无法挽回，乃狼狈东窜。

下 战场所见

每一次战役的胜败，都包含着许多的因素。这次锦江大捷，我们除了歌颂将士们的忠义和高级将领们的策划与决心外，觉得还有其他的原因，即是战争胜利，属于最坚忍者！当我中央主力部队勇往迈进时，未尝不危机四伏，其后日全线反攻时，我如稍欠沉着，不但被逼放弃攻占各据点，恐怕一直要退回原阵地。

其次，精神胜于物资得到更充分的证明。记者曾亲至沙古镇、张古脑、一三四·五高地视察。那时战场尚未清扫，日尸狼藉。其阵地编组颇为严整，布防周密，通信灵敏，可谓天衣无缝。而野堡坚固，非有大量火炮集中射击，不能奏效。此外，配有九四式话报两用机和大批粮弹，设备颇周。我军是劣势装备，能够攻克是由于士气旺盛！所以任凭科学发达，武器进步，兵员与士气仍是战场决胜的主因！

第三，对日宣传颇有进步。此次我陈式正师俘获日兵士田正一、西田好雄、马荣彦三郎等五名，我施中诚师俘获敌兵内田奥津等三名时，他们一点儿也不畏惧，特别是西田好雄，才二十岁，一个顽皮的小伙子，他不时做鬼脸，打手势，抢我们士兵的香烟吃。他说："我早知中国军队是优待俘虏的！"

"那么你为什么要来打仗呢？"

"没有办法呀！"

当张古脑的日军退至野堡内凭工事顽抗时，俘虏马荣彦三郎还给我们出主意，写信劝那些日军投降。虽然这封信还没送到，战事便告解决，可见对日宣传是渐见功效了！最近许多朝鲜义勇军的同志们走上前线，必然的将有更伟大的收获与作用。

第四，一般日军的残暴还是有加无已。高安以东地区村落悉被焚毁，几十里没有人烟，看不见一只野犬和鸟。在日军阵地后，随处有被杀死的同胞们的尸骨，有的上半截还剩点骨头，而下半截化为清水了。在沙古岭阵地上有二个近于奸死的女尸。

第五，民众动员，还有些不够，像我们这次由阵地回来，走过好些地方和回乡难民谈话时，他们只有穷愁悲惨的申诉，而缺乏雪耻复仇的心情。这环境的一切，似乎是命运安排好了。一些保甲长，不能尾随军队前进，抚慰天地同胞，希望这些都随着胜利的明天而改善吧。

末了，是这次胜利的数字统计，俘获日兵八名，步枪一百余支，轻重机枪及掷弹筒各二十余挺，九四式话报两用机一部，文件数十种，其他钢盔背包、防毒面具等数百件。击毙日大尉佐佐，中尉小泽，少尉小池、管波。其他军曹、伍长兵卒姓名可考者二百余名，不明者八百余名。击毁战车五辆，焚毁汽车二辆。现在前线的健儿们正以更大的热情去迎接更大的战斗！

赣北战场视察记[1]

一 战迹回顾

长沙会战，胜利结束了，胜利的原因是基于我们战术的进步，干部技能的改善，军民合作的密切，更重要的是敌人先在赣北战场碰了钉子，解除了长沙右翼的威胁。而在赣北战场又以九仙汤、上富之役为关键（收复九仙汤、上富的，为王耀武将军）！因为那时敌人以上富为其第一联络线，九仙汤为其第二联络线，经我王军奋勇将其切断后，西犯企图，乃告失败，其死伤之重大与狼狈之状态得未曾有。我们只要走到上富附近看到那累累的倭寇奴冢上写着的番号和职级，可考的有陆军步兵中尉沟口彪之，陆军辎重兵中尉广濑敏夫，伍长村井浅太郎，一等兵矢野高一，田村时二……其他无从考察的，不知若干。

可是，敌人为了掩饰战役，自动地将其伤病兵焚毙。为了迁怒泄愤，将潦河两岸四十余里的村落，纵火焚烧。我们走到城北前线时，只见一片焦壁残垣败圮，倍极凄凉。而在上富、罗坊、冶城等处被奸死的妇女，无处数百（原文如此），有许多还是裸体的，至于男性死得更惨，用钉子将头脚钉在壁上，或者用绳子缚在木桩上，死了都还是跪倒或立着的。这血海的深仇，将永远使我们不会忘记的。

二 前线上的难民

在赣北前线，麇集着许多难民，他们来自高安北乡、奉新、靖安、安义各县。大家都是贫苦的，带来的一点钱，早已用光。整日瑟缩在北风的怀抱里，因为营养不良（难民本来就谈不上什么营养），很多患病的，加上今年痢疾、疟疾流行，病痊愈后，又因多系淡食，健康一时不

1. 原载民国29年（公元1940年）2月17日、2月19日《前方日报》第二版。

易恢复。守备赣北战场的王耀武将军目系心伤，痌瘝在抱，慨然捐赠两个月的薪金和公费购盐散发给难民，另外发起全军一碗饭运动，将结余的米、饭送到难民所中，由区公所派员散发。为了使患者能够早日恢复健康，在棠蒲的毛家村，修理了几间病室，搭盖高铺，编列次序，每日派军医诊断。可是王军长认为单纯的救济还不是办法，主要的是教育他们。因此将敌人的暴行和战场的惨状摄成照片，发给难民看，并由政工人员加以解释，激发他们同仇敌忾的心理。最近，推动当地政府拨出荒山两处，荒地十亩，由难民去砍柴与种菜，妇女们给士兵洗衣服。因此，难民生活都渐渐安定了，军队与民众间的情感，更趋融洽，只要军队有点儿事，他们都争抢着去做，特别是向导和便探，由于地理上的熟悉与方言关系，使事务上得到许多便利。

三 走进了另一个世界

当我们由潦水北岸南归途中，到达棠蒲宿店时，意外的听到了爆竹锣鼓的声音，店东家告诉我说，是驻军举行军民大会。为了巡视会场的情形，循着声音走去，快到康城（晋谢康乐封侯于此所筑）的时候，那道边建筑了一个军民剧场，破旧的房子，为以刷新，五百人的广场，站满了加倍的人数，可是，没有谁在讲话，大家都在静悄悄地去聆听一位青年将领的演讲，洪亮而有力的音调打入每一个人的心里。

"谁？这位演讲的？"我轻轻地问。

"他，你都不认识么？镇守高安奉新的王军长啦！"一个民众的回答。

在剧场里耽搁了两个小时，军民不分，气象是那么和蔼，简直像是到另一个世界。

赣北战场是有必胜把握的！由此伟大的力量来决定它的前途！

（七十四军参谋处）

敌人感觉异常"恼火"，兵力的单薄，是既战不能，退又不可！

大南昌的外围战[1]

——战地归鸿

一

赣北战场，自去年三月二十七日南昌弃守后，敌我相持于进贤、丰城、高安、奉新之线，潦水、锦江、抚河做了天然的堑壕，其间，敌骑有好几次蠢动，结果都是失败。在这里我来说明江西的地势：

江西四面环山而中央低，计东有武夷山、仙霞岭，北有庐山、幕阜，西有武功，南有大庾、九连，鄱阳湖平原仅为南昌附廓地区。以赣江为主流的河川，计东有贡水、汝水、信河；西有章水、袁水、锦江、修河。在这山岳河川综杂的地境，第一线道路，多已彻底破坏，机械化部队大兵团均不易展开，进攻是相当困难的。可是敌人占据南昌以后，也曾梦想攫取赣南的钨矿煤矿（赣南钨矿，驰誉中外，为军需重要资源），无如千山万壑，门户重重，力所弗达！于是西犯长沙，想给予鄂南湘北我军右侧威胁，不料在高安争夺战、西山山脉的伏击战，打得"皇军"落花流水，再也不敢作非分觊觎，只好死守据点，因此赣北的战场，成了胶着的状态。

---

1. 原载民国29年（1940年）7月30日《抗战月报》第一期 第二卷 73-74页。

二

四月的江南正是草长水满的时候，在三月初，南昌方面之敌，已是运输频繁，陆战队汽艇、浅水兵舰，纷纷集结于滕王阁下，大有溯江而上的企图。同时敌机不断向我南山村、九仙汤、罗坊等处轰炸、侦察，揆诸一般征侯，迟早会有一场恶战。为了先发制人，针对着敌人新的部署未竟成前，我赣江两岸大军以英勇无比的姿态，全线出击，其战斗的经过概要如下：

赣江西岸：我分四个纵队，在正规军与敌后突击队精密配合下，第一队于四月九日午前五时攻占靖安城，同日午后二时攻占靖安南之乾州街，第二队攻击奉新城，城外据点五步城、鸭婆潭，虽于九日午前收复，可是顽敌凭城廓工事抵抗。由于靖安、□州两寨收复，敌后路已断，乃仓皇溃退，当于九日午后五时收复奉新县城。由高安方面向东出击的第三队，于九日攻占大城迥龙山鼓楼铺，第四队于八日夜间由锦江南岸渡江侧击当攻占京冈岭、磨子山各要点，十一日我东进部队，续占来乌山、石头冈，十三日进占乌山铺、西山之线。此时在奉新、靖安、高安溃退之敌，集结于石鼻街、厚田街、生米街、乌龟脑、安义间。

甲、十四日，敌大举反攻，以战车为先驱，空军低飞作战。我为确保优势地形起见，退守奉靖间城郊西面高地，保持接触。

二十日我重整军容出击，再度收复奉新、靖安、乾州三处。敌谋南昌右后翼安全计，遂再集结兵力，于乾州街东之伏桶山、松树山一带，集中大炮三十余门，向乾州街炮轰达二千余发，内杂以毒气弹；其步兵约一联队在炮火下掩护前进，致乾州街再度失守，而奉靖南城亦被迫同时放弃。

二十八日我生力军赶到，三次出击，终将奉靖乾三处收复，在这三星期中，杀了一个三出三进，为赣北战场所创见，现敌正增兵企图再犯中。

高安方面我收复西山万寿宫后，南昌屏藩已失，故敌以死力角逐，战车三十余辆，骑兵千余向我逆袭，我敌往返搏战，伤亡均重。追后，我乃向公路两翼转进，破坏敌后交通，现仍相持于西山附近间。

乙、赣江东岸，赣粤公路方面，我于九日收复璜溪市、上络胡，十日攻占新村墟；赣闽公路方面，我于八日晚间渡过抚河，攻占梁家坊、牌楼后，十日我进展至沙埠潭，北略向塘，与赣粤公路大军会合，进攻莲塘，至此，敌由九江方面开来援军约二联队，向我反攻，其空军除在第一线轰炸外，并向樟树、临川盲目投弹，期阻止我后援部队，我稍受顿挫；十六日，我调整阵容，再克新村墟，激战至烈，迄今仍在对战中。

三

这次南昌外围战中，我们正规军的弹性战法，配合着有力的桡击部队，活跃于乐化、涂家埠，马廻岭间，使他的交通命脉，不断地受着重大的妨害，所以敌人在这几周以来，感受异常"恼火"，兵力的薄弱，进既不能，退又不可。以后敌寇也许会知难而退，卷甲息兵的窜回修水北岸，同时为了撑持虚伪的面子，或许会拿出最后的力量，向我军突击一次。总之，在赣北前线，我们是占着绝对优势，在军事上使倭寇处于欲罢不能的窘境，在政治上是给汪逆伪政权以当头一棒！（按：褚逆民谊曾在南昌视察，以伪中央宣传部次长九江港口人王逆兰为伪江西省长，王逆亦名逎娘）。其次，敌军势力，远不如前，在此更获明证，去年在赣北战场的斋藤、松浦两师团，长沙会战，一败涂地，调去休整，瓜代的甘粕、町尻两师团，他们在鄂南湘北，屡经我军击溃，敌军每况日下，勇气日消。

最近敌军为挽救兵员枯竭计，施行所谓点线面的战略，即是华南守点，华中守线，华北守面，在赣北方面想固守南浔线，在适宜地区，配置快速部队以节兵力，可是这一着"棋"显然经我军不断袭击而变成"死着"，纵然另有新的阴谋，也必将遭受到新的失败！

上高会战纪实[1]

(一) 战前形势

一九四一年春，国民党军事委员会决定在西北、西南两地区各成立两个攻击军（即主力军）为大江两岸的机动部队。攻击军与普通军的区别是军司令部的编制扩大一些，仅直属部队就庞大，计有：炮兵、工兵、辎重兵各一团，还有搜索营（半机械化）、高射炮营、战车防御炮营、通讯兵营、特务（即警卫）营。官兵人数比一个师的人还多。在西北地区改为攻击军的是第一、第二两军；在西南地区，已决定的是驻广西的新五军杜聿明，另一个军，各方面竞争甚激烈。经军令部提名报请审批的有四个军，内以第十八军和第七十四军最强。第十八军是陈诚一手建成的，从内战到抗战都负有盛誉；第七十四军是抗战初期在上海成立的，首任军长俞济时、现任军长王耀武都是蒋介石的得意门生。七十四军在抗日战争中打了几次硬仗，如：守卫上海外围罗店三个月，阻止了日军的进攻；尔后在南京保卫战、开封外围战、南（昌）浔（九江）线北段战斗中，又以敢打敢拼，声誉鹊起。经蒋介石反复考虑，最后圈定七十四军为攻击军。这时，第七十四军驻在赣北高安、上高一带，归十九集

---

1. 本文由吴鸢、王仲模合写。吴鸢当时为第七十四军参谋处中校科长，王仲模当时为第七十四军五十一师少校参谋。后收入《江西抗战亲历记（抗日将领回忆）》，《江西文史资料选辑》总第十六辑，江西省政协委员会文史资料研究委员会编。

团军总司令罗卓英指挥，接到改为攻击军的命令后，全军欢腾，准备交防后撤。

当时，在南昌的日军有第三十三、第三十四两个师团。日军华中总部为了破坏国民党整军计划，打击有生力量和个巩固南昌外围，决定进攻高安、上高。入春以来，南浔线军运频繁，到三月上旬，已有独立第二十混成旅团、独立山炮第二联队和两个独立大队、独立第一工兵联队、装甲车中队、第三飞行团等集结在南昌。同时，大量征集民伕，运送军用品，进攻迹象至为明显。

第七十四军自一月份起，集结在泗溪、官桥、棠浦一带就地整训。接到改为攻击军命令后，第五十一师于三月七日将担任市汊街、锦江南岸至米峰间的防守任务移交给第七十军第一〇七师。第五十一师即移驻刘公庙附近。当时第七十四军军部驻官桥，第五十七师驻泗溪，第五十八师驻棠浦。

三月十五日，全军第一期整训教育终了，举行校阅。这时，第七十军防地当面情况骤紧，集团军总司令罗卓英以寅删乙尧渡电[1]令第七十四军准备参战。

第七十四军奉令后，作出如下部署：第五十一师集结于刘公庙附近地区，以后作机动使用；第五十七、五十八两师，迅速在阵地后方集结，适时占领石头街、泗溪、官桥、棠浦之线的既设阵地，阻止日军西进。并令各师加强工事，努力搜索敌情，军部于三月十七日移驻上高西南的高亭桥，并在上高东北的花园设置指挥所，以便尔后指挥。

现将当时敌我两军部队番号、兵力、指挥官姓名列下：

A 日军方面

指挥官　第三十四师团长 大贺茂

　　　　步兵第二一五联队长 石野芳男

　　　　步兵第二一六联队长 小川权之助

---

1. 寅删乙尧渡电——当时国民党军政机关发电报和代电，习惯用地支代表月份，诗韵韵目代表日期。"寅"代表三月，"删"代表十五日，乙尧渡是发文机关的承办科室。

步兵第二一七联队长 落合定五

步兵第二一八联队长 佐藤文长

骑兵第三十四联队长 田川

炮兵第三十四联队长 长林胜田

工兵第三十四联队长 门胁勋

辎重兵第三十四联队长 知竺丰城

独立第二十混成旅团长 池田直三

步兵第一〇二大队长 坂本

步兵第一〇三大队长 小田角太郎

步兵第一〇四大队长 野村

步兵第一〇五大队长 森重义雄

步兵第三十三师团二一四联队长 樱井

独立山炮兵第二联队第二大队

独立山炮兵第五联队第一、第二大队

迫击炮第一大队一中队

迫击炮第三大队三中队

独立工兵第二联队

空军飞行第三团 远爱（若竹义雄）少将

B 我军方面

第十九集团军总司令 罗卓英

第七十军 军长 李觉

第十九师师长 唐伯寅

预备第九十师长 张言传

第一〇七师师长 宋英仲

第七十四军 军长 王耀武 副军长 施中诚

　　第五十一师师长 李天霞 副师长 周志道 邱维达

　　第五十七师师长 余程万 副师长 李琰

　　第五十八师师长 廖龄奇 副师长 张灵甫

　　军补充第一团团长 杨晶

　　第二十六师师长 王克俊

（二）战斗经过

　　三月十四日，日军兵分三路，向我军进攻。南路为独立第二十混成旅团，由南昌牛行（现名昌北）沿湘赣公路西进；北路为第三十四师团主力，中路为第三十三师团一个联队，由奉新沿潦河南下，三路企图在上高附近会合，形成钳形夹击。

　　北路的第三十三师团，由师团长大贺茂亲自指挥，在空军的配合下，攻势凌厉，突破第七十军预九师和第十九师阵地，向灰埠、伍桥河疾进；中路突破莲花山、米峰之间的第一〇七师阵地；南路的独立第二十混成旅团在上下回峰渡过锦江，向独城前进。由于日军陆空配合，又有重炮，我七十军虽浴血奋战，未能挽回颓势，不得不后撤，形势显然不利。

　　三月十六日，日军在突破第七十军阵地后，一部西犯，一部在尧峰岭附近渡过锦江。罗卓英令七十四军迅速占领第二线阵地，与敌决战。王耀武奉令后，命令第五十一师以一个团推进到高安独城附近，掩护军之侧背；第五十一师主力在泰和圩附近集结待命；第五十七师、第五十八师占领石头街、泗溪、官桥、棠浦阵地，并各以一部占领杨公圩、村前街前方阵地阻止敌人；第五十一师以第一五一团进至独城、泉港街，迟滞敌军行动。

　　三月十七日至十九日，日军独立第二十混成旅团击破第一〇七师的抵抗后，进至独城，与第五十一师一五一团激战竟日。我当令该团逐次向傅家圩、菱角垅之线撤退，占领既设阵地。在第五十一师占领英冈岭、红石岭、鸡公岭阵地完毕后，第一五一团在与日军确保接触的情况下，逐次退到阵地右翼，完成了先遣任务，加入师主力作战。

十八日，第一〇七师在高安五里谌附近，又遭到日军夜袭，颇受损失。其张公渡、灰埠的桥头堡阵地又相继弃守，日军得由高安城、灰埠两地渡河，与傅家圩西犯之敌合股，攻我天子冈、狮子岭等地，与五十一师发生激战。与此同时，日军第三十四师团主力突破祥符观第一〇七师阵地后，沿湘赣公路到达龙团圩。十八日进攻五十七师杨公圩前方阵地，十九日，与北路背港之敌合力钻隙，由土地庙向官桥急进，攻击五十八师龙形山、墓田圩警戒阵地。该师命令第一七四团出击，攻击猴子岭，侧击敌背，这出敌意外的果敢行动，获得辉煌的战果。

日军的第三十三师团樱井联队，配属山炮，突破预九师阵地后，向村前街（在高安、宜丰之间）前进，当与五十八师一七三团接战，经过反复争夺，终于遏止了日军攻势。

二十日拂晓，日军第三十四师团集中兵力向泗溪、官桥、棠浦之线猛攻，空军整日低空轰炸、扫射，鏖战竟日，将五十八师一七二团阵地突破。五十八师以预备队补充团逆袭，虽然暂时遏止了日军攻势，但正面过广，兵力单薄，渐感困难。

二十一日，第九战区司令官薛岳和第十九集团军总司令罗卓英联合发出电令，变更部署：锦江南岸采取攻势，北岸采取守势，以确保上高为主。王耀武：当令第五十一师向猪头山、鸡公岭当面之敌攻击；以"确保上高"为目的，重新调整锦江北岸部署。令第五十七师仍守索子山、云头山、源山庙斜交阵地；第五十八师改守红家垅、荷舍之线。

二十二日晨，日军即猛攻云头山斜交阵地，在空军掩护下，向下陂桥急进（日军兵力雄厚，一个纵队通过一地竟要七小时，可见兵力雄厚，这是情报人员的报告）。日军攻击云头山的主力突破雷公坑，进至堡庄，离五十七师师部仅两华里。在锦江南岸的日军，猛扑石头街，西窜进迫华阳。当时，五十一师正奉命攻击高安，五十八师集结在凌江口附近。五十七师已陷入包围圈内，日空军又将锦江军桥炸断，切断我军

116

退路，一时情况相当紧急。王耀武便亲率特务营策应，同时通知五十一师补充团跑步驰援。该团不顾日军轰炸，一鼓作气奋勇抢占华阳，侧击日军第二十混成旅团。这一着出敌意外，打乱了日军作战计划，粉碎了其从南岸包围上高的企图，战局暂时稳定。

集团军为了确保上高，指示开放宜丰。七十四军当即修正部署，以五十七、五十八两师主力占领上高城附近的核心阵地，吸引敌人。二十三日，日军用全力向石拱桥、下陂桥、曾家岭之线及其以西阵地攻击，重点指向聂家，第三十四师团长大贺茂亲自到毕家指挥，志在必得。日军第三飞行团多次出动飞机，架次之多为上海战役后仅见。我军以血肉之躯，反复逆袭，双方阵地犬牙交错，迫使日军空军不得不停止轰炸，因而在二十四、二十五两天，双方都无进展，形成胶着。入夜，日军利用汉奸带路，派出小股便衣队，钻隙潜入我军阵地后方，鸣枪纵火。由于军属补充团巡逻得力，一一被扑杀，五十七、五十八两师的阵地巍然不动。攻击上高的日军前锋离城仅八里，然而，就是这八里地成了日军无法逾越的天堑。

日军攻势顿挫，在敌后的友军如第一集团军孙渡部，已渐向上高靠拢，又给日军重大威胁。为了便于指挥，罗总部将到达战场的第二十六师王克俊和第七十军第一〇七师统归第七十四军指挥。我军以五个师的兵力，全线出击。

日军经过半个月的作战，人疲马乏，在我军全线反攻的情势下，开始后撤。我第五十一、五十八两师密切配合，在攻占毕家傲、古山、长岭、南茶罗等地后，于二十八日收复官桥。

二十九日，我各部份向杨公圩、村前街追击，到三十日，日军全部狼狈退到南昌外围，恢复了三月十五日以前的态势。上高会战至此结束。

这次历时半个月的上高会战，日军以进攻始，以败退终。我抗日军队粉碎了日军"攻必克"的神话。据七十四军战报，该军在此役俘虏日军少尉以下官兵十三名，三八式步枪三百零五支，战马一百一十五匹，轻机枪十六挺，山炮一门，掷弹筒十八具，战刀二十五把以及文件、防毒面具等甚多。我们把日军遗留下来的尸体集中掩埋，与七十四军阵亡将士陵墓遥遥相对。

　　会战结束，参谋总长何应钦在国民参政会上讲："这是一次最精彩之战"。战事结束后，论功行赏，由国民政府颁授七十四军青天白日飞虎锦旗（蓝绸，绣有翅白虎）；军长王耀武，被授予青天白日勋章。锦旗、勋章以及有功官兵的勋奖章，都由重庆派专机送到长沙，再派专车送到上高，由第十九集团军总司令代表军事委员会授予。另外第九战区司令薛岳发给七十四军奖金二万元，致专电慰勉。

锦江会战记[1]

沉寂经年的赣北战局，于三月十四日突趋紧张，窃据南昌之敌，集众三万余（约两个半师团），分作三个纵队，向我锦江前线进犯。其左翼纵队为独立第二十旅团，由厚田街（市汊街附近，赣江和锦江会合处）渡河南窜；其中央纵队为三十四师团，沿大城、高安、湘赣公路西犯；右翼纵队为三十三师团，出安义、奉新，沿潦水西侵。各纵队均附以骑炮兵、飞机、战车等，号称四万人，采用分进合击的态势企图会师上高，将我野战军主力包围于锦江、肃水（由上高至宜丰境内，为锦江支流之一）地区，而击破之。

右翼首先发动攻势

首先由右翼发动攻势，因为三十三师团在赣北日久，地形比较熟悉，于十四日突破我奉新城附近阵地后大举南下，十六日上午八时，主力渡过潦水，向缺夫岭（海拔千余公尺）、伍桥何前进。另以一支队沿潦水窜上富，十九日经村前街南行过港背，抵棠浦附近，与我长泰部队（注：七十四军五十八师）[2] 接触。其中央纵队之敌十八日越高安，十九日在杨公墟附近与我天全部队（注：七十四军五十七师）接触，而以大部绕窜至官桥、泗溪间，与我主阵地守军鏖战。南岸左纵队之敌，在独城附近与我陈（注：陈传钧）团激战后，绕窜至经楼墟（樟树西廿里），经我军迎击，乃西向傅家圩、五里谌、灰埠之线进犯。于十九日与我克成部队（注：七十四军五十一师）激战。此时敌势激张，我赣北

1.原载民国30年（1941年）4月4日《民国日报》（江西）第三版，后收入《抗日战争上高会战史料选编》（上集），上高县政协委员会文史资料研究委员会编。

2.原文发表时，为保密将部队番号及将官姓名隐去或用代号表示，现均在括号中予以说明。

军事长官罗卓英将军，以实施诱敌歼灭战之目的，决定确保上高。在樟树、英冈岭、上高、宜丰之线，配置纵深阵地，与敌决战。而于泗溪、官桥间，故留一空隙，诱敌深入（此即袋形阵地）。在三月二十日晨，此赣北空前之大会战，乃壮烈展开。

大歼灭战壮烈展开

锦江南岸之敌，于二十日晨与我军争夺灰埠西端之五公岭、甑鼓岭、猪头山各要点，恶战竟日，迄未得逞。敌虽突破我阵地数处，但旋即逆袭恢复，最后敌竟不顾人道施放毒气。我遂扼守鸡公岭、河岭、红石岭之线，这里地势优越，敌虽在空军助战下，亦未得手，而伤亡累累，攻势已戢，乃以步骑兵千余，黑夜沿江窜至石头街与华阳间，向我河防部队卢（醒）团谢营实施包围，一时情况严重。因我南岸阵地左翼与北岸阵地右翼均受威胁，如万一谢营击破，则上高东方门户洞开，可以长驱直入。幸我援军迅速加入战斗，内外夹击，苦战终宵，窜入之敌，无一漏网，并生擒敌上等兵下田松明等六名，开战局胜利的先声！无如敌军野心不死，又向我右翼包围，更以数小股钻隙窜扰，均为我各个击破。我复乘势猛攻，一举而收复灰埠（按：敌之江南纵队独立第二十旅团系由第五十团扩编者，其干部曾参加诺门罕、台儿庄、桂南三次会战，为敌最精锐之部队，此次可谓硬碰硬）。

二十一日，敌机竟日狂炸上高市区，千载精华，毁于一旦。入夜，敌即向我云头山、聂家、泗溪、官桥、棠浦之线猛扑。我为实施革命战术，按照原部署在云头山、龟形山、下陂桥（上高北五公里）、徐楼、塘背、白茅山之线，布防迎敌。

二十二日敌之主力军已会合，在大量空军掩护下进犯我下陂桥一带之主阵地。敌机并烧夷弹汽油等，使满山着火，诱我守军脱离阵地。我官兵忠勇沉着，救火与应战并进。是夜，敌以全力将我白茅山阵地突破时，我军背临肃水，右连锦江，左有崇山，已成绝地。我王耀武军长乃亲自指挥反攻，官兵振奋，卒将阵地夺回。敌我伤亡之重，以此役为最。

下陂桥间两日恶斗

二十三、二十四两日，敌人重点指向下陂桥。以步炮飞联合之力量，集结三千余人，沿上高大道猛冲。我杜（鼎）团扼桥而守，步兵少尉赵相卿死守桥头，左手指炸去三个，不曾稍却，继由步兵中尉张宗贤接替，不幸阵亡；将士前赴后继，形成拉锯式之恶斗。敌曾一度冲至上高城北三公里处之山口，步机枪已可射击市区，终为我整个消灭（事后，据俘虏供词及我所获文件，证明敌师团长大贺茂曾在官桥南之毕家附近指挥督战）。同时，敌机除狂炸外，继投下当日南昌出版之伪《江西民报》，捏造战报，另以报纸精印告××（注：七十四军）军长王耀武书，荒谬绝伦，不值一哂。夜间，汉奸到处鸣枪放火，图作内应，当捕获数起。敌军猛攻不已，情势危殆，由于指挥官艰苦支撑，决心毫不动摇（我罗卓英将军发表诚挚文告，激发士气；王耀武将军誓与部属不南渡锦江）。官兵同仇敌忾，反复肉搏，刀光血影，惨烈已极。盖此时为全局胜负关键，双方均以全力角逐。卒以我军坚韧，将阵地保持，援军已于是夜由东西两面向敌侧背后疾进，造成包围态势。敌因主力消耗殆尽，无力再战，恐遭全军覆没，乃于二十五日晨四时，大部经江家洲东北逃窜。记者执笔时，虽敌机多架阻我追击，但我军仍不顾一切，分抵高安、官桥、伍桥何之线。至尚未漏网之敌，犹凭险顽抗，正分兵围歼中。

损兵折将 毫无收获

考敌军此次大举进犯，动员兵力达二个半师团，其目的概为：

在未南进以前，拟在各战场发动攻势，觅取我野战军主力决战，予以各个击破（按：战争目的，为攻略敌国战略要点，与击破敌之野战军主力），然后问鼎南太平洋。年初的南阳会战与此次锦江会战，均同一意义（敌方广播，称此次进攻为打击×（注：罗卓英）集团主力，但不知败退又作如何解嘲耳）。

敌酋畑俊六，走马到任，为表功起见，所以在各线蠢动一下。而在战术原则上，攻击应选择敌人的弱点或最感痛苦方面而指向之。南昌外围，沉寂已久，我守军兵力稍薄，河沼纷歧（有赣江、锦江、潦水、泗水……等），利于优势装备之敌，其自信突然进攻，出人意表，颇有胜利把握。

为榨取鄱阳湖平原资源（鄱阳湖平原自古称为鱼米之乡），确保南昌外围，造成进可以攻，退可以守，西略长沙，南窥吉安之态势，自以为攻略上高有利。

致胜原因 主义熏陶

至于我军胜利原因颇多，而以官兵平日饱受爱国主义熏陶，及战斗危迫中能秉　领袖发扬"我不怕敌，敌便怕我"，薛（岳）长官　"苦斗必生，苦干必成"，罗（卓英）副长官"军人事业在战场，军人功过亦在战场"之精神以及王耀武军长知耻教育为主因。用能见危授命，不顾生死。他如指挥官之镇定，各部队或以机动攻击见长，或以韧强抵抗卓著，用奏厥功。至赣北之敌，经此重创后，已属"倭人不敢再犯矣！"

截至三月廿五日止，统计会战十二日，敌我伤亡均巨，而卤获之多，均为本年所仅见，计俘虏数十名，步机枪八百余支，山炮二门，掷弹筒二十余个，军马一百八十余匹，弹药十余万发，文件甚多，击毁敌机一架，敌官兵死伤当在七千六百人以上，毙敌将领多名，闻敌旅团长奈良时亦负伤甚重。其他战场凭吊，壮烈故事，容另文记述之。

三〇年三月二十六日夜，急写于上高

122

"皇风"的幻灭[1]

上高会战中卤获文件及供词

一 希望幻灭了

当三月廿三日，敌机狂轰上高的时候，一架九四式双发动机单翼战斗机正在低飞迴翔的当儿，被我岭南神枪手用二公分的机关炮击落了！残骸留在锦江北岸一七二四高地。事后寻获文件，始知系驻南昌之敌空军少将藤爱派来飞送紧要文件给身临前线指挥之大贺茂中将的！那牛皮纸的大信封，虽然烧焦了一角，但那大贺中将阁下几个大字依然无恙。信封下角还写上"至急还要"四个字，并用红铅笔加上小圈，这该是何等珍贵的收获啊！

信封里第一张是敌空军侦察我军阵地要图，钳形的箭头，指向上高，在锦江南岸沿江西进，北岸是用很粗的线条指向上高城，写上"希望"两个字，无疑的这是重点和目的的表示。此外在界埠、石头街、下陂桥、白茅山等处，画上炸弹的符号，并注明"盼与空军切实协同"。

在另一张纸上写着：

"连日的战斗，想必辛苦极了。得报，知气压和天候恶劣，是则更有赖于不可思议之坚持，及上天保佑以占领上高矣！切望贯彻最后五分钟之战斗，以收赫赫有名之战果，本队亦誓为后盾！

"池田支队已与取得联络，并已投下接济品和弹药，情势缓和，请勿介怀！总之，机力所能及，当尽力以赴，故必协力同心，以占领上高。……

---

1. 原载民国30年（1941年）4月15日《民国日报》（江西）第三版，同年4月11日《前线日报》第五版以《惶军的陨灭》的标题登出。

"请示知总攻上高之时机，我方已准备以全力协助，时刻一定，一举突入如何？"

不幸，这文件和要图做了我们的战利品，希望是幻灭了，大贺也许成了大祸！

二 伤心一首诗

我××部队卤获品中有本很精致的日记，第一页是首汉文诗：

秋风寂寂粤南天，
琼逊城头残垒边。
遥望故国伤心血，
樱花续梦在何年？

文义虽然有点牵强，可是厌战思家的情愫，跃然纸上。第二页为旅团长以下各官长的姓名，作者许是中小队长。

其个人行踪如下：昭和十四年（民国廿八年）四月九日拜别东京靖国神社，十三日出发，廿五日到青岛，廿六日到济南，廿九日编队。此后在鲁、豫、冀间参加讨伐，七月廿四日负伤赴大连。十月初伤愈，十四日在旅顺见学，廿七日复回大连。廿八日乘××丸南行，十一月九日到海南岛，十五日东京湾敌前登陆。廿九日到南宁，此后无变动，许是去年在南宁阵亡了？那簿底页还有一张折了许多皱纹的少妇照片，那便是樱花续梦中的人物吧？

三 动荡的倭国

池田少将的叔父池田义三，在二月廿五日给少将的信的大意如下：

"皇纪二千六百一年春天，祝你途中平安。国内恶劣天气继续着（恐系指政治和环境），工厂无法开工，农村不能着手耕作……感受无限苦恼，去年稻之收成比往年减了一半。地主和佃户都受到极大打击。如果今年麦作又属不良，将无以为食……

"各处已不复再见壮丁，报纸上和播音机都是鼓吹新体制，眼睛里、耳朵里都是这些字句和音调。民众们的利益，都在新体制的名义下剥夺完了……"

另外，从九州寄给中尾秀夫的信件中，同样把罢工、暗杀……等动荡的情形，说得很详尽，里面还附了反战大同盟的传单，可是封皮上"军事邮便"字下却堂皇地盖上"陆军省检查记"的戳记。

四 补充无尽期

在下陂桥附近，我××部队卤获敌山根军曹日记，其三月廿二日第一小队负伤记录如左：

伍长松井俊夫，肩头部，侧腹部贯通铳伤；上等兵尾须守臀部盲管铳伤；一等兵高野雄人，吉冈大郎头部铳伤；小手一三左前膊贯通铳伤；森管大郎腰部铳伤；冲本二郎右手贯通铳伤……死者尚不计入。这位军曹在廿四日也无言地凯旋在下陂桥头了。

同时，在敌大西条藏中尉的日记本上，所贴之中队编成表，计步兵三小队、机枪一小队、官兵全员约二百名，其患病者达二十二名。

自昭和十五年（民国廿九年）春季起已补充四次。第一次在吕县，廿五名，第二次南宁五十八名，第三次龙州十七名，第四次吴淞九十三名。在末尾，中尉似乎很感慨地写上：

"补充兵的标准，一天天降低。许多未及役龄及逾役龄以及五官不全的人们都征来了，这些人哪能宣传皇风？…………"

这次战役又能补充多少呢？又再降低标准多少呢？谁再给中尉记下去？

五 生活的呐喊

末了介绍被俘的池田旅团步四一队上等兵中原维夫。

他于昭和十五年五月入伍，六月廿四日在广岛受师团长检阅，三十日乘香樵丸抵钦县庞门港。七月四日至大董，九日到南宁，十六日到龙州，住那柴村（译音）。一个月内受我军袭击三次，死伤颇多。八月三日，军司令官久诚纳一中将训话，准备进攻越南。五日动员，夜间又奉令停止，直到二十一日进攻。初到渌平（音译），二十四日向兰村（音译）攻击前进。二十六日停战协定签订，十一月七日开抵上海，驻大场镇，十二月十七日改编为独立第二十旅团，本年二月十九日九江登陆，二十一日出发南昌，三月十一日由南昌出发，夜行军至生米街，此后地名不详。

据供，一等兵月饷五元五角，另发战津三元三角，月扣储金二元，实发六元八角。但发的都是军用手票，寄回国去可不成！家有老父和幼妹，全靠他维持生活。现在可不知道怎样生活了？服装是一年不如一年，而今衬衣裤袜子都没有穿着，只好去掠夺点。最好是当宪兵，可以包庇走私。……

从这些事实里面，反映给我们的是军心离贰，士兵疲惫，伤亡惨重，兵员枯竭。在他们国内的是政治动荡不安，天灾人祸，这些都是"罪孽深重，应自殒灭"的徵兆！我们该是加紧准备，加紧努力，使这些恶魔早日入土为安！

三〇、三、三〇、上高

锦水呜咽吊国殇[1]

——上高会战追悼大会特写

人生自古谁无死，留取丹心照汗青。——文天祥

"为正义而牺牲，为自由而战死"。在抗战四十五个月来，许许多多的将士们服膺着上面两句名言，前赴后继地杀敌于祖国大地原野，鲜血凝成了胜利的蓓蕾，允宜有崇高的哀悼，特别是这抗战以来最精彩之战的上高会战（利用何参谋总长语）的诸烈士，他们英勇壮烈的行动，保障了胜利！在会战后的第三十七天——五月七日的早晨，赣北军事长官罗卓英将军于上高城北中山纪念场举行此次会战阵亡将士追悼大会。诸烈士为确保上高而成仁，现在在上高开会追悼，而对着当日战场，这实在为过去任何追悼大会所无的特色。其次"五·七"为廿一条约提出的国耻纪念日，二十六年后的汪逆精卫签订比廿一条还残酷的日汪密约，我们拣着这日子来开会追悼烈士，更激荡着同仇敌忾心！

大会会场在上高城北中山纪念场，四周围以竹篱扎成很多的甬道，用蓝白布砌成花朵，两边张挂着挽联（本报挽联挂在右甬道上）、诔词、布画，最出色的是将这次会战中几个重要战场，像官桥、下陂桥等战斗实况绘画出来，另有上高会战经过图，分析战斗前敌我态势、我诱敌深入、我围攻敌人、敌突围我追击等，给予群众以正确而深切的认识。另散发大会特刊和画报，载有罗卓英、王耀武两将军的纪念文字，极为名贵。

在会场入口处，屹立着青翠的松柏牌坊、灿烂的国旗、迎风招展，用棉花做成的"党国干诚"四字，横挂正中，两旁有罗卓英将军亲拟的"杀

---

1. 原载民国30年（1941年）五月十八日《民国日报》（江西）第三版，转载于同年五月二十七日《前线日报》第五版，收入《抗日战争上高会战史料选编》（下集）。

敌成仁确保上高歼丑虏；设坛追悼永怀威烈壮名城"联语。在会场西北角，搭成三个亭子——胜利、哀荣、踏红[1]，主席台在会场西端，正中横匾冠以大会名称，左首是"精神不死'；右首是"功绩永留"，台上有中央执行委员会和监察委员会的"丰功骏烈"和林主席的 "忠烈哀荣"匾，以及中枢各院部会的挽联，委座联云："血战纪丰功，犹有声威加草木；青山埋壮骨，定知精爽挟风雷"。在台正中是总理遗像，祭坛上摆着烈士芳名的牌位，下面堆满着花圈，布置得庄严而肃穆。

当太阳睁开她明媚的眼睛时，来自各方的代表有百余单位，计军队、党政机关、学校、民众、遗族等，一队队鱼贯入场。主席团罗副长官、王、杨两将军、王次甫厅长和罗参谋长等，依时到会。辉煌的朝阳，反映到会场上，没有一点黑暗，正如烈士的血肉，洗涤了每一个角落的腥膻。

在往日开大会时，秩序总有点难以维持，而今天没有谁高声谈话，似乎沉重的铅块，压制得每一个人悒郁地吐不出气来。当大会仪式举行到默哀三分钟时，静悄悄地一点声息也无，哪怕一瓣树叶落下也能分辨得出来，白烛给微风吹动得摇曳不已，烛泪倾泻在台上，鸟雀也远走高飞，这情景太使人感动了！任谁的热泪也会夺眶而出。

之后，由罗副长官报告上高会战的意义和认识，并阐述追悼大会的意义和勉励各同志同胞以成仁的决心，到达成功的目的。最后，代表大会向远道莅临的代表们——尤其是敌后的法团民众代表致谢。其次由江西省政府代表民政厅长王次甫致词，特别提出精神力量的伟大和勉励后死者。

大会在春雷般的口号声中结束后，人群便走到北敖峰下，参加烈士墓奠基礼。这儿形势雄伟，山北的下陂桥、山南的锦江和墓地鼎足而立。我们步入烈士墓时，四周的工程，已粗具规模，这是岭南军工兵连在二十天内赶筑的。由于雨季，迟滞了工程的进行，那公祭坪前的纪念塔，斜斜的摆着一块石头，上面覆盖着党国旗。在纪念塔后面筑成三座大冢，中间是官佐，两旁是士兵，就在这里埋葬了××具忠骸。在那些

1.踏红为该年清明节罗卓英将军对部属之调示。

烈士芳名中，有记者不少的好友，他们为实践"为国捐躯"的诺言，永远地安息了！今日虽说"青山有幸埋忠骨"，可总是我们无比的损失！

奠基礼很简单。罗副长官将国旗开揭后，那浅蓝色"××集团军上高会战阵亡将士公墓奠基之石，年 月 日"和红色"总司令罗卓英"两行字跃入人们眼帘，便告成了。

随后，是各单位轮流公祭，烟灰飘袅，下午三时，再举行盛大聚餐会。

八、九两日，远道赶来公祭者不绝，当十日早上，我离开锦江南归途中，那巍峨的北敖峰在背影中消失，有说不出的怅惘！可是我想到勒蓝基的名言"生命对於我自己，无足轻重，我只求把生命利用在最好的地方"，烈士们是把生命利用在最好的地方了！

血战后战场凭吊[1]

"三·二九"这伟大的纪念日，黄花岗烈士的鲜血，拓开了中华民国的基石，就在这前一天的午后四时，我岭南将士冒雨冲入官桥，解决了负隅顽抗的残敌。完成赣东北空前大捷最后的一幕。

当廿九日下午，江西《华光日报》记者张宏英，木刻家罗清桢，七十四军参谋处副处长孙金铭和笔者四人组织了赣东北战场巡视团。这里所记载的便是那些主要战场的真容。

上 高 残 影

"三·二十"的大轰炸，随以汉奸的纵火，改变了上高城的容颜，她是成了焦土了。自民国八年动工重修到二十四年竣工，横跨锦江的大石桥也炸去了栏杆和两个桥拱，使人们走过时有点戒心。我们通过时，那桥北境的障碍物还未开放。

大战后的县城，显出异样的寂静。除了英勇的将士往来外，就只有不知忧患的麻雀，飞翔于残垣间。上高县许多机关的木牌，杂乱地夹在那些余烬中。往日大石桥附近，震耳欲聋的机杼声，再也看不到丝毫的痕迹。偶尔还有一、两个胆大点的民众在废墟中挖掘残余的物品，去维持那艰困的岁月，也像幽灵一般消失了。出上高北城，北行去下陂桥，大批担架兵，抬着伤兵后运。每个担架兵的精神，显得那么紧张与严肃，头上的汗珠，一滴一滴滴下，没有余暇去揩拭。惟有他们才是英勇将士的救星啊！我想。往前走，见少数轻伤士兵们，拿根孤拐一步一步

1.原载民国30年（1941年）6月1日出版的《战地文化》"上高会战大捷专号"，收入《抗日战争上高会战史料选编》（下集），上高政协委员会文史资料研究委员会编。

挨着走，鲜红的血珠，随着身体的波动滴在石板上，异常的红艳。使人们见了非常感动。

二里路走到上高北城的山麓，这些山像屏风似环绕着北城。那二十三日晚上敌人曾一度冲到山口，而今凉亭后面还埋葬了一位"皇军"无言地凯旋，在锦江之滨，算是他走在最前面的吧？

进了山，路在山里旋转，远处传来的机枪的声音，响彻云霄，间或有阴阴的炮声，从树林里透出混浊的浓烟，这正是敌人撤退的战斗。

血染下陂桥

下陂桥离上高城八里，为敌我争夺最壮烈的所在，胜负的转折点。因为下陂桥不能守，敌骑便可直趋上高，八里路，这多么短促的距离呀！骑兵只消十分钟便到了。我们看到了环山饱受了炸弹的漏孔，千万株松树木都给烧夷弹烧枯了！山顶上站着英勇的哨兵，监视那辽远敌方。在这里只见锦江如带，泗水如绳，山下那著名的下陂桥是被破坏了，湍急的溪流中躺着两具"皇军"和三匹马的尸体，企待我军去埋殓。从守军杜鼎上校口中，告诉我们防守下陂桥的机警动人底故事：

最艰困的是三月二十二日至二十四日两天的战斗。三月二十二日黄昏时，敌骑已突入我阵地，中士班长程卿，一个人拿着装满子弹而没有刺刀的步枪，正聚神凝视敌方时，突然右边上来一个敌兵，刺刀刺进了他的左肋，他忍痛用力将刺刀夹住，右手扳开枪机，将敌人射倒，自己也因用力太猛昏倒地下。一会儿，又来了两个鬼子，走到他面前时，用脚踢他，佯死不睬，候鬼子走过几步时，才一个翻身拿枪瞄准，结果了这两个鬼子。后面跟来急促的脚步声很多，他不慌不忙地背着两支枪就着山势一滚，滚到你们刚才走过的大路边，再到绷带所裹伤。因为伤势不十分重，他又随着援队反攻，听说后来再度负伤住院。

第二个是上等炊事兵（即伙伕）张得才，在黑夜中挑担开水送上山去，不想摸错了方向，遇着鬼子的哨兵，接连刺了三刺刀，但都没有刺中要害，他便装死躺下，等鬼子回头的时候，很快地爬起来，拿起竹扁担狠命地从鬼子头上打下去，接连又是几下，头都打开了，然后背着枪回来裹伤。

这正如七十四军军长王耀武所说："一切好的战略与战术，都有待于英勇的战士去执行。"这次确保上高，实为我忠勇将士无数勇敢壮烈行为的结晶。

赛跑白茅山

走过下陂桥，到了下陂新屋，这新屋已成了历史上的名词，一切建筑物都炸了，墙倒瓦飞，弹痕如蜂房。当二十三日敌骑兵突破白茅山阵地企图压迫我守军于萧水、锦江三角地带时，情况危急，我唐胜祥营从六里外来增援，只十分钟就赶到投入战斗。这崎岖的山径，以五百人之众，只十分钟就走完了，也许像神话吧？可事实确是如此。我们曾访问了好几位参加这次战斗的士兵，他们回答那时脑海里只知道跑，快跑！愈快愈好！

勇 士 何 壮 烈

在浓雾笼罩着群山的早晨，我们离开了下陂新屋，虽是暮春的季节，在山中还相当的寒冷。走近田边，开始嗅到死尸腐臭的气味，每个人都带上口罩，很像救伤者。田壪的房屋烧完了，女人小孩的衣服，残缺不全的散在到处。满山遍野都是人马的足印，因为敌人溃退时正值下雨，泥足印得很清晰，炮弹箱、死牛、死马，膨胀的像个小土堆。

十里路，到源山庙。庙是残破得可怜，但是地形优良，可以俯瞰附近道路，在二十三日夜里，为敌我争夺的重要据点之一。当时守军为我天全部队（注：五十七师）少尉排长赵金才（二十八岁，河南考城人）。他是一个机警的家伙：他仅有一排人，而敌人却有一中队，他将一排人灵活地运用，左右两翼只留监视底哨兵。首先敌人由正面攻击，给他们奋勇打退了，依照过去的经验，敌必再来，因为敌人通常是采用"波"式进攻（即一波未平，一波又起，一次攻击不成，再来一次循环不已）。正在严阵以待的当儿，左边草丛中发出悉悉的响声，监视哨递来了暗号，他们轻快地一排人展开在左翼。不久敌人像鼠一般底前进，候到手榴弹射程内时，一连甩出十几颗手榴弹，打得鬼子人仰马翻滚下山去。最后敌人又从右翼爬上山，而我们赵排长和英勇的弟兄们正在那儿恭候，他们利用居高临下的优势地形，打得鬼子们鼠窜狼逃。就是这样三次，天大亮了，敌人发觉我兵力不多，于是在大炮的掩护下，分三路进攻，肉搏甚久，我仅生还传达兵一名，余均随同赵排长壮烈殉国。至今荒凉古庙的墙壁间，尚洒有我烈士斑斑的血痕。

尸马满眼收

由源山庙北行，经聂家山到河塅，遥见数里之外的半空中有许多黑点低旋翱翔，从望远镜知道是是大批的饿鹰。春风吹动山谷里的残骸，刺激我们的鼻官，告诉那儿必定是死尸很多。我们便从山前往，由于鹰群的指示，一点也没有迷途。臭味渐渐地加浓，四周密布着系马的木桩，许多驮马凌乱地散乱在树林中，大批驮马倒毙在田亩间，一个镜头可以照到十几匹。在马尸群中夹着些鬼子尸首，面目模糊，惟有服式尚可辨认，内有个中尉官，黑色的肩章，许是辎重中队长吧（事后打听此处地名破塘下，离官桥约八里）？这些"皇军"与他们的爱马，埋葬在万山中，使大中国的饿鹰，再也不愁粮食缺乏了！

离了死尸之群，北行到水南，三户茅屋，已成灰烬；再北行三里抵毕家，这里为敌大贺茂中将的指挥所，也就是发出向我进犯计划的枢纽。当日我为生擒大贺茂起见，曾有许多壮士前仆后继的牺牲，而今是残垣败圮，半成焦壁，地下还有些日军旗、伤票、信纸、信封等。我们很想探听那时的情况，苦于无处问讯。后来在毕家东面里许的小村上，见到一位龙钟的老妇，面目青肿，声音微弱。据说鬼子来时，一家人不及起避，汉奸叫他们不要逃。头天倒没有动静，第二天鬼子便将儿子掳走，接着媳妇也掳走了，也不知死在什么地方？剩下八岁的孙子，在鬼子溃退的前一天也被杀死了，房子一把火烧个干净，她呢？给鬼子打得昏天黑地，闷了大半天。不过，鬼子溃退的时候，有许多兵保护着一副担架东逃，好像大官的样子。

燕子窝下倭奴冢

别了毕家来到南荼罗，此处为官桥至上高间要道。此次敌人为掩护伤兵和辎重后运，为最后惨败局的挽回，曾困守度日，那时全靠空军队投送着弹。经我英勇将士，在敌机疯狂的轰炸下击落一架，敌机坠落在南荼罗北一里许的一七二四高地上。这一带战场已为我军从事清扫，在敌机降落的所在，不断有我许多弟兄们来往，附近的良木烧成枯黄（据云：敌机坠落时，汽油四溅，满山皆火）。机为九四式四发动单翼重轰炸机，引擎号码为三三六八，三菱公司东京制造所出品。机翼和机尾尚完好，累累的弹痕，跃入人们的眼睑中，螺旋桨半埋在土中，无法挖出，偶有一、二片黄呢衣角，像飞絮般挂在树枝上。

离飞机坠落两里许的燕子窝，我岭南军筑有倭奴冢，当我们经过时，正在搬运尸首，共有二百余具。内有上尉二、中少尉各三，余为军曹伍长兵卒等，姓名正在清查中（按敌官兵军服反面，均书有职级、姓名）。

劫后官桥

血战一周的官桥，半成焦壁跨过浦水（按由棠浦至官桥为浦水，由官桥至泗溪为泗水）的大石桥，业经破坏，有新建军桥二座，为我追击时搭成者。

官桥街的乡长，业已归来，由他的引导，去凭吊那些遗迹。有一位和记裁缝店女老板余春兰，年廿余，因逃避不及，敌掳去轮奸杀死，计头上两刀，左乳下、颈上各一刀，内衣扯破，仅余左袖，下体尽裸，现经我军用芦席掩盖，留候尸属葬埋！

在官桥南一里许的墓田乡三甲甲长朱世昌，五十多岁的老头，这次给敌俘去当挑夫，退却时因走不动，用刺刀将他挑起，掷入火中烧死。

由官桥到墓田圩，沿途死尸数十，正在掩埋。这些都是附近的老幼民众，他们留恋着家乡，均遭毒手。最惨的是一位老太婆，衣裳褴褛，头发斑白，杀死在大路旁。离尸不远处，有竹篮，内盛饭菜，一根手杖，也甩在一边！我们正在凭吊时，上高县长黄贤度与岭南军（七十四军）政治部副主任唐竺仙结伴来此，视灾筹赈，战事结局了，问题是如何抚辑流亡。

另外有件事值得推许的是我长泰部队（注：五十八师）连长黄廷璋。于三月十九日在官桥附近与敌激战时，尚有妇女数十，藏于小港圩（官桥北三里许），黄连长一面掩护她们撤退，一面攻击敌人。不幸他与少尉毕鸿慈，均为炮弹炸伤腿部，他们不肯后送，坐着担架指挥，直待任务完成了，两人才送往医院。由于他们的英勇行为，不仅迟滞了敌军的前进，还保障了许多妇女未被奸污。

棠浦之夜

在暮云苍霭中，一行人到了棠浦。残破的街市阒无人影，但街西二百米的高村（一名康城，为晋朝谢康乐食采处，大树参天，风景幽美），依然无恙。原因是高村四周有土城，一溪如带，地形颇优越，为我兵站未地，少数粮弹，未及运出。我龙桂云连以孤军奉命固守迄未沦陷，谢康乐地下有知，也应感谢我忠勇将士吧。同样的，在村前街我秦天佑连，以一连人苦守村前街。他利用村缘，构筑工事，与敌血战三昼夜，伤亡惨重，卒由援军赶到夹击，获得最后胜利。由此可证明我军已能以"守必固"来粉碎日军的"攻必克"了！

开棺易尸的奇闻

旅行第三天的早晨，我们沿浦水南行，先到长岭。这儿为官桥西方门户，围攻官桥的决战场，山上有敌工事甚多，到处是机枪弹壳。在山麓之南，有副新棺材外面的死尸是位老者，而里面是个敌军官。原来赣北风俗，人死入棺后，先抬到预备埋葬的地点，候吉利日子的降临，再举行入土礼，这位老人似乎死才不久，适逢敌军进犯，敌因我军攻甚急，来不及将尸骨焚化，所以就地取材，将老者尸首抬出来，真是妙想天开，见所未见（按此次所见敌军所遗尸首均系割去一手或一足，携回焚化，此军官仅割去小手指一个）。

云头山上谈战况

别长岭，经傲古山漫行山谷中，此处惟有松涛与马蹄声搏击，远远地树林中有个人影，我们便大声喊叫，想探听路径，可是总不见回答，同时，那影子也不动，于是我们很快的走近，才知道是捆在树上杀死的尸首，看情况似系为敌当向导的（敌军为免我军侦知行动计，每次俘去当向导的民众，到达目的地时，都是打死的）。

东南行十五里到云头山，此处为敌炮击重点，山径幽邃，有座仙姑庙，犹如深闺的少女藏在那树林深处，其清雅的姿态有点像南京的鸡鸣寺。阶前长满了青苔，很厚的灰尘，蒙在仙姑的脸上，仙姑是没落了。

在山上，适逢追击归来之天全部队（注：第五十七师）杨副营长维均，纵谈追击经过，除了一般小见闻外，他说："有许多人以为见习官（指军官学校毕业分发之学生）胆小，特别藐视江浙人，觉得他们怕死，其实一点也不！我们第三连少尉排长陈怀彪，浙江诸暨人，军校十六期步兵科毕业，才当排长不久。这次攻击泗溪附近的时候，他于夜间带着几名勇士，摸到敌人的步哨，眼见敌人正忙于应战，他们一拥而上，捉住一个小队长和两个敌兵，可是那小队长力气很大，和陈排长扭打不已。后面跟来的士兵，生怕排长吃亏，便将小队长打死了。在凯旋归来的途中，敌炮飞来将英勇陈排长和敌兵都炸死！真是无比的损失！"

凄凉泗水溪

离云头山，沿泗水东行，经桥头到泗溪。静静的泗水鸣咽地东流，两岸葱绿的麦田，春风吹得像浪涛一般。到处一片荒芜。在往年这时正是"乡村四月闲人少，采了桑麻又播田"的时候，而现在只有几处渡头的树荫下站着悠闲哨兵。

到泗溪，是午后一时，几乎疑心自己的眼花了！几个月前熙往攘来的泗溪只剩下一片瓦砾，连狗也没有一只。莺莺招待所门口，棉絮裹着一具死尸，有谁葬埋呢？那块金碧辉煌的招牌，烧不完的半截，埋在土堆中。

泗溪对岸的胡村，有个行将就木的老妇，也是赤条条的杀死在屋里。牛尾、猪头、到处都是，说不出来无限的凄凉。

由泗溪南行至东头，南岸，正有成群正在待渡的难民，他们都是泗溪附近的，向我们打听家乡的情况。在他们尚存着最后一分的幻想与热望，这必定要等他们走到家门口时才会打破的。

华 阳 争 夺 战

渡过锦江到华阳，一幕急剧的河川遭遇战，从刘参谋长启勋处得到如下的情形：

按照战术原则，渡河点的选择，应是正面便于渡河，向我弯曲之部分，渡河后复易于战斗之区域。而在华阳，锦江正像弧形，利于敌军行动。当时敌沿江村落由石头街西窜，一部东头渡河，企图趁我之不备予我侧后背以威胁。但由于我指挥官之机动，放开口袋捉老鼠，一面令鸡公岭、猪头山部队严守原防，一面令胡景瑗团长率兵营，向左延伸，迅速侧击，预计在遭遇线上时，先敌展开，得先制之利，而我因动作迅确，确已先敌占领华阳附近各要点，特别是华阳东面的高山为全阵地的锁钥（我们旅行团就在这山谈战局）。这时，敌已占领沿江各村之线向我猛攻，骑兵钻隙窜扰。因为敌为策应北岸作战，西略上高，必攻华阳，这样形成了一翼包围。不但如此，我们要从内线作战改为外线包围，也必定要守住华阳，然后才好出击，占有利态势。当时因情况紧急，我唯有不断反击，压迫敌于锦江南岸而歼灭之，可苦无向导，适农民况良君、徐还福自动投效。他们带我农镇亚连绕至击敌。敌因背临锦江，竭力反抗，我农连长和英勇的向导况良君，均不幸阵亡，那另一位徐还福，也是腿部负了伤。这两位民众在赣东北战场上确不多见，值得推许与赞扬的！当三·二十二至三·二十四两日，敌机低飞助战时，我官兵不但敌后夹击不畏怯反而英勇地冲向敌方，惟有这样才使敌机不敢轰炸。两天的恶战，确保了华阳。倒霉的是皇军和我们的一些义塚的坟山。皇军是弃甲曳兵逃走了，坟山因为许多灰褐色的石碑，给敌机当做密集部队，掷下那重量炸弹，使几百年深埋地下的枯骨也飞上了天。

石头街之战

沿锦江东进，在朝霞中告别华阳，十里外到石头街。这里是敌军西窜的大门，全街仅剩下街头上的万寿宫和它对门的小茶铺。由于战争已过了十天，民众们都陆续回来了。那茶铺的老板很高兴地招待我们，谈他怎样逃走，飞机如何的凶猛，我军如何反攻，那口沫横飞，非常有趣。末了，他说："毕竟福主（按指许真君，为江西神之代表者）有灵，庙是不会烧掉的！"他可不知那孤独的庙宇，离隔火势是很远的。

在石头街，有我克成部队（注：五十一师）一等炊事兵李才一个英勇的故事。李才是广西人，才二十五岁。两年的伙伕生活使他有点厌倦，这次，我因伤亡太大，杂役兵（伙伕、马伕、公役……）统上了战场。李才会拳术，在石头街阵地，一个人打死了三个鬼子兵。他不打枪，候到面前，拼刺刀，一股蛮劲。因为贪得战利品——遗弃在阵地上的枪支，被敌掷弹筒炸死了。至今那附近的居民都知道这位勇敢的伙伕！

四入高安城

由石头街再东行，到了这次会战阵地的最前线——猪头山、鸡公岭。战争已过去一星期，腐臭的尸体，再也找不出，惟有满山的弹痕还依稀可辨。这儿我们的阵地地形颇形优越，而敌人是不占制高点，构筑反斜面阵地（阵地在山阴），待我攻击到山顶时逆袭。而我们的战法是两翼包围，他一点办法也没有。

鸡公岭为锦江南岸最高点，形似雄巍，出人头地。当三月十九日我军尚未展开时，克成部队（注：五十一师）的侦察排，以一排之众苦撑了一昼夜，掩护我军的展开，二十几个人完成了伟大的使命。以少击众，便是我军进步的明证。

到灰埠，那繁华的街市只余下四间残破的房屋，唯一的大厦——天主堂，属于轴心伙伴意大利的，去年给敌机炸了一次，而这次干脆地烧光了，是叫他们瞧瞧皇军的英勇吧。

由灰埠到高安城，经过张家渡、南城，沿途的惨状有如同一辙，高安北城依旧那么破旧，南城又新添了许多的焦壁。惟一安慰人们的的是四克高安的胜利门上，悬挂了一面簇新的国旗，迎风招展，无限的兴奋！

"血债血还"，当我们走毕这短短几天的旅程时，觉得是必要的！

三〇·四·五　上高

访问分宜[1]

——赣西北巡视之一

评剧里的《打严嵩》，是许多观众所熟悉的吧？现在我来介绍这位被打的严嵩的老家——分宜。

分宜坐落於袁水之滨，立县的历史，远在唐代，因为是由宜春分出来的，所以叫分宜。一千年以来，仅仅孕育成一条大街，房屋是那么低矮，袁水像束带一般底悄悄东流，不曾给她以浸润，被列为三等小县，引不起人们的注观。在民间，流传着相国严嵩的故事，城北十里的介桥（浙赣铁路经过它的面前）为严氏老家，一张折满了皱纹的纸上，画上眉清目秀的严嵩（按：此像系评剧《一捧雪》中丑角汤动所绘），一点也找不出舞台上那难堪的八字眉、石灰脸的样子。另有牙质朝笏，和遗像一般地被珍藏，非有贵宾，不得赏鉴。

俯瞰城垣的钤冈，那是严氏读书的所在，钤冈书院，为分宜名胜之一；城西十五里的洪阳洞，有点像桂林的七星岩，洞口镌着严氏的诗词。城东沟通袁水南北岸交通的万年桥，工程宏伟，是相国捐资修筑的，民间传说这是他当权时下令每只帆船驶入袁水，只消缴纳青石一块，不纳捐税的结晶！蹲在桥北边的大石碑，石龟半截埋在地面下了，文字斑落，已写上了抗战必胜的红标语，惟有大学士严嵩几个字，还依稀可辨。

四百年前，由于严相国的关系，使分宜煊赫一时，不幸这些野心者因为想爬上更高的位置和富有时，一个筋斗翻了跟，连分宜也暂时蒙上了污垢。但在分宜人看来，相国是好的，尚书（世藩）才是真正的混

---

1. 原载民国30年（1941年）5月8日（星期四）《民国日报》（江西）第三版。

蛋！关于《打严嵩》的戏剧，似乎在分宜不曾演出。

过去的人文历史，惟有留待后人去评定，现阶段的分宜又如何呢？

从浙赣路通车到拆轨，以及抗战进了第四个年头时，这悠久的时间，虽使分宜渐渐地壮大，可是那进步是迟缓的。自从去春《华光日报》在分宜出版后，给山城的人们，带来了新的概念。由于前方军事稳定，县立中学的第一部、第二部都相继成立了，县志也重新编竣了，在文化方面有了飞跃的进步，特别在最近短短的一个月中，市面的繁荣，使分宜更加骄矜地抬起头来。

那是岭南军在上高会战后，开来××整训，百战归来的壮士，被人们所钦崇。记得四月十日××将军经过县城时，不期而至城门欢迎的达二千余人，人头拥挤，以一识民族英雄为快。爆竹声声，从北城到西城，被誉为数十年来仅有的盛况。接着一些贵宾们陆续在街头出现了，第一批是江西各界慰劳团，由王有兰先生率领，同来的代表有黄光斗（全省警察总队长）、陈熙乾（中央社江西分社主任）等，致献"党国干城"、"福我赣民"的锦旗。第二批是江西第二行政区袁水锦江两流域的十县代表，由危宿钟专员领导下献"挥戈落日"、"义战雷轰"、"气吞三岛"的锦旗，第三批是湖南各界慰劳团，由朱如松团长等献了"指挥若定"的锦旗，第四批是全国青年会军人服务部的献旗……在新闻界方面，先后过此的本省有中央社特派员胡雨林、宗有干、江西《民国日报》熊克励、黄宜城、《大江日报》杨隆生，省外有长沙中央社彭河清，《国民日报》伏笑雨、陈子玉，《阵中日报》张弓，桂林《扫荡报》刘藻……这许多文化人的戾止，真是盛极一时。

献旗的热浪过去，是慰问伤病官兵的开始，首先由××两将军亲赴各医院抚慰，这些患者用殷切而愉快的目光，迎接从百忙中抽出余暇来抚慰他们的长官。接着又是军委会伤兵慰问第三组的莅临，代表统帅巡视慰问，先后巨额慰劳金的颁予，不但使伤者多点物质的享受，最可贵的是把伟大的友爱、尊敬、亲切，融洽在一炉，给予伤病者无上的鼓励。慰问伤病兵后，又是军政机关首长的聚餐和军民联欢大会的举行，使军民间紧紧打成一片。

另一方面是成千成万的民工为公路的修复出没在城乡间，加以黄昏前后入城观光的将士们，使狭隘的街道上，大有挥汗成雨的姿态。而另一方面是商贾的活跃，他们抓紧着机会，实行了"早晚价不同"，在同一时间，甲店与乙店的市价又不同，评价会也没有办法，他们吮吸着人们的血汗，饱胀得大腹便便。希望能得到合理的解决。

　　"孟夏草木长"！大地上的一切都是葱茏而茂盛。这正如年青的汉子，长得挺结实。我们希望分宜更结实起来，在祖国抗战史上写上更为光辉的一页。

三〇.四.廿七.分宜

记长沙会战核心战[1]

第二次长沙会战

　　两周年前，敌人六路会攻长沙，可是当到了福临铺、金井之线时，即告败北。因此上任不久的华中派遣军总司令山田乙昭和十一军军长冈村宁次都先后卸职。两年后，在同样的地区、时间和更多的兵力，由敌阀畑俊六，阿南惟几指挥下再度侵犯长沙了。谁都明白，此次敌军大举进犯，其外交、政治的意义，重于军事，同时为了达到政略与战略的目的一致，其进犯的阵容、部署的周密再加上前年的失败的教训以及非达到不止的决心，当然更为小心翼翼，谨慎从事了！所以当"九一八"前夜，敌人发动攻势时，一直采用"稳扎稳打，步步为营"的办法，不敢轻易妄进。这样，由新墙河、汨罗江，绕过了前年的到达处——福临铺、金井间，而来到捞刀河附近，长沙近邻的核心阵地——永安市、春华山、黄花市、三多桥等处。无怪东京和敌伪控制下的广播电台、新闻纸都发出占领长沙的消息了。可是历史的命运注定日本军阀的必失败，就在那最后紧要关头的核心战中，我英雄将士，将敌军击溃。在战史上，近之仿佛如上高会战，远之，仿佛一九一四年马尔奴河的会战。因为上高会

---

1. 本文首发民国30年（1941年）10月16日星期四《民国日报》（江西版）第三版；10月19日《中央日报》（邵阳版）转载，题名《固守捞刀河》；10月19日《东南日报》第四版转载，题名《血洒春华山》；10月20日《前线日报》第5版转载，题名《长沙鏖战的核心战》；民国31年（1942年）1月9日《国民日报》（西康版）第2版转载。

战，敌军是到了上高核心阵地的下陂桥，才被击溃的，至于马尔奴河的会战，其地形恰和今日的长沙会战相似。当德国的第一、二、三军直趋巴黎时，霞飞将军率领的各军以确保巴黎之目的，由散布尔河、哀河，逐次抵抗，诱敌深入至马尔奴河，再转移攻势，战溃德军。此次我军以确保长沙之目的，由新墙河、汨罗江，逐次抵抗，诱敌至捞刀河、浏阳河之线，再转移攻势，与敌决战，粉碎敌军企图，在今后的战史上写下最辉煌的一页。

当战斗开始时，敌军在新墙河对面。攻势虽然激烈，可是主力仍在平江方面实行"包裹运动"，突破一点又一点，沿着湘赣公路南下，这便是战术——所谓"一翼包围"。到了捞刀河附近，企图与湘赣公路进犯之敌会合，直趋长沙。可是如意算盘哪能算得那么圆满？我军早就料到这么一着，便在长沙平江大道上，部署了一层一层的天罗地网，以著名的楚雄军王耀武部，独挡这一方面，到了核心阵地时，与敌硬拼。

二十五日，敌之先头部队，即由金井越口番向春华市进犯，此时我军已先敌占领永安市、春华山、石灰嘴之线，利用原有工事、优越地形，与敌决战。

战争是在进步的，敌军才从希特勒处学到一点闪击战的皮毛，因此，以大量空军，在我阵地上空俯冲轰炸，竟日不断。在我阵地后方平原地区，又使用降落伞兵，更组合骑兵及便衣队（便衣队化装与我民众无异，但大都着黑布短装"小平头"）钻隙袭击，破坏通讯网，到处鸣枪放火，实施恐怖手段，以策应攻击之有利。可我高级指挥官指挥若定，在各级司令部驻地附近，警备周密，白天对空射击组，将那些伞兵不待降落地面时，早已设法消灭，而骑兵往往会迷失方向，跑到我军驻地附近送死，剩下的便衣队也就无能无力了！假如飞机飞到我机枪有效射程内，更予以断然的射击！就在二十五日那天，我定西部队胡景瑗团，击落敌轰炸机一架（号码为九五，三菱公司昭和十五年八月十四日出品），更增强了士兵们抗战必胜的信心。

从二十五日到二十九日，这四昼夜，敌我在捞刀河附近展开拉锯式之战斗，双方不断增援，山林全毁，河水为赤，我之伤亡固大，敌之伤亡无数！尤以永安市、春华山，为长沙外围核心阵地之锁钥部，失之则长沙不保，故敌我均以全力角逐。我官兵一连、一营、一团均在东林寺，一五二、一六〇高地，赤石河、石灰嘴之线，全数牺牲，迄不稍却，大有"撼山易，撼我军难"之慨。我固守东林寺方面之步兵上尉周静修，在二十九日夜间，全连只有七人时，犹向敌猛冲，卒至身中七刀，慷慨殉国。由于数昼夜之苦战，敌之攻势已受顿挫。我预备兵团，即渡河向敌军左翼疾进，全力猛扑。这半腰里一支有力的闷棍，直打得"惶军"头昏眼花，招架不住，我阵地守军，亦尽最后努力出击，这样才将顽敌击溃，而长沙之围始解。

当清扫战场时，从一位敌军官遗体上搜获一种重要文件，是一张攻击部署要图，其第一攻击目标为永安市、长沙，第二攻击目标为湘潭、株洲，足见敌军进犯，多少还企图达到"板垣停战线"的迷梦以及实施打通粤汉线的幻想，绝非如外面所传的"抢粮"与"报仇"。

考敌军此次进犯，集中第三、四、六、三十一、四十师团，海军陆战队，及其他特种部队有十万以上的兵力，准备了相当时间，计划不为不周，兵力不为不雄，可是他失败的先天原因，是用兵上一贯的错误，指挥官能力薄弱。正如蒋百里先生所说："虽有装备精良的部队，一入劣等指挥官手中，利器顿成钝刀。"他以为我军多调离湘北，兵力单薄，有机可乘，不知我在长沙近郊，控有大军，不但战斗力坚强，即行军机动能力，亦大有进步，远非敌人所能望其项背；夜行军固不论，日间在敌空军轰炸下仍能秘密企图，不失时机，疏散前进，增援且速，挽回战机不少。其次，孙子云："知胜利之近有五：知可以战与不可以战者胜，……上下同欲者胜，以虞待不虞者胜……"我们抗战五年来，官兵在总裁领导下，一心一意，之死靡他，尤其湘北一带的国军，他们平日早把地形、敌情和自己的人物，揣摩得一清二白，彻底认识，随时准备第二次长沙大捷。两年来不断的演习训练，有如穷秀才，三年辛苦，一旦临场，谨谨慎慎，哪能放松了这个机会！反之，据俘虏房松水重雄（敌第三师团炮兵联队上等兵）供称，此次进犯时，敌酋扬言在长沙近郊，已布满第五纵队，只要大军逼近，便可长驱直入，当越过汨罗江时，其更以为我将避免决战，放弃长沙，其企图以侥幸成功之心态，这就早伏失败之机。

末了，我军不但战斗人员，个个英勇应战，即使佐属非战斗人员，也是不顾一切，勇于牺牲，此实为致胜主因。例如我楚雄军野战医院代院长马得信和所属医官们，身先士卒，在春华山附近，抢运伤兵，全院官兵相继阵亡，这都是前所未有，值得鼓励和赞誉的！

笔者随军追击，目睹战场惨状以及敌军溃退时狼狈情形，笔难罄述，"日暮"崦嵫，便是"惶军"的写真了！

三〇、十、四于捞刀河

第七十四军、第一军常德作战经过[1]

一 战前敌我态势

侵华日军为牵制我军配合美英盟军作战，希击破我部分野战军主力，取得局部胜利，藉以提高士气，安定民心，补充给养不足，达到其以战养战之目的，发动了常德之战。当时外国记者称之为"谷仓之战"。

常德为湘西北锁钥，雄踞沅江北岸，自古以来为军事重镇。一九四三年十月，日军分别由皖南、赣北、豫南、鄂中、荆沙等地陆续抽调了近十万兵力，番号是第三、第十三、第三十四、第三十九、第四十、第五十八、第六十五、第六十六、第一一六师团，独立第十七旅团、第四辎重部队一部，以及炮兵、工兵部队和伪军第五师、第十一师、第十二师、第十三师。日军于十月底集结完毕，从十一月开始，从石首、藕池口、弥陀寺各桥头堡阵地，分成多路纵队，作正面之进犯。经我第一线部队诱敌于王家厂、煖水街、子良坪山地，逐次予以消耗打击，继压迫其渡澧水。迄十四日，其第四十师团已到达西港东北，第六十八、第一一六、第三、第十三、师团及第三十四师团之佐佐木支队，已到达澧水北岸石龟山、袁公渡，在沿河一线与我军激战。

1. 本文原载《湖南四大会战》，全国政协编，署名吴鸢、王仲模。按吴鸢时任第七十四军参谋处上校科长，王仲模系第七十四军第五十一师参谋处上校主任。

常
德
会
战

在常德、桃源附近整训之第七十四军第五十七师构筑的常德城区及太阳山、太浮山之据点工事，经战区长官部工事组派员验收，认为满意。当敌军发动攻势后，当以五十七师守备常德，进入既设阵地，以主力控置于盘龙桥、羊毛滩、漆家河中间地区保持机动。五日开始行动，至七日晚集中完毕。时敌一部已到达津市附近，与我军激战；另一部约千余，在石门以北之柳垭附近，与我友军鏖战中。

十一日，接第九十九军通报："在青鱼嘴附近击毙敌军官，获得日记，此次敌有攻占常德之记载。"当即策定作战指导要旨如下：

1. 军以确保常德及击破进犯敌军之目的，以一个师固守常德（含太阳山），一部任浮海坪亘太浮山之警戒。主力控置于盘龙桥、羊毛滩附近地区，相机占领阵地，以火力摧毁敌人后，转移攻势，消灭敌人。

2. 敌若以主力由石门，一部经慈利向我进犯时，我以一个师占领保宁桥以南山地，经观国山、白鹤山、两水井之线阵地阻击敌人；其余控置于盘龙桥附近（含固守太阳山），俟敌攻击顿挫后，由任公桥方面转移攻势，将敌歼灭于我阵地前。

万一该阵地被敌强行突破时，则依持久防御要领，将第一线部队转移占领骆家铺、潘家铺、羊毛滩、徐家、长堰之线，继续阻击敌之前进。

又为增强持久时日，以待友军增援到达之计，复于望仙市、龚氏祠、双桂山、聂家桥之线，及望仙市、马鬃岭、香花岗、漆家河之线，设置纵深预备阵地，顽强阻击，以挫敌锋。适时以预备队加入而击破之。然后转移兵力，击破由临澧方面南下之敌。为使我各部占领阵地有充裕的准备时间，特于石门和澧水南岸之南山十九峰（后退配备），慈利和澧水支流东岸之三都岗以北地区（直接配备）派出有力之前进部队，对敌严密警戒，并极力迟滞敌之前进。

3. 敌若以主力由津市、澧县经临澧直趋常德，我即以一部固守太浮山、观国山、白鹤山，对石门方面严密警戒，以掩护主力侧背之安全；主力即由盘龙桥经蔡家岗，求敌之侧背攻击之。但渐水源附近，须控置有力之一部，以防敌之后续部队。

4．万一盘龙桥、白鹤山间数线阵地，均被敌突破后，除常德、太阳山、太浮山之守备部队死守外，另派一部固守河洑之既设阵地；主力占领洪家桥、鸡笼山、漆家河之线，互相应援，确实固守。依状况由各方面转移攻势，将敌包围而歼灭之。

第五十七师于三日进入常德及其外围既设阵地后，增强工事，疏散民众，协同民众运走物资，枕戈待旦，严阵以待。

二　敌我参战部队番号及主官

日军

第十一军司令官横山勇

第三师团　师团长山本三勇。　辖步兵三个联队，骑、炮、工、辎、各一个联队，共一万七千余人。

第六联队长中畑护一；

第三十四联队长筑濑真琴；

第六十八联队长桥本熊吾。

第十三师团　师团长赤鹿理。兵力与第三师团同

第六十五联队长伊藤义彦；

第一一四联队长海福三千雄；

第一一六联队长大坪进。

第三十四师团之第二一六联队（佐佐木支队）支队长佐佐木勘之亟（步兵四个大队及炮兵一个中队，兵力约五千）。

第四十师团之户田部队（步兵三个大队，炮、工兵一部约四千人）

第六十八师团长佐久间为人。

第六十一大队长泽多亮；

第六十二大队长竹林信久；

第六十三大队长井村熙；

第一百一十五大队长桥本孝一；

第一百一十六大队长田部久次郎；

第六十五大队长西山义郎。

第一一六师团长岩家汪（步兵三个联队，骑、炮、工、辎、各一个联队，兵力约一万七千人）。

第一〇九队长布上照一；

第一二〇联队长和尔基隆；

第一三三联队长黑濑平一。

我军

王耀武兵团统率第七十四军和第一〇〇军，王耀武兼第七十四军军长，副军长李天霞兼镇远师管区司令，不在防地。

军直属部队：

搜索营（营长岳俊才），炮兵团（团长金定洲），战防炮营（营长王礔），高射炮营（营长高玉琢），工兵团（团长赵峙山），辎重兵团（团长黄寿卿），通讯兵营（营长邓镜吾），特务营（营长储礼铭）。汽车连（连长李邦亮）。

第五十一师 师长周志道， 副师长邱维达（在陆大学习），

参谋长盛超，

步兵指挥官陈传钧。

师直属部队：

迫击炮营 营长毛如德；

工兵营 营长赵致良；

辎重营 营长李德诚。

第一五一团 团长王奎昌；

第一五二团 团长胡景瑗；

第一五三团 团长王梦庚。

第五十七师 师长余程万， 副师长李琰（在陆大学习），

参谋长陈嘘云，

步兵指挥官周义重。

师直属部队：

迫击炮营 （营长孔溢虞）；

工兵营 （营长××）；

辎重营 （营长杜少兰）。

第一六九团 团长蔡意新；

第一七〇团 团长孙进贤；

第一七一团 团长杜鼎。

第五十八师 师长张灵甫， 副师长蔡仁杰，

参谋长罗幸理；

步兵指挥李嵩。

师直属部队：

迫击炮营（营长刘炳均）；

工兵营 （营长辛明）；

辎重兵营 （营长张君毅）。

第一七二团 团长明灿；

第一七三团 团长何澜；

第一七四团 团长李运良。

第一〇〇军 军长施中诚

第十九师 师长唐伯寅

第六十三师（师长赵锡田）归王耀武指挥，参加桃源和常德外围之战斗。

三、各时期战斗经过

（一）盘龙桥、羊毛滩岩泊渡外翼战（十一月十四日至十六日）

第七十四军于盘龙桥、羊毛滩、漆家河集结后，即派部队对太浮山附近东北面严密警戒，以掩护集中之安全。迄十三日午，由石门窜犯之敌，先头一部已渡过澧水，后续部队继续南进。渡口及津澧方面之敌与我第四十四军在激战之中。十四日申刻，接到长官部电示："该军除第五十七师应坚守常德，主力即控置慈利东南白鹤山、鸡公岩、燕子桥间之地区，保持机动。争取外翼侧击敌人。"为侧击敌人，并与敌人争取外翼，当晚在漆家河下达命令要旨：

1. 进犯之敌，似为敌第十三师团、第三师团和佐佐木支队。敌于十三日午夜向我石门猛烈攻击，其一部已渡澧水于南进中。

2. 军（欠五十七师）遵命向白鹤山、鸡公岩、燕子桥附近地区集结，保持机动。

3. 第五十一师应派出一个营附无线电台占领潘家铺附近要点，于骆家铺、观国山等处派出警戒。掩护主力西移后，即改为搜索部队经夏家巷、官渡桥向石门搜索前进。其余部队应于十五日四时，由现地出发，向白鹤山、菖蒲垭、仙娘庙及王家棚以北地区集结。

4.第五十八师（第一七三团将防务交替后）主力应于十五日四时，由河㳇出发，向三都岗、燕子桥、黄连洞附近集结。但应以一部占领祖师殿，并于广福桥、东岳观、通津铺各附近派出警戒。

5. 两师必须于十五日晚赶到集结位置配置完毕。各派部队向石门方向搜索前进，遇有敌之小部队，则攻击之。务获得敌情，以资状况判断。

6．两师搜索警戒地境为两合口、石慈岗、石门城东端之线，线上属第五十八师。

7．军部及直属部队于十五日向黄石市附近前进。

各队于十五日晚全部到达指定地区配置完毕，我遂先敌到达外翼。各师搜索部队于十六日午开始与敌接触，敌立即向我正面攻击。

（二）祖师殿、七姑山、黄石市各附近地区的磁铁战（十一月十七日至二十五日）

十六日未刻，南犯之敌一部被我五十一师搜索部队坚强阻击于独立岩、官渡桥附近。敌十三师团主力附炮二十余门亦已渡过澧水，正沿石慈大道向慈利急进。同日黄昏，先头一部与我第五十八师搜索部队遭遇，在猫儿峪附近展开激战，入夜仍在原地对峙。

另敌佐佐木支队约五千余及第十三师团第一一六联队，附炮十余门，由石门沿澧水左岸急进，有企图向我左翼包围之模样。迨十七日拂晓，当面各路敌主力已到达，共约二万余人，先头部队即开始向第五十八师先头部队攻击。至九时许，大举向我扁担垭、赤松山、垭门关之线猛攻。我官兵沉着应战竟日，阵地屹然未动。黄昏，敌陆续增加兵力，剧战经宵。

十八日拂晓，第五十八师于祖师殿经落马坡亘羊角山之线，与敌血战。敌以飞机大炮猛轰，我官兵镇静、沉着，并不时逆袭，予敌以重大打击。敌乃以便衣队向羊角山左侧迂回，被我歼灭。同时，敌第三师团之一部，由两合口，向第五十八师右翼之亮垭进犯，亦为第五十一师由星德山、第五十八师由祖师殿各派有力一部协同夹击，歼敌过半。敌因两翼包围狡计未逞，集中后续部队，步、炮、空协同全力猛攻，至黄昏，仍在原线争夺。

当晚，得第五十七师电告：在常德之涂家湖市，与敌第四十、第六十八师团先头部队接战。

向我进犯之敌，在屡以两翼包围均告失败的情况下，于十九日拂晓，以全力向我第五十一师白鹤山、星德山及第五十八师祖师殿亘羊角山之线大举进犯。敌空军、炮兵联合轰击，并发射毒气弹和不断增援祖师殿方面。我官兵同仇敌忾，愈战愈勇。已刻，第五十一师由白鹤山、第五十八师由羊角山，各以有力之两营，由两翼勇猛出击，向敌白刃冲杀，至申刻，双方伤亡均重，敌攻势顿挫。

两日来，敌经我痛击后，不仅毫无进展，且伤亡甚重，至二十日拂晓，增加五六千人，再度猛攻。我始终与敌周旋，第五十一师一部于明月山、塘梨岗、白鹤山、星德山之线；第五十八师于鸡公岩、落马坡、羊角山之线，与敌展开拉锯战，反复包围，剧战终日，敌无进展。这时，友军与敌第六十八、第一一六师团各一部激战于牛鼻滩、鳌山、临澧附近。

奉长官部命令，着第一○○军归王耀武兵团指挥，其第十九师于十九日晚到达漆家河以南地区，军部及第六十三师在向桃源前进中，第六十三师之第一八八团令留在德山，归第五十七师指挥。当令军部及第六十三师向漆家河以南太平桥附近集结待命。

第十九师到达后，当晚以一部占领漆家河桥头堡阵地，并奉令该师展开于九龙山、关龙坡、兰齐山、五凤山、天保山之线阻敌南下，俟第六十三师到达后，转移攻势。

因敌向我左翼泊渡迂回，为争取外翼，诱敌深入而歼灭之，以策应常德方面作战，除令第十九师占领上述之线以外，当晚以第五十一师占领杨林坳、仙娘庙、明月山、菖蒲垭、星德山、两汊口经燕子桥、七姑山，亘马峰田（不含）之线；第五十八师占领马峰田至零阳山、岩泊渡之线，另由该师以有力一部由左翼羊角山向敌迂回，与敌激战。

二十一日拂晓，敌全线重兵攻击，于明月山、七姑山附近反复争夺四次。我第五十一师第一五一团第二营营长张集光在冲杀时壮烈殉国。第一五三团第三营营长周德民身负重伤不退，在燕子桥附近生擒敌第三十四师团第二一六联队三中队上等兵横田池夫等六人。血战至已刻，我阵地无恙。十时，敌步骑兵五千余，附炮数门，由洪家园迂回窜至枫球坪，分向陈家河、毛家坊、龙潭河附近的我军、师司令部袭击，均被我控置部队及军、师直属队分别夹击。酉刻，残敌窜据龙潭河，并分向两河口、杨雀垭进犯。入夜，仍在原线附近拉锯终宵。敌袭击指挥机构的计划被粉碎，且遭重大伤亡。

当晚，常德方面第五十七师与敌在德山以东缸市、河洑等处激战甚烈。该师官兵喋血苦战，士气高昂。敌一部分由陬市、白洋河渡河，向常德南岸及桃源进犯。

二十二日晨，敌续以主力向燕子桥、雷雨垭进攻，并钻隙向我第五十一师之七姑山阵地突进，炮、空协同猛攻，施放毒气数次。我军伤亡颇大，于杨林坳、仙娘庙、鲁家尖山经七姑山、马峰田之线与敌激战，旋以预备队向攻击七姑山之敌攻击。双方肉搏至午，敌被歼灭一部，阵地趋于稳定，乃缩小正面，抽调兵力，先解决窜入龙潭河之敌。即由鲁家尖山方面抽调第五十一师第一五二团至黄石市以西地区，展开于毛家坊、两河口之线，协力第五十八师攻击龙潭河之敌，全线成了犬牙交错。

同时，第五十八师除留一部固守马峰田、零阳山外，主力转向黄石峪、水田坪、牛耳洞之线，向陈家河、龙潭河之敌围攻。

军工兵团、特务营及战防炮营之一部占领杨雀垭、芭茅洲、新铺河北岸之高地，坚强阻敌前进，并掩护第十九师之一团占领阵地，将龙潭河正面守备任务移交该团接替。

第十九师十九日晚占领漆家河、桥头堡之一营，坚强阻敌南进。二十一日晨，敌二千余由漆家河、华岩河间渡河，向该师右翼攻击，到处窜扰。战至午时，敌我均有伤亡。当令该师左翼延至新铺，但当时敌攻击猛烈，第五十五团伤亡较重，遂以第五十六、五十七两团与敌战斗，第五十五团向后集结。二十二日辰刻，太平桥方面之敌千余向该师左翼攻击。同时，敌步兵二千余附炮十余门，突入九溪方面，全线战况至烈。黄昏，敌又以千余人分向黄柏山、杨家庄迂回，混战整夜。第十九师右翼受威胁过大，即移至黄柏山、汪家棚、罗汉寺、芭茅洲、新铺之线，与敌对战。该师官兵忠勇用命，掌握确实，在危难中应付沉着。当电令第六十三师（欠第一八八团）即向三旺坪、盘龙山、余家沟之线前进，联系第十九师，以统一全军作战。

二十三日，我各线部队与敌恶战，形成胶着。敌由明月山方面抽调千余人，经两水井绕攻第五十一师七姑山方面，亦为我击溃。该师主力遂缩小正面于杨林坳、仙姑庙、土地坳、余儿坳、七姑山之线。第五十八师一部在马峰田、零阳山与敌战斗，主力于午刻会同第五十一师之一部续向龙潭河之敌围攻。入夜，战斗更为激烈。敌向我第十九师第五十七团阵地猛攻，亦被击退。

当面之敌与我鏖战八昼夜后，攻击顿挫。敌锋虽遏，但阵地已成犬牙交错。此时，接到长官部电令："应始终保持主动及有利态势，以有力一部留置七姑山附近，主力占领黄柏山，经新铺、枫球坪亘零阳山、岩泊渡之线。对东正面调整部署后，再行转移攻势。"当以第五十一师之一部留置七姑山附近，其余主力占领黄柏山经新铺亘岩泊渡之线，以便向常德转移攻势。

部署如下：

1. 第十九师为解除敌之威胁，应就现态势成守势钩形，坚固守备之。

2. 第五十一师右翼联系第十九师，以步兵一团在新铺（不含），陈家河东北高地，枫球坪亘水田坪（含）之线占领阵地，并以步兵一团控置于高桥坪附近；另以第一五三团留置于七姑山附近，利用地形固守之，该团归第五十八师张灵甫师长就近指挥。

3. 第五十八师应以主力右翼联系第五十一师于水田坪（不含）、仙女殿、胡家坪、零阳山、岩泊渡之线占领阵地，并以一部控置于白果庙附近。

4. 各师之作战境地如下：（线上属右方师）

第十九师
第五十一师
　　　徐家坡—新铺—将军庙—占甲桥—仙娘庙之线。

告子峪—陈家峪—水田坪—景隆桥—二坊坪之线
第五十八师

5. 各师应即开始行动，均限明（二十四）日拂晓前，分别占领、配备完毕，并各于阵地前派出警戒部队，封锁大小路口，严密远出搜索，并对山地间隙配备十字火网，切实依照隘路防御之要领封锁之。

6. 各师于配备后，应将部队加以整理，候令推进。展开线之左翼于黄石市、二坊坪、燕子桥、落马坡之线，准备转移攻势。

当发电给第一○○军施中诚军长：将军部转移至丁家坊，到达后，第十九师归还建制，第六十三师则占领三旺坪、盘龙山、余家沟之线阵地，准备向三阳港、方王坪推进。

旋据施中诚电告：该军部率第六十三师（欠第一八八团）于水溪、向马渡渡河后，二十二日丑刻行抵玉皇殿、燕子岩附近与敌遭遇，即在玉皇殿、陆家庙之线展开激战。至午，敌复由三阳港方面增援，向我左翼包围，双方反复冲杀，部队伤亡颇重，当面之敌有增无减。当晚，除以一部于云鹤山、燕子岩、何仙崖之线与敌保持接触外，主力于二十三日晨向胡家湾挺进。午后四时进至查驵坪，以一部占领向家桥及其西北高地，准备二十四日继续挺进，以主力占领三旺坪、长乐山、当阳观、马鞍山之线阵地。

（三）常德内线守势作战时期（十一月十八日—十二月二日）

第五十七师于十一月三日进入常德既设阵地后，十八日上午，在涂家湖市与敌发生接触，至二十一日，进入外围战斗时期。二十六日，核心阵地保卫战中，敌机低飞扫射轰炸，阵地一片火海。二十八日进行巷战搏斗。十二月一日至二日，敌我阵地犬牙交错，短兵相接，在中央银行常德支行地下室的指挥所，已四面皆兵。敌军惨无人道，施放毒气，战斗惨酷，全城建筑物，已成灰烬。该师剩余部分官兵忍痛于十二月二日撤出与友军会合。第一六九团团长柴意新（黄埔五期，陆大特别班五期生）亲率所部留城与敌搏斗，壮烈殉国。我军以血肉之躯与优势之敌奋战，谱写了一寸山河一寸血的壮烈诗篇。

（四）常德外线攻势时期（十一月二十六日—十二月六日）

各师于二十四日拂晓前，均到达指定位置。至此，军又形成外线有利态势。时龙潭河、牛耳洞之敌，分向我枫球坪及第五十八师仙女殿等阵地进犯，均被击退。第十九师当面之敌约千余人钻隙迂回窜至李公港，一部由白岩塔突入马蹬坡附近，当即抽调第五十一师第一五二团协力该师将敌击退，恢复原态势。

敌第十三师团及佐佐木支队，于争外翼计划失败后，在战斗中又遭到极大消耗，经我不断攻击，不得不缩小正面。残部逐次退守九溪、黄石市、龙潭河、二方坪以南等地区，共计万余人，极力向我军侧击，以阻我向常德东进，掩护其攻击常德主力侧背之安全。敌第十三师团长赤鹿理亲到黄石市附近指挥。

二十四日夜，接长官部电令："你部及第一〇〇军应准备于二十六日反攻，以一部攻击当面之敌，主力向河洑一带攻击，并编成数个小支队，星夜钻进常德附近，袭敌侧背。"当下达命令要旨如下：

1.渡过澧水南犯之敌，其一纵队于十一月二十一日晚分窜至桃源及陬市、河洑附近各二千余，现已渡过沅水，会同德山之敌，由沅水右岸攻常德之背。另有诸兵种联合之敌万余，附炮二十余门，由常德西北地区进攻，迄二十四日晚，攻击益烈。另窜至慈利以南太平桥、龙潭河、黄石市各附近有敌二万余，经我连日痛击，仍极顽强。

2．奉令着王耀武兵团指挥第七十四军（欠五十七师）、第一〇〇军即开始向陬市、河洑攻击。军决定先击破当面之敌，并攻占龙潭河为尔后攻势转移之据点。再进出三阳港以东关龙坡、漆家河、福善岗之线，再行攻击桃源、陬市、河洑之敌，以解常德之围，会同友军将敌包围于战场而歼灭之。攻势转移时间为二十六日拂晓。

3．第一〇〇军于二十六日开始行动，第一期先击破当面之敌，第二期以第六十三师进出于姚家铺、风南山、三阳岗附近地区，以第十九师经太平桥进出于花山殿、九龙山、关龙坡中间地区，限二十八日正午到达，候令攻击。

4.第五十一师于二十五日辰时开始行动，先击破当面之敌，攻占龙潭河、黄石市后，第一期进出于黄石市附近地区，第二期沿黄石市、漆家河道以南之平行路进出于漆家河、田家垱、崇寿寺间附近地区，协同第五十八师于二十八日前攻占漆家河，再候令攻击。

5.第五十八师于二十五日展开行动，先击破当面之敌，攻占龙潭河、黄石市后，第一期进出黄石市附近地区，第二期沿黄石市、九溪、漆家河道及其以北之平行路攻占前进，进出于福善岗、漆家河、雅雀峪中间地区。于二十八日正午前会同第五十一师攻占漆家河。候令攻击。

6.各师前进之间搜索警戒地境如下：

（线上属左方师）

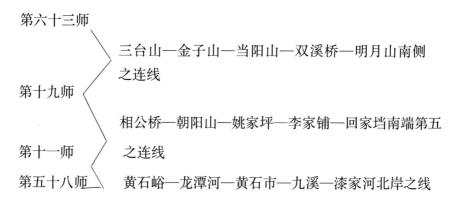

第六十三师

　三台山—金子山—当阳山—双溪桥—明月山南侧之连线

第十九师

　相公桥—朝阳山—姚家坪—李家铺—回家垱南端第五之连线

第十一师

第五十八师　黄石峪—龙潭河—黄石市—九溪—漆家河北岸之线

7.各师须以一加强营附无线电台为钻袭部队，不顾一切向前钻隙挺进。第六十三师向桃源以北地区；第十九师向陬市、河洑地区附近；第五十一师向常德附近地区；第五十八师向常德以北地区；主力则依道路状况分数纵队前进。遇小部队则击破之。前进时务须严密警戒。

各师奉命后，于二十五日辰刻，各派出钻隙支队向陬市、河洑钻进。第五十一、第五十八两师，于当日中午围攻龙潭河，二十六日拂晓攻克。第十九师、第五十一师于二十六日辰刻分别向方王坪、天保山、香山观等处之敌扫荡。各师钻隙支队，本晚均钻隙强渡黄石河。至二十七日晨，第十九师已进展至黄石河西岸，敌退据河东岸，隔河对战，第五十一师同时进展至漆家河南岸附近。

这时常德方面已进入核心争夺战时期，奉令"着王耀武兵团指挥第七十四军及第一〇〇军，以一部扫荡桃源之敌，主力进出陬市、河洑，攻击进犯常德之敌右侧背"，当令：（1）第十九师应迅速攻占飞龙山、九龙山之线，向陬市猛烈攻击前进。（2）第五十一师应迅速攻占回家垱、兰齐山、五凤山，限二十八日拂晓前，由回家垱、五凤山之线向河洑猛烈攻击前进。（3）第五十八师应迅速攻占黄石市、九溪，限二十八日拂晓前攻占漆家河，候令攻击前进。（4）各师作战地境如下（线上属左方师）：

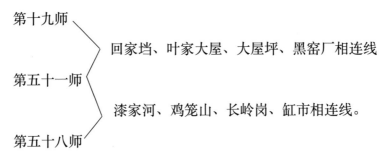

第十九师

　　　　回家垱、叶家大屋、大屋坪、黑窑厂相连线

第五十一师

　　　　漆家河、鸡笼山、长岭岗、缸市相连线。

第五十八师

（5）各师攻击前进时，务须勇敢突进，不顾一切。

（6）各师钻隙支队限二十八日午钻入陬市、河洑、常德附近。

各师奉令后正在部署行动时，敌、伪军千余，附炮数门，由九溪方面南犯，突入汪家棚，阻我东进。我后续部队被切为两段，乃抽调先头之第一五三团与后续之第一五二团转向该敌夹击。自二十七日午激战至二十八日巳刻，经反复冲杀数次，将该敌歼灭过半，并生擒敌第三十四师团第六十五联队上等兵赤田正勇等四名日军及一部分伪军。缴获军马七十余匹，步机枪二百余支，重要文件及其他战利品甚多。

第十九师方面，左翼三阳港之敌一部向我侧击，被该师歼灭二百余，生俘第六十五联队副兵太松千助等数人及军马二十余匹、步机枪共五十余支。

第五十八师全力猛攻黄石市、九溪等处之敌，以策应我攻势部队。

敌经我两日猛攻，仍顽强据守黄石市、九溪、漆家河等处，并屡派部队向我侧击。军为迅速攻击犯常德之敌侧背，避免为敌箝制计，当令第十九师师长唐伯寅率该师并附第五十一师之第一五一团，不顾一切，强渡黄石河，迅向陬市、河洑挺进而攻占之。

当晚，第十九师及第一五一团分由九龙山、华岩河强渡黄石河后，在河东与敌激战，勇敢突进。至二十九日拂晓前，逐次攻略茨树岗、黄花桥、土地坡各要点。第一五一团于黄花桥附近俘敌第四辎重兵团五三四三部列兵户见喜市等数名日军。但当面之敌屡由河洑、石板滩方面前来来增援，坚强阻击。我挺进部队为达成任务，虽在敌三面阻击下，仍打开了一条血路，向敌后锥形突进。

当时，盘踞黄石市、九溪、漆家河等处之敌尚有万余，凭藉街市及有利地形顽强抗拒，并企图包围我攻击部队于浯溪河、陬市、漆家河之三角地带。故于缸市、河洑、陬市、盘龙桥各方面纷纷增援，向我围击。

本日奉令："（一）第一〇〇军即向桃源攻击，规复后，仍归王耀武兵团指挥。（二）第七十四军（欠第五十七师）应即向常德太浮山攻击前进，奏功后，即在该地区间集结待命。

当即下达命令要旨如下：

1. 第十九师及第五十一师已渡河之第一五一团，均归唐师长伯寅指挥。攻占陬市、河洑后，续向常德以北七宜桥、石板滩、北家山之线攻击前进。

2. 第五十一师主力，务须迅速击破漆家河及其以南之敌，即向盘龙桥攻击。攻占后续向北家山、渐水源之线攻击前进，并掩护第十九师左侧之安全。

3. 第五十八师务将黄石市、九溪之敌确实击破后，即进出漆家河东北地区，候命前进。

第五十一师主力于二十九日午夜向漆家河之攻击，第五十八师则全力围攻黄石市、九溪两处，激战竟日。尤以第五十一师于八斗岭附近与敌争夺最为惨烈。入夜，两师突入漆家河及黄石市，与敌巷战。第五十八师上校附员杨剑秋，率奋勇队冲入黄石市时，身先士卒，重伤牺牲。是役，第五十八师生俘敌第十三师团第一一六联队上等兵阿部雄郎、雄吉正勇等六人；击毙第二大队队长山田勇，缴获九二式重机枪二挺和步枪、轻机枪一百余支。三十日拂晓，完全攻占黄石市、漆家河两要点。八时许，败退之敌约三千余，附炮八门，数度向我反扑，均被击退。

我挺进部队继续奋勇突进，攻克毛家桥、大屋坪、鱼田坪等处。第五十八师及五十一师之一部，于九溪、漆家河附近纠缠、牵制敌人，保证了挺进部队侧方安全。第五十一师师长周志道亲率有力之一部渡黄石河后，与由漆家河向东南窜犯之敌发生激战。至十二月一日，我挺进部队排除万难，其中第十九师已挺进陬市东北地区戴公坡、会山口附近，第五十一师第一五一团进至长岭岗。第十九师以一部监视陬市之敌，主力会同第一五一团续向常德钻隙。午夜，九溪之敌分数股渡河，每股人七八百，炮三四门不等。第五十八师于马放塥、铁佛寺、莫家冲、天保山、骆家铺之线，与敌鏖战。至午，敌陆续增至四五千人，在空军掩护下强行冲进，并以一股约六百余人，附炮二门，冒死窜入李家铺，与我混战。另有由香花岗南下之敌千余，箝制第五十一师攻占漆家河部队之侧背。敌众我寡。战至午后，我军移至兰齐山、五凤山，继续与敌对战。时，敌第十三师团长赤鹿理移至漆家河指挥，午后升气球三次。至二日晨，第五十八师一部冲入九溪市西端，与敌冲杀竟日。我挺进部队因遭陬市、河洑、洪家桥三面之敌的坚强阻击和小部队的迂回包围，颇有伤亡，但仍与敌激战。

第五十一师钻隙支队，以敢死便衣队数十人钻进常德城，与五十七师取得联络。

常德方面之敌，向五十七师加紧猛攻，全城工事、房屋都被夷为平地，官兵伤亡惨重。敌电讯、广播都承认守军抵抗顽强，为沪战以后所仅见。

军挺进部队、第十九师及第一五一团，因当面及两侧之敌坚强反击，三日仍与敌胶着于戴公坡、会山口、长岭岗附近。

第五十八师主力于三日午，由此会同二日冲入九溪西端之一部，夹击九溪之敌，毙敌四百余，残敌狼狈向东逃窜。第一七二团中校副团长谢中框（黄埔八期）勇敢督战，重伤身亡。该师副师长蔡仁杰率领一有力袭击支队，于二日晨钻入双桂山，三日午夜，攻占羊毛滩，并转向漆家河之敌背后攻击。

桃源经我第六十三师连日猛攻，于三日收复。这时，长官部下达电话命令："该师挺进队应不顾一切，迅速向常德攻击前进。"当即部署如下：

1. 军（欠第五十七师，附十九师）以一部击破漆家河之敌，以主力限五日午前攻占河洑。并续向常德城西、桃源码头西站间地区攻击前进，务须与第五十七师守城部队确取联络

第五十一师之第一五一团于攻占河洑后归还建制。

2. 第十九师即于现地以一部监视陬市之敌，主力向河洑、常德及其以北地区攻击前进。

3. 第五十一师（欠第一五一团）即将善溪港、齐兰山、五凤山之攻击任务交与五十八师接替后，迅向常德攻击前进，于明（四）日黄昏前到达宝珠山、金鸡山、姜家埠、方家桥中间地区集结，继向常德城北地区攻击，并进出于七星桥、渐水桥、二十里铺之线。前进时，须右与第十九师联络，集结时对东北严密警戒。

4. 第五十八师即以一部接替善溪港、齐兰山、五凤山之线，主力展开于汉宫庙、雅雀峪、福善岗之线，向漆家河之敌攻击。攻占后，即进出于水田坪、控断岗、高公桥、刘家庙中间地区集结，候命展开于南家山、蔡家岗、浮海坪之线，向竹根坡、长岭岗间地区攻击，并须进出

于二十里铺、萧五铺、安家岗之线，特须右与第七十九军确取联络。

5. 各师作战地境线如下：（线上属右方师）

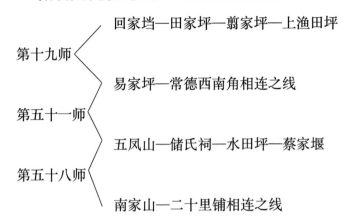

第十九师

　　　　回家垱—田家坪—蕲家坪—上渔田坪

　　　　易家坪—常德西南角相连之线

第五十一师

　　　　五凤山—储氏祠—水田坪—蔡家堰

第五十八师

　　　　南家山—二十里铺相连之线

各师奉命后，即积极行动。惟当面之敌极为顽强，善溪港、兰齐山、五凤山之线战斗益烈，交接困难。当令第五十一、五十八两师协力攻击。迄四日晨，第五十一师进至黄石河南岸，第五十八师进至汉宫庙，猛烈向漆家河攻击。十时许，第五十一师与敌反复搏斗，迫敌仓惶后撤。该师再度攻克漆家河，并推进至善溪港东岸、刘家坪、汪家山之线。第五十八师则进至马家埠、曾家埠、竹园埠之线，与敌激战一昼夜，期间敌虽陆续增援，奋力反扑，但均被击退。第五十八师生俘敌第十三师团第一〇四联队台湾籍翻译官陈金生。

第一〇〇军施中诚支（四）日午电告："奉长官部电话令，第十九师归还建制，第一〇〇军仍归王耀武兵团指挥，桃源防务交第四十四军接替，第六十三师以一个团向陬市前进，策应第十九师作战。除令第六十三师以一个团即向陬市前进外，我军会合后，行动如何？请电示。"当即复电告知情况，令该军向浯溪河附近地区集结。

第十九师（附第一五一团）四日午在原地与三面之敌激战，五日晨续向敌猛攻，至午，攻克陬市。入夜，乘势攻击前进。六日午夜又攻占河洑。黎明时，缸市之敌增援千余，进行猛烈反扑。至巳刻，河洑得而复失。这时河洑、缸市、洪家桥、富家铺、长岭岗等处之敌，在空军的掩护下，分路反攻，该师三面受敌，处境恶劣。经报请长官部，准予斟酌情况，略予调整。当电第十九师及第一五一团留置有力一部于河洑、陬市与敌保持接触，并于陬市、石板滩、盘龙桥间地区流动，除搜索敌情外，其余即移至姜家埠附近地区，继续与敌战斗。

四日午，奉孙连仲长官电："第七十四军、第七十九军、第一〇〇军，暂归王耀武兵团指挥，其已在常德之暂编第六师（含第二九四团）、第五八一团，应续先围攻常德。在桃源之施中诚军长应即率第六十三师向陬市附近推进。"

当时，第一〇〇军（欠第十九师）已至浯溪河附近，即令十九师归还建制，并下令部署如下：

1. 第一〇〇军即以主力向河洑攻击，攻占后，续向常德城垣攻击前进，以有力一部迅速肃清窜入田家河、镇龙关残敌后，续随主力前进。

2. 第七十四军（欠第五十七师）即以主力由现地进出长岭岗以北地区，击破缸市、新桥之敌。尔后续向常德城垣攻击前进，以一部迅速肃清漆家河以东地区残敌后，续随主力前进。

3. 第七十九军主力及其已在常德西北方面之暂编第六师（附第二九四团、第五八一团），即进出南家山、北家山、蔡家岗之线后，迅向灌溪寺、石板滩、七星桥、渐水桥攻击。尔后以主力协力常德东郊。以一部进出半边街，护城障之线，切实掩护常德城垣之攻略。该军攻击前进时，其重点应保持在右。

4. 各军作战地境线如下：（线上属左方军）

第一〇〇军 ⎰ 华岩河—茨树岗—陈家桥—长岭岗—洪家桥—缸市—赤塘湖相连之线
第七十四军 ⎰ 马鬃岭—南竹铺—盘龙桥—黄叶岗—南家山落溪市—毛里桥—半边街相连之线。
第七十九军

另对第七十四军各师行动，部署如下：

1. 第五十一师应由现地进出于长岭岗、雷家铺以北之线，即向缸市、新桥之敌攻击。到达后，续向常德城垣攻击前进。前进时，须右与第一〇〇军，左与第七十九军确取联系。到达洪家桥、南家山之线后，须与左右友军齐头并进。

2. 第五十八师迅速扫荡漆家河东北附近残敌后，以主力暂控置于漆家河附近，候命前进。以一团推进盘龙桥附近，准备策应第五十一师之作战。

3. 第五十七师协力友军继续向常德城攻击而占领之。

第十九师于六日夜，因各方面敌军围攻甚烈，陬市复陷敌手，主力遵照调整电令转移于姜家垱附近与敌战斗。

（五）常德、临澧间追击战时期（十二月七日—十四日）

常德之敌，被我歼灭甚众，但残余尚有八九千人，他们沿城之东北方向，利用残破工事，逐步抵抗，掩护其大队退却。

漆家河东北及盘龙桥，尚有敌五千余，企图挣扎，连日分股向我猛扑，到处乱窜。我各部于七日晨，以雷霆万钧之势，各向指定目标攻击前进。第一〇〇军扫荡当面之敌后，已攻占李家、羊毛滩、庄家桥、莫家垱、田家河等处。第五十一师进展至金鸡山、余家岭、龙昌寺之线。第五十八师则进至张家垭、富家岗之线，入夜，续有进展。八日晨，第五十一师以一部于清明垱、井家垱、勒马山之线与敌激战，主力向东挺进。第五十八师黄昏前，以各一部向漆家河东北之敌夹击。攻至鄢家坪附近，敌据村落有利地形顽抗，经我包围，残敌突围北窜，生俘第十三师团上等兵桥本三四等六名。

九日，全线有进展。第一〇〇军于杨新屋上杨家边、余家湾、莫家垱之线；第五十一师于黄婆店、勒马山、汪家山之线分别与敌激战。该师第一五一团午刻扫荡水田坪东南之敌后，复攻占雷家铺西端高地，旋被敌切断，与师主力隔离，全线形成拉锯状况。

九日晚，传来第五十八军攻入常德城捷报，官兵益加振奋，勇猛前进。至十日午，第一〇〇军攻占彭家岔、道胜桥、金鸡山、回笼殿东端高地。第五十一师一部攻占勒马山与敌肉搏。旋克汪家山，毙敌第六十五联队中队长官泽尔武、小队长衫木次郎等百余日军，缴获文件及战利品颇多。旋敌由黄婆店分数路，每路约四五百人不等，附炮数门，似为新从他处来增援的，向我猛扑，尤以姜家垱、陆家垱、勒马山一带争夺剧烈。嗣敌人增援千余，并施放催泪性瓦斯两次。我军冒毒奋战，集中火炮向敌轰击，双方伤亡均重。敌曾一度冲至第五十一师指挥所前二百米处，该师直属队加入战斗，一举将敌歼灭于陆家垱附近。第五十八师当面福善岗、田家大窖之敌各约五六百人，附炮二门，向我左侧攻击。战至十日午，敌无进展，乃由雷家岗、聂家桥方面以步、骑、炮兵七八百人，向我猛攻，被阻击于竹园垱、观音坝附近。十一日，第一〇〇军于未刻，复克陬市至崇庆山之线。第五十一师当面之敌，在我猛攻下，退至黄婆店构筑工事，企图据守。上述两师于黄昏后，均派出有力部队向顽敌突击，迂回包围，终宵战斗。

十二日晨，第五十一师一部扫荡八哥垭、勒马山、汪家山以东地区之敌后，跟踪追击，下午二时，又克黄婆店、英树岗。第五十八师扫荡漆家河东北高地仙人庙、玉皇庵等处残敌后，继续追击。午后，攻占雷家岗、曾家垱、竹园垱之线，残敌顿形混乱，我军遂转入全线追击。

当日中午，奉孙连仲长官亥（十二月）佳（九日）酉齐电[1]令：

1. 常德城于本日午克复，残敌似向北撤退。

2. 王耀武兵团指挥第七十四军、第一〇〇军，应迅速肃清当面之敌，尔后进出临澧、常德间地区，集结待命。

当即下达追击命令：

1. 第一〇〇军迅速肃清当面之敌后，进出于长岭岗、杨柳桥、廖家桥中间地区待命。

---

1. 亥佳酉齐电　当时国民党军政机关，用地支代表月，诗韵韵目代表日期，亥即十二月，佳即九日，酉表示发电时间，齐代表发交科室。

2．第七十四军（欠第五十七师）迅速肃清该军当面之敌后，进出于牯牛岭、朱伦桥中间地区，集结待命。

3．各军于攻击当面之敌时，务须彼此确取联系，并多派小部队向敌后突进，以不使敌井然退却而陷于瓦解。

4．两军之作战地境线如下（线上属第一〇〇军）

第一〇〇军＼　花岩河—鸡笼山—三支岗—浮海桥—齐阳桥—
第七十四军／　廖家桥相连之线。

另下达第五十一师、第五十八师命令要旨：

1．第五十一师迅速肃清当面残敌后，即进出于牯牛岭及其西南地区集结待命。

2．第五十八师迅速肃清当面残敌后，即进出于朱伦桥及其西南地区集结待命。

敌且战且退，我跟踪追击。至十三日黄昏，第一〇〇军追击队伍已到达长岭岗，廖家桥之指定地区；第五十一师攻克衍嗣巷；第五十八师攻克骆家铺。十四日，各追击队伍概追至临澧以南地区，旋派小部队继向前追击，主力在原地集结待命。

奉长官部亥寒亥电令：第七十四军开回桃源、深水港、漆家河间地区整理，第一〇〇军集结于石板滩、长岭岗、浮海桥间地区整理，常德会战至此结束。

此役，共俘日军三十五人、伪军一百八十七人、缴获骡马二百二十五匹、重机枪五挺、轻机枪二十二挺、步枪三百五十四支、手枪二十五支、信号枪三支、步兵炮五门、机关炮二门，击落敌机一架。

我特殊立功人员有炮兵团团长金定洲，第五十七师第一七一团团长杜鼎，第五十一师第一五二团营长杨永刚等八十九人。

战后，作家张恨水先生路过常德、桃源时，访问了第五十七师，写了以这一战役为背景的题名为《虎贲英雄》[1]的长篇小说，讴歌在作战中献身的军民。

防守太阳山战斗[1]

一九四三年初冬正当开罗中、美、英三国首脑开会前夕，侵华日军为了配合政治上的攻势和经济上的物质掠夺，纠集十万兵力发动进攻常德之战（外籍记者称为谷仓之战）。防守这一地区的是国民党精锐部队之一的第七十四军，军长王耀武，王耀武还指挥第一〇〇军共组成一个兵团。他以五十七师余程万守常德，自率领第五十一、五十八两师及指挥第一〇〇军（辖第十九师、第六十三师）在外围作战。当时，我在五十七师一六九团三营任文书。全营固守阵地达十六个昼夜，人员由战前的五百余人，到战斗结束时仅剩下不足五十人，其惨烈可以想见。现就记忆所及，叙述如后。

常德为湘西重镇，城郊有个东西向的太阳山，山不高，有利于防守。沅水曲折环绕，形成东西狭长的牛角形。

我营营长孟继冬，山东大汉，出身黄埔军校，是一个久经战阵的基层指挥官。我营守备太阳山阵地，右与第一七〇团第一营，左与本团第二营阵地衔接。我们利用地形，构筑了工事，加强了覆盖。日军进攻的方式，是在飞机、大炮的轰炸和扫射下，步兵才发起冲锋的，这一套方式，我们领教过几年了。在这次常德攻防战中，我们是不到有效射程内不打，利用近战、肉搏战、交叉火网，打退敌人一次又一次的冲锋。在最初的几天夜里，我们还进行了夜袭，打击了敌人。

白天，工事炸毁了，天刚黑，便全力抢修。事前，我们准备了一些木头，加强覆盖耐抗力。茶饭吃不上，便吃炒米（事前每人发了一袋，

---

1. 本文作者王超，吴莴整理。原载《湖南四大会战——原国民党将领抗日战争亲历记》，中国文史出版社一九九五年七月北京第一版。

约三斤），饿了，随手抓一把。附近的小池塘，水原来是澄清的，现在经过炮弹、炸弹的投入，还有死尸，成了臭水，我们也舀来沉淀一会，把上面的喝下去，把下面的杂物倒掉。

电话线断了，起初还组织轻伤者检修，后来无力修补，变成了聋子。各自为战，固守自己的阵地。

人人眼红了，声音嘶哑了，伤员不断增加，全营不足百人，阵地愈来愈狭小，敌人也只派部分人和我们对战，主力向纵深发展。营长下令重新编组，营部的副官、军需、军医、文书、勤杂兵编成一个排，由我任排长。我拿起牺牲战友们遗下的枪支无限悲愤，大家都发誓，要为保卫国家民族利益，死而后已。第八连连长黄维汉是全营干部中最后牺牲的，营长便令我代理八连连长，这时全连只剩二十四人。

师长余程万冒着炮火来到来我营阵地视察过，给予了我们很大的鼓舞，他说："现在军长率领五十一、五十八两个师及一百军、七十九军，已进抵常德近郊，与敌军鏖战，我们胜利会师在望，要坚持到底。"几天来，我空军数次飞临常德上空助战，还投过食品并和敌空军交战一次，大大鼓舞了士气。

战斗到第十六天午夜，全线突然沉寂。这时孟营长对大家说："看来敌人可能退却了。我们本应出击，但是，我们现在都是爬着，站都站不稳，真是心有余而力不足啊。"说完喟然长叹。第二天早上果然师部派人通知，全营撤出阵地休整，先到天主堂集合。

我们来到常德城，城里面目全非，一片断垣残壁，有几处尚冒着余烟，全师集合不到千人。师长和步兵指挥官周义重先后讲了话，周指挥官说道全师会战初有近一万七千人，现在不到百分之五时，大家都哭了。常德是守住了，但牺牲是惨重的。

会战结束不久，前来慰问的团体，络绎不绝，他们当中有中外记者、外国武官、社团代表等等。著名章回小说作家张恨水先生也来了。后来，他以常德会战为背景，写了一部题名《虎贲英雄》（虎贲为第五十七师臂章）的章回小说，小说中有余程万、戴九峰（常德县长）等多人，都是真人真事。地方政府为第七十四军第五十七师抗日阵亡将士建立了纪念碑，当日落沅江时，更显出纪念塔的巍峨、高大。

我在战事结束后，被保送入中央军校二分校军官班学习。从而由一名文书锻炼成为正式的军人，在抗战胜利时，是名实相符的连长了。

浙赣战局透视[1]

一个未知数

这里所指的的浙赣战局仅仅是浙赣铁路沿线。

当七月九日，正是北伐誓师十七周年纪念。我由赣东前线首先收复的横峰县——上饶西四十五公里——到建阳。在第一招待所遇到伦敦《每日快报》特派员贝却迪和桂林《大公报》女记者杨刚。他问我前线的情况，我说的是老生长谈：军事颇乐观，政治待努力。虽然那时候敌人正在做最后的进犯，正是骑兵进出仙霞岭的时候。后来遇到"辉煌军"的幕僚孟珠川及步兵上校孙鼎宸、龙放诸君，谈到浙赣的战局，他们的意见是数学上有个已知数，有个未知数，而目前的战局（指七月中旬）正是一个未知数，尚在胜负未明的分野，胜耶？转进数百里，尚未反攻；败耶？一切按战略进行，不独战力未损，而且达到了迟滞消耗敌军的目的。

浙赣战局追记

在离建阳来到这多山的赣南时，东战场的捷报，像雪片似地飞来，恢复5月中旬以前的态势是指股间的事了。关于战局演变得如此迅速，确是一个未知数？其实，一点不！自金兰外围战到上饶附近的争夺战，笔者大都参加在这里，我作一个"历史"的追记。

---

1. 原载民国31年（1942年）《东南日报》9月26日第5版。

浙
赣
会
战

173

东战场密迩京沪，一般认为经济关系重于政治军事，敌人在许多地方故意似的留下走私的门径，因此苟安了数年，其中虽有宁绍诸役，终不能走出流窜式的范畴。绝没有来一次大决战的企图。但是，我们应该记起东战场在地理上的优越性，它不但是陆军总反攻的先锋，直捣京沪，更是空军轰炸三岛和台湾的基地，如果将她武装起来，便像一柄利剑，直刺敌人的心脏。在现在我们必须培育总反攻的力量，加强东战场的设备。

"四·一八"美机轰炸东京后，有七架在衢州降落。同时，我有力部队在衢江两岸整训。那时敌阀正踌躇西进与北进，为了解除后顾的威胁，为了先发制人，首先以大量空军轰炸，集结六个师团以上的兵力（原来只有两个半师团）在畑俊六（移驻杭州）指挥下，先后由杭州南昌两处，发动攻势，而以浙境为主战场，赣境为支战场。我们的战略是避免与敌作正面的决战，诱敌至有利地区包围歼灭之。当时似有"开放金兰，保卫衢州"之论。后来因条件不够，受了这种限制，而浙赣路东西两线的敌军，正企图以分进合击的姿态，来和我们来一次大会战。因此，我们遂决定开放浙赣线。可是，浙境的敌军，还盲目地继续南侵。我乃在江山、广丰外围之七都尖山、五峰山一带与敌作五昼夜之大血战。同样的，在赣东南城、临川间，也发动反击。这样遏制了敌军的攻势，造成了六月下旬到七月中旬的对峙局面。之后，我已明瞭敌军兵力配制，乃调整部署，严令留置敌后大军切实执行任务。正面守军和机动部队，向敌出击，以秋风扫叶态势，追逐敌人，他怎样来还是怎样去，跑的时候也许只恨"爹娘生的两条腿短"吧。

战局的透视

战争的目的，是击破敌国的军力，摧毁其政治经济基础，使其无力再战，屈膝而后之，这是人尽皆知的。这次，敌军进犯时，扬言击破我野战军主力，破坏国际空军站。追窜抵上饶附近时，更宣传将使东战场解体，其狂妄骄逸已极！但是结果为什么又弃甲曳兵而走呢？这里面所含的因素，大概如下：

甲、属于敌军的

第一、苦闷中力图挣扎

自抗战进入第四年后，敌军行动，便失去了主宰，在战场上，往往我们是指挥官，要他们如何动作，便如何动作，如二次、三次长沙会战、赣北上高会战，一如我们的预料。这次浙赣会战，更打破了过去的战例，即是敌我作了三百公里的撤退与追击。这将是抗战史上值得大书特书的。这便是敌军盲动，没有一贯的策略，在苦闷中想求挣扎的结果。

第二、攻势已到饱和点

无论任何事物，它只有一个顶点，到了顶点必定下降（或衰退）。敌军攻势也是如此。四年的战争，"神风"吹走了武士道的精神，已再吹不起"攻必克，守必固"的法螺。当初陷金、衢、江山、广丰、上饶时，一面向两翼扩张，一面赶筑工事，透露他固守的决心，但是经不起我军的反击，真是黄昏的夕阳了。

第三、先天赋予的缺憾

战争三要素是人、钱、物，这是谁都知道的。兵员不敷，乃敌国先天带来的缺憾，没有众多的人口，哪能维持久战！贝当在战事失败的广播中，承认法国人口太少，敌人自然也逃不出这个定律。将四年来伤亡的官兵不算，单就在我国和南洋各战场的兵力以及防美防苏的控置部队，这庞大的数字，已使敌阀头痛，何况天天在死亡呢？这次敌军号称十余万，其番号之多，为过去所没有，东拉西凑，指挥不统一，焉能不败！

第四、违反了战争原理

孙子兵法有云：军"无辎重而亡"。拿翁征俄时，便犯了这个弊病而失败，这次敌军冒险深入，在三百公里以上的远距离作战，而补给基地远在杭州；虽占据了许多城市，但是我们的资源不在城市而在广大的乡村，而且他所得到的又是空室清野，交通破坏的死地，要从那遥远的杭州用原始工具去运来一些给养，即使能安全运到，也无济于事，何况中途不断受我军袭击，哪得不败退。

第五、地理上无法固守

浙江的地形相当的复杂。浙赣路自金华以上和衢江（即钱塘江上游）成了平行，入江西境后，又和信江平行，两岸沃野相接以仙霞岭为主干的山脉，盘旋与铁路东侧；以黄山为主干的山脉，盘旋与铁路西侧。这两侧的山地始终在我军手中，蜿蜒数百里，敌军无从 "扫荡"，我们却随时可以打击龙游、衢州、江山、玉山……沿线的敌军，好像一把老虎钳，将蝎子紧紧地钳住，是以困死敌军。

根据以上种种，不管敌军如何掩饰，是不能为自圆其说的。

乙，属于我们的

第一，官兵忠勇用命

任何优良的战略和战术都有待于忠勇的将士去执行。我国军军人读训第一条"实行三民主义，捍卫国家，不容有违背怠忽之行为"。典范令（指步兵操典，射击教范，阵中勤务令）纲领第一条"国民革命军以实现三民主义完成国民革命为目的，凡有侵犯我主权领土及主义之推行者必全力制止而歼灭之，以完成之军人唯一之使命"。官兵如朝夕之诵读，默志于心，所以战时能发扬光大，如我"辉煌军"之 "激扬"部队在衢州外围大洲镇附近山地作战时，六个士兵固守山顶工事时，在弹尽粮绝下，拒绝了敌人汉奸的任何条件，举火自焚（此事敌曾广播赞扬）。有些官兵在危急时，均举枪自戕。这是中华军人魂最高的表现。

第二、坚苦卓绝的精神

总裁尝以"坚苦卓绝"四字勉人。而国军却完全做到了。像这次浙赣会战，大军长途转进，后方补给，因气候交通关系，有时运送不及（五月下旬霪雨为灾，交通滞塞），士兵二三天难得一饱，他们一面要打击当前的顽敌，一面要克服内心的饥饿，还有伤病员的呻吟，在血泊与床褥中，企待后送，一点也不怨尤。这种艰苦卓绝的精神，敢说世界上任何军队所不及的。这实由于领袖平日熏陶所养成。这风气已在公务员、民众间流传了。我在浙赣边区，看到公路职员，一面督导破路，一面指挥抢修，朝夕不懈。还有成群结队的义民在烈日、暴雨、昏夜中，无言地肃穆行进，步行千百里坚苦支撑。我们想想，有军如此，有民如此，中华民族会亡吗？

相反的，我们也不否认有些缺憾，如交通破坏执行得不够彻底，部分民众沉醉于物资享受，常存苟安的幻想。因走私之风炽盛，极少数的守备队和奸商沆瀣一气（走私使许多人发财了，但是这财富是民族最后的血液，他们只得到敌人一点残余的骨头罢了），致敌探能乘机混入。在战斗中有些又不能充分发挥战果，后撤时，交通工具失去调节作用，物资抢救，稍受影响。这许多大时代的渣滓，将会给将士们鲜血冲毁了的。

"前事不忘后事之师"，浙赣战局已渐渐地稳定了，只要我们不要忘了这次的经验与教训，时时提高警觉性，那战争的前途绝不会是"一个未知数"！

宁乡苦战记[1]

不管粤汉线的战争发展如何，我总觉得宁乡的攻守战，是值得介绍的，它虽然是局部的胜利，可是发挥了国军忠勇坚毅的精神，使湘江西岸的敌人在战术和战斗上，第一次受到严重的挫败。

当五月廿六日的夜间，敌在右至通城起，左至藕池口止，数百里的正面，分出无数的小股钻隙窜扰，做广大正面威力的搜索，掀开了这次粤汉会战的序幕。经过三天的攻守，判明了敌主力的使用。在粤汉方面，由于经验的积累和血肉的教训，敌我都有了新的策划，但是我们的进步，自然还有些地方不够。

照着敌人一贯的做法：迂回、包围、突破，因此，六月九日，敌由沅江窜抵益阳，和我唐生海师鏖战三日，屡进屡退，资水为赤。后经我××部队赶到反攻，才将益阳确保。敌既不过，便以主力南窜宁乡。因为宁乡东界长沙，南接湘乡，东南至湘潭，西至安化，东北沿沩水至靖港，交通像蛛网一般的四射。假如岳麓山是长沙核心阵地的锁钥，那么宁乡便是岳麓山的后门。敌人为使长沙攻略容易起见，必须截断我守军的的后援，阻止我有力兵团的东进。因此敌主力由长沙下游之靖港登陆，沿沩水直扑宁乡，与由益阳南下之敌呼应。在这钳形攻势下，他是怀着

1.原载民国33年（1944年）7月15日《中央日报》（邵阳版）第2版。

"唾手可得"的幻梦。

我宁乡守军，为张灵甫师之四个营。六月十四日夜间，在外围的风形山—箐华镇之线，展开恶战。由于地广兵单，自然免不了漏斗孔给敌军渗入。到十五日，敌增加至二个联队，附以炮兵，敌机更低飞轰炸（当被击落轻轰炸机一架，机毁人死，仅余机枪及残骸），阵线略向后移。这样由退守到城郊发生巷战。守北门的宋纯龙营长，右手被打断了，咬着牙，躺在担架上指挥，守东门的王炎城营长与朱钟典副营长阵亡了，由团附蔡亚锷指挥着战斗；守西门的孙步武营长、林汉琦副营长统统负了伤，裹伤再战。伤亡一再增加，四个营编为四个连都不够人数。排连长当了兵卒，兵卒也当了排连长，伙夫、勤务、马夫，统统上了阵，坚守这宁乡城最后的一隅——西门的三小个高地和天主堂。团长何澜负伤后，他们在副团长罗英、团附金耀等指挥下，抱着必死的决心，誓与阵地共亡。不幸的是无线电机被打坏了，和外围失去了联络，他们便陷于孤立状态之中。十八日有一个小高地也变成了敌我共有，子弹快打光了，罗英团长、于团附、蔡团附也负了伤，最后由固守天主教堂的张庭友营长负责指挥；而在天主教堂内，尽是伤兵，轻伤看护着重伤，大家都在血泊中，抓紧着最后的武器——刺刀，准备拼斗，宁死也不做俘虏。敌久攻不下恼羞成怒，施用火攻，由于我们事先有了防范，未受影响。最后，张营长也负了伤，阵营不免欠整。罗团长说："这是最后关头，我们不能贻误战局，自取灭亡啊！我们得流出最后一滴血！"他毅然挟伤再起，这一号召使官兵感泣，艰苦支撑，艰难而悲壮地度过了这漫漫的长夜。

就在这时，我增援部队在王耀武将军的命令下，攻到了城郊。我们得承认敌人的顽强，在三面围攻下还是沉着应战，一点也不在乎。十九日晨，我中美机群，冲破云层，骤然出现在宁乡的上空，给官兵无上的鼓舞，与我在城北的陶富业团首先取得联络，在陆空协调下，一马当先杀进了城。敌人眼见大势已去，便纷纷凫过沩水南窜。在这次战斗中俘获了五个敌兵，数十种文件，将湘江西岸敌军主力胶着于宁乡一隅达五昼夜，迟滞了敌军的行动，迫使他改变了原来的计划，这便是战术上在其所不欲之地点与时间，强之决战。这局部的战斗和战术上的指导都是成功的。

而今宁乡大半成了焦壁，唯有那巍峨的天主堂，虽满身弹痕，仍矗立于瓦砾中，更显得雄壮与伟大，现在更做了我们的野战诊疗所。屋顶上那面鲜艳的国旗迎风招展，像慈母一般地向归来的难胞挥着手。

六·廿二　宁乡

湘西会战纪实[1]

战前形势

一九四四年冬，美国政府为充实国民党军事力量，早日反攻，与美军远东作战方案相配合，决定给予国民党军二十五个师的美械装备。为主持这项工作，国民党政府成立中国陆军总司令部，由参谋总长何应钦兼任中国陆军总司令，总部驻昆明，下辖四个方面军。在云南的第一集团军总司令卢汉升任为第一方面军司令官；在广西的第四战区司令长官张发奎改任第二方面军司令官；湘桂黔边区总司令汤恩伯改任第三方面军司令官；在湘西的第二十四集团军总司令王耀武升任为第四方面军司令官，第四方面军由第十八、第七十三、第七十四、第一○○军等四个军组成，其中第十八、第七十三、第七十四等三个军为美械装备，第一○○军暂为国械装备。这个方面军是国民党军队中战斗力最强的，拥有"五大主力军"中的两个军，即第十八、第七十四军，担负从广西资源起，经湖南新宁、邵阳（宝庆）、湘乡、宁乡、益阳，亘洞庭湖西岸的广达千余里地区的守备任务。主力控置于武冈、洞口、新化、桃源附近。为鼓舞士气和了解部队情况，王耀武在总部所在地洪江开办将校班，调训连长以上干部，为期三周，共办三期。王自兼班主任，调师长

---

1. 原载《湖南四大会战》，1995年7月全国政协委员会编。

为队长（每期换人），每晚由人事处长偕同约见受训干部，询问情况。

当时芷江为国民党空军在东线最大的基地，是中美混合飞行第五团所在地，第四飞行大队在此集结，拥有最新式的P51（亦称野马式）战斗机，B24、B25轰炸机，C43、C47运输机和通讯联络用的225机（有60米长，20米宽的空坪，即可起降）；机场有南北两条跑道，可同时起降。日本空军作了几次袭击，但由于野马式飞机性能大大优于日本零式飞机，吃了几次败仗后，再也不敢上门了。

一九四五年春，日军为了确保大陆运输线（从中国到越南）的畅通，解除空中威胁，趁国民党军队对换用的美械使用尚不熟练之际，集中五个师团、一个旅团的兵力，发动湘西战役。从四月九日日军发动进攻开始，到六月七日双方恢复原态势止，湘西会战进行了整整六十天，以日军惨败告终。

当时敌我参战部队番号及各部指挥官名单如下：

日军方面：

第二十军司令官坂西一郎中将（一称樱兵团）。

第三十四、第四十七、第六十四（一部）、第六十八（一部）、第一一六师团，独立第八十六旅团。

我军方面：

第四方面军司令官王耀武

参谋长邱维达，副参谋长罗幸理。

第十八军军长胡琏

第十一师师长杨伯涛——第三十一团尹钟岳，第三十二团张涤瑕，第三十三团李树兰。

第十八师师长覃道善——第五十二团沈熙文，第五十三团尹俊，第五十四团夏建勋。

第一一八师师长戴朴——第三五二团杨国杰，第三五三团佘坤，第三五四团黄健三。

第七十三军军长韩浚

第十五师师长梁祗六——第三十四团黄玉谿，第四十四团张伯侯，第四十五团王一之。

第七十七师师长唐生海——第二二九团许秉焕，第二三〇团柏柱臣，第二三一团陈运武。

第一九三师师长萧重光——第五七七团傅佑任，第五七八团车驷，第五七九团王政治。

第七十四军军长施中诚，副军长张灵甫。

第五十一师师长周志道——第一五一团王奎昌，第一五二团谢恺棠，第一五一团王梦庚。

第五十七师师长李琰——第一六九团宋子玉，第一七〇团孙进贡，第一七一团杜鼎。

第五十八师师长蔡仁杰——第一七二团明灿，第一七三团蒋立先，第一七四团李运良。

第一〇〇军军长李天霞。

第十九师师长杨荫——第五十五团陶富业，第五十六团刘光宇，第五十七团钟雄飞。

第六十三师师长徐志勖——第一八七团赵尧，第一八八团刘安泰，第一八九团李灵运。

暂编第六师师长赵季平——第一团黄健，第二团黄德涛，第三团陈恭贤。

新六军属三方面军，未参战。

暂编第十三师师长靳力三——第三十七团李竹泉，第三十八团钱伯英，第三十九团罗有径。

挺进纵队司令陈光中。

前线枪声一响，王耀武即召集高级幕僚会议，决定将司令部分为两部分：在安江设立精简的指挥所，由他率领副参谋长罗幸理（负责军事）、第一处处长吴鸢（负责总务、接待和发布新闻）进驻；由参谋长邱维达率领大部分人员建立辰溪指挥所（会战结束后，方面军司令部移驻辰溪）指挥左翼部队，并与第六战区及王敬久兵团联系。驻司令部的美军联络组（英文名字是东线指挥部），指挥官金武德（译音）对所属人员，亦作同样部署。

各时期战斗概况

甲、攻势防御时期（四月九日至五月七日）

一九四五年三月下半月以来，日军第三十四师团一部，位于广西兴安、全州间；第六十八师团之五十八旅团位于东安、零陵间；第一一六师团集结于邵阳附近；第四十师团位于衡阳、衡山间（未参战）；第四十七师团位于湘潭、湘乡、永丰间；第六十四师团（一部）位于宁乡、益阳、沅江间；伪和平军第二师位于宁乡、益阳间。至四月初，兵力已达八万余，企图分进合击，歼灭我野战军，一举进出安江、洪江，占领芷江。

1. 新宁、武冈地区战斗

四月十二日，日军第六十八师团第五十八旅团先头部队，由东安西北之大庙窜抵新宁以东之大坳附近。我第七十四军第五十八师第一七二团警戒部队，于大坳、李竹山、太平桥各地，奋勇抵抗。十四日晚，日军第三十四师团主力先头部队窜抵新宁南之窑上，亦与我一七二团接战。迄十五日晚，敌增至四千余，分窜白沙及新宁西北郊，会攻新宁。我第一七二团以一部在城区坚强阻击，激战至十六日十五时，联络中断。

十七日晚，新宁西北敌第三十四师团之第二一六、第二一七联队，分股向武冈方面进犯，我第一七二团续于小麦田岩门前之线及石门、司界牌之线坚强抵抗，敌进展迟缓，迄二十二日，犹被阻于安心观、五里牌之线。乃以一部由右翼迂回城步县的真良，北犯水东。二十三日，复以二千余迂窜武冈县西南的下成溪冲、蔡家塘，均遭到我第五十八师的阻击未逞。

二十六日，雪峰山右翼当面之敌，增至七千余，分向武阳以南之珠玉山及武冈以西之李家山、塔塔岭猛犯。我第五十八师利用雪峰山前缘既设阵地，予以痛击，使敌受创甚重。

由第三方面军拨归第七十三军建制之第一九三师，由贵州独山赶到战场后，为便于使用，适应战场需要，暂归第七十四军指挥。于二十七日拂晓前，在哨溪口，七坡山，毛店子，亘盘坡之线，占领阵地完毕。是日晨，窜珠玉山之敌四千余，钻隙北犯，黄昏到达武阳附近，向我猛攻。我第一七四团之一个连，据险击敌，战斗惨烈，苦战三日，卒以众寡悬殊，全连壮烈殉国。二十九日，敌千余北犯唐家坊，与我第五十八师再度激战。另一股西犯欧溪桥，与我第一九三师警戒部队接战。

三十日晨，武阳唐家坊地区之敌，增至三千五百余，分股西犯及北犯，我第一九三师于毛店子、盘坡之线及瓦屋塘东南，奋勇抗拒。敌屡扑不逞，于五月一日未刻，以一千五百余人分成小股，猛扑分水界、龙头等地。二日中午，敌增至一千八百余，进攻益猛，企图经水口进犯洪江。我第五十八师得到空军协力，由南、西、北三面夹击，于当日黄昏前，将来犯之敌第二一七联队，完全击溃。三日，敌又增援反扑，未逞。四日，我第三方面军之第九十四军第五师先头部队，进占武阳，经我第一九三、第五十八两师协力出击，进至大背水、龙头之线。五日，攻占唐家坊亘白家坊之线，敌退据黄土塘。七日，我续克黄家塘，向东溃之敌猛然追击。

四月二十七日起，敌千余由东、南、西三面围攻武冈城。三十日，敌增至二千余，完成包围，志在必得。我第五十八师第一七二团崇仁营，抱与城共存亡的决心，坚强阻击，奋战至五月七日，阵地屹然未动。

2. 邵（阳）榆（树湾）公路及其两侧地区战斗

四月九日，邵阳敌第一一六师团二千余，西渡资水。十三日晨，敌三百余由九公桥；当晚敌三百余由罗家庙分渡资水；十四日敌千余、马四百余由塘渡口分渡资水西犯，我第十九师各部分予以阻击。

十六日拂晓，九公桥、枫林铺之敌二百余进犯岩口铺我第十九师第五十七团罗文生连守备的阵地。罗连官兵奋起迎战，阵地始终未动。十七日，敌一千四百余，迂回窜至桃花坪东郊及南郊猛攻。十九日增至二千六百余人，分向桃花坪、芙蓉山、和尚桥我第十九师各据点进攻，战斗激烈。

二十一日，沿公路西犯之敌先头部队千余人，钻隙窜至高沙东侧，与我第五十七师第一七一团接战。另一股窜至石下江，二十二日晚，续犯竹篙塘东南之安南山。我第十九师第五十七团及第五十七师予以痛击，毙敌甚众。

二十三日，敌二千余由石下江、赛市、白马山三方面，猛攻山门我第十九师第五十七团和第五十七师第一六九团葛道遂营，双方伤亡均重，行同胶着，同日高沙、竹篙塘等处状况也很激烈，至二十五日，进入巷战状态。二十五日，敌千余钻窜至洞口东南，二十六日，向我第五十七师第一七〇团何叔良营守备的洞口阵地猛攻。另有一千五百余敌人，由山门窜到半江峰，受到我第五十七师第一六九团的强有力的阻击，同时，我山门据点守军不断予敌背后以痛击。

二十七日，洞口之敌增至四千余，继续猛扑，我何叔良营在空军协力下反攻，毙敌颇多。犯半江之敌与我争夺三日，相持不下，双方都伤亡重大。二十八日晚，敌二千余窜至江口东北之平江，进攻铁山、肝溪，与我五十七师激战。

我第十九师第五十七团罗文圣连固守岩口铺，击毙敌大尉田丁由五郎以下一百九十余人，至二十九日，该连并入芙蓉山据点，继续固守。

3. 邵阳西北地区龙潭司一带战斗

四月十一日，敌第一一六师团第一〇九联队先头部队一个大队窜小塘，十二日窜塔石坪，十三日晚窜大观桥。我第十九、第六十三两师各以一部截击。敌虽受创，仍不顾一切，向西突进，十四日窜至罗洪界。我第一〇〇军抽集第十九师主力及第六十三师一部，由赛市、隆回司、乌树下等地合力围击，激战至十五日申刻，歼灭敌军一个大队。敌军为了达到西进的目的，分股向顺水桥、巨口铺进犯。我第六十三师第一八七团坚守苦战。是日，何应钦以卯（四月）寒（十四日）电告王耀武第四方面军"应以主力位于武冈、新化之线附近，与敌决战。"方面军根据这一指示，为击灭深入之敌并阻敌西犯，部署如次：

（一）第七十四军（附第十九师第五十七团）以一部守备武冈、新宁，于邵榆公路坚决阻止西犯之敌；主力占领雪峰山东麓珠玉山、张家寨、花园市、洞口、山门一带阵地。

（二）第一〇〇军（欠第十九师第五十七团）主力攻击深入赛市之敌，一部守备乌树下、马王坳、大桥边、顺水桥、龙溪铺、巨口铺各据点。

（三）第七十三军以一部守备资水右岸连溪桥、蓝田、杨家滩一带阵地；主力集结于资水左岸新化及以南地区，击破强渡资水之敌。

（四）各军作战地境如次：（线上均属左）

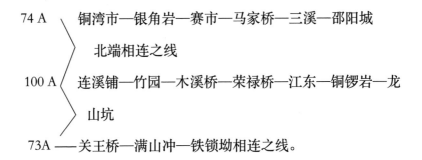

74A 铜湾市—银角岩—赛市—马家桥—三溪—邵阳城北端相连之线

100A 连溪铺—竹园—木溪桥—荣禄桥—江东—铜锣岩—龙山坑

73A ——关王桥—满山冲—铁锁坳相连之线。

同日，军事委员会以卯（四月）删（十五日）令（指军令部）一（一厅）元（一处）酉电告："着暂编第十三师即开辰溪，限卯（四月）祃（二十一日）前到达，到达后，归王司令官指挥。"

十六日，邵阳西北之敌分股犯乌树下、马王坳、大桥边、巨口铺、龙溪铺各据点。马王坳、巨口铺有我守军各一个连，与数倍之敌血战。马王坳守军在浴血奋战后，与阵地同归于尽。守青岩的第五十七师第一七一团周北辰连，凭藉有利地势，打击敌军，固守据点，天天都得到空军的援助（如投送粮弹、轰炸、扫射附近敌军），一直守到战斗结束。另一股敌四百余窜抵白马山，十七日增至千余，西窜放洞。当令第七十四军第五十一师暂归第一〇〇军指挥，夹击深入放洞附近之敌。

十八日拂晓，第五十一师开始向放洞之敌攻击，敌据险顽抗，并不断反扑，战况惨烈。同时，大桥边、龙溪铺守军都受到优势之敌包围，血战三昼夜，伤亡甚重。赛市、隆回司等之敌与我守军对战尤烈，延晚仍在激战中。十九日，放洞敌三百余窜岭脚，遭我军堵击回窜，隆回司附近之敌向左翼迂回围攻，双方均以全力搏斗。

二十日，放洞附近之敌增至四千余，向西北猛攻，在大黄沙附近争夺尤剧，形成拉锯战。同日，隆回司之敌增至六千余，因屡扑不逞，乃迂回上山洞、芒花坪、土岭界、铁牛坪各地，遭到我第一〇〇军坚强阻击，折向西南进犯。我第十九师师长杨荫率领部队奋勇尾追截击，二十一日克上山洞，二十二日克万贯冲，二十三日攻占长街、响水峒。毙敌一〇九联队第三支队长宇梶清治，缴获敌作战部署要图、情况搜集计划和其他文件多种，对判断敌情大有作用。二十四日，由第七十三军调来之第十五师梁祗六部攻占虎形山，协力第十九师向西南之敌攻击。

放洞之敌自二十一日以来，不分昼夜反复向西猛扑，企图经龙潭司、新路河进出安江。二十二日，得到由土岭界方面西南窜之敌军二千余的增援，攻势益猛。战至二十五日，敌一股冒死突至龙潭司东三公里处，被我第五十一师全部歼灭。同时，我第十五、第十九两师进占银角岩、扬州江、油溪、绢溪各要点，毙敌数百。这时何应钦发来卯（四月）回（二十四日）午忠整兴电，内容如下：

本部为击灭向湘西进犯之敌，兹特规定参加湘西作战各部队之人物行动如下：

（一）王敬久兵团之第九十二军暂编第五十一师，迅以主力接替第十八军常德、桃源、益阳、宁乡方面之防务，拒止当面之敌，限月底接替完毕。

第十八师归还第十八军建制

（二）第四方面军主力（第七十四、第七十三、第一〇〇军）应于武冈、洞口、新化之线，竭力阻止来犯之敌，使尔后决战有利。

第十八军主力，于月底前集结于沅陵，并依情况，可不待集结完毕，即由沅陵、溆浦道南下，参加该方面军主力决战。第十八师应于交防后，沿新化、蓝田道，向邵阳方面挺进，以遮断敌后之交通，使主力军决战有利。

（三）暂编第十三师到达辰溪后之行动，由王司令官自行规定。

（四）九十四军（欠第四十三师）限四月底前集结靖县、会同待命。

（五）王敬久兵团与第四方面军之作战地境为：东坪—横铺子—太和桥—石坝嘴—银田市—湘潭城南端相连之线。

这时暂编第十三师已到达铜湾市、新路河间地区集结。当令推进于龙潭司西侧平山塘、油麻桐、古佛山、梁家坳、升平里之线，占领预备阵地。

二十六日，第十九师由东北向西南紧缩包围。二十八日夜攻占青山界（雪峰山两个最高点之一），乘胜突进十二里，反复冲杀，毙伤敌少佐以下官兵四百六十余人，俘敌中队长胜步雄旦雅以下官兵十二人、缴获山炮二门、轻重机枪十三挺、步枪三百七十余支，以及报话机、战刀、弹药等，查明敌军番号为第一一六师团的一个联队。二十九日起，放洞、大黄沙、景兴桥地区之敌，仍不断西犯及向东北反扑。我第五十一师由西向东，第六十三师由北向南，第十九师由东北向西南，在空军支援下，对敌猛攻。激战至五月七日，将先后窜抵该地区之敌毙伤过半，残存二千余人，虽作困兽之斗，已成强弩之末。

4. 新化以南地区之战斗

四月九日，敌第四十七师团先头部队一千三百余人，由黑田铺经大芝庙窜抵大桥西南地区，企图北犯蓝田、新化，截断我第七十三军之联络。我第十五师第四十三团予以迎头痛击，敌受创，折窜泌水、东关岭。十一日，敌复北窜三口关，我抽派第四十四团向南猛攻，敌势顿挫。十二日西窜坪上，敌后续部队亦陆续到达孙家桥地区。为歼灭该敌，我军抽集兵力，部署如次：

（一）第十八军第十八师，即以一部接替第七十三军第十五师濒水及其以东防务。

（二）第七十三军主力，即向三口关附近之敌攻击而歼灭之。

（三）第一〇〇军即以一个团进至小溪市、麻溪市、资水西岸地区，归七十三军指挥。

十三日，第十五师主力及第七十七师一部，猛攻窜抵三口关、时荣桥、罗家岭一带之敌。敌虽受重创，仍分股西窜栗滩、小溪市、麻溪市等处。当晚，敌利用夜暗偷渡资水，适我第六十三师第一八九团先头部队及时赶到，给予痛击。

十四日，第十五师主力及第七十七师一部续对资水东岸猛攻，敌不断反扑，还增援强渡资水。我第六十三师第一八九团奋力阻击，掩护第十五师向资水西岸转进。十五日，小溪市两岸战斗极为激烈。十六日，西窜之敌增至四千余，全力西犯。我第七十七师第二三一团增援阻击，迄十七日，仍在田心、黄泥湾、雷公井一带地区争夺。

十八日拂晓起，第七十三军猛攻资水西岸之敌，敌亦不断反攻。其进出新化、溆浦之企图至为明显。双方反复冲杀，屡进屡退，伤亡均重。战至二十五日，敌三千钻隙西北窜，在洋溪遭到我第七十七师有力阻击后，于二十七日猛攻洋溪东北，二十八日又猛攻洋溪西南各高地，遭到第七十七师的坚强回击。我军即调第十五师向敌左侧背猛攻。二十九日，我第七十七师调整部署，由北向南反击，经过三天鏖战，敌逐步退据洋溪南侧山地顽抗。同时，第十八军第十八师由罗洪向大桥边挺进，攻敌背后。

五月一日，永丰、湘乡之敌，续犯杨家滩、濠水，均被第十八师第五十二团击退。

五月五日第七十七师杨副师长率领的支队（由第二二九团及一部分炮、工兵组成）进占巨口铺；七日，在该地以南与由石马江北犯之敌遭遇，战斗进行激烈。

5．宁乡、益阳方面的战斗

四月十三日晚，日军第六十四师团一部二千余人由沅江分三路窜抵城郊。守备益阳城的是第十八军第十八师第五十四团一部，他们虽伤亡甚重，誓死不退。敌乃南渡资水，十七日会同由泉江西窜敌共三千余西犯桃花江。我第十八军第十八师第五十四团续予拒阻。

十八日，宁乡回龙铺之敌第六十四师团一部千余，西犯大成桥，经第十八军第十八师第五十二团英勇阻击，未遏。同日，敌七百余迁回桃花江西北之荷塘，南渡资水，猛袭我桃花江守军左侧背，激战至十九日，大成桥、桃花江两处均成混战状态。

二十日，第十八师集中兵力，向敌猛烈反击至黄昏，将侵入大成桥、桃花江之敌，完全击退，并进而收复回龙铺；二十一日，迫近宁乡西郊及益阳南郊。

二十四日，遵照何应钦卯（四月）回（二十四日）午忠整兴电指示，第十八军防务，交由王敬久兵团接替，第十八师的当面防务，由第一四二师在四月底接替完毕。

乙、攻势转移时期（五月五日至二十日）

五月一日，方面军参谋长邱维达视察第一线情况后，回到辰溪指挥部同作战科长林铸年研究，认为当面之敌，在我军英勇抗击下，伤亡惨重，被俘获甚多。数日来，战况沉寂，说明敌攻势受挫，胶着于雪峰山山麓，难以自拔，已陷入进退维谷之中。我应掌握大好时机采取攻势转移，围歼入侵之敌；将战略预备军团的第十八军胡琏部，由右翼溆浦进入战区，直插洞口。同时，将从昆明空运到达的新编第六军廖耀湘部，组织机械化快速纵队，在安江待命，待胡琏部进占洞口，截断敌军退路后，立即配合歼灭沿公路之残敌，必可获全面胜利。

此意见具申书呈给何应钦，经过研究，立即采纳执行。

五月五日，方面军接到何应钦辰（五月）支（四日）申忠整战电文：

> 向湘西进犯之敌已经受挫，我军应立即准备反攻，兹规定如下：
>
> （一）攻势转移之目标，为击灭进犯之敌，恢复资水西岸阵地，并相机攻略宝庆。

（二）亘攻势转移时间，所需之粮弹补给，应尽速于五月十五日全部准备并分屯完成。攻势转移之日期，即以粮弹准备完成期为佳。

（三）着新编第六军归王司令官耀武指挥，其新编第二十二师应即向江口推进。协同江口附近作战之部队，担任江口正面之防御，掩护新编第六军直属部队及第十四师迅速向安江附近集中（注：新六军后未参加战斗）。

（四）李玉堂集团军之第九十四军主力，应与第四方面军在安江、宝庆公路以南作战之各部队密切协同，务于五月十五日以前击灭城步以北地区之敌，进出武冈附近，准备协同第四方面军向安江、宝庆公路以南地区之敌攻击，并务求于敌之外翼予以包围攻击。第四方面军各部队之作战部署，由王司令官依情况自行规定。

六日，又接到何应钦辰（五月）鱼（六日）午忠整电示：

根据目前情况，再指示如下：

（一）右翼方面，应照辰支申忠整电之规定，立即驱逐武冈附近及其以南之敌，并于武冈以东继续攻击前进。

（二）中路及左翼方面，在补给确已无顾虑之条件下，其攻击开始之时间由王司令官自行规定。

方面军当即下达攻势转移命令，其要旨如次：

（一）方面军决定于五月八日拂晓全面转移攻势，决战于两翼，协力右翼友军，压迫敌人于雪峰山东麓，捕捉歼灭之。

（二）第七十四军（欠第五十一、五十七师附第一九三师、暂编第六师）除以一部于武冈、唐家坊、瓦屋塘各据点担任守备外，其余由唐家坊、瓦屋塘、金屋塘之线，重点保持于右，攻击当面之敌。奏功后，进出于武冈、水浸坪、邓家铺、栗山铺之线。

（三）新编第六军（欠第十四师、附第五十七师）推进至江口附近，就攻击准备位置，逐次攻击肝溪、坪江、下查坪及洞口附近之敌。奏功后，进出于斜雀塘、夹水江、菱角田之线（注：新六军后未参战）。

（四）第一〇〇军（附五十一师）迅速肃清放洞之敌，尔后协力新编第六军（注：新六军未参战），重点保持于右，向上查坪、半江峰一带之敌攻击。奏功后，进出于天台界、拉水冲、月塘山、菱角田之线。

（五）第十八军（欠第十八师）即集结于小沙江、隆回司、黄泥井间地区，重点保持于右，攻击当面之敌。奏功后，进出于新屋冲、黄桥铺、易家桥之线。

（六）第七十三军（欠第一九三师、附第十八师）以主力迅速击灭洋溪附近之敌，以有力一部集结于大桥边附近，重点保持于右，向滩头、巨口铺等处之敌攻击。奏功后，进出于桃花坪、岩口铺、石马江之线，掩护方面军主力左侧背之安全。并派小部队向永丰、湘乡之敌佯攻。

（七）各军之作战地境如次：

74A　下坪—黄土界—岩脚—区岩山—1050高地—王家溪

N6A　—高坪塘—茶铺子—斜岩塘相连之线

100A　毛家河—大坪—古楼坪—上查坪—拉水冲—月塘山

18A　—菱角田相连之线

捅溪—北斗溪—马胫骨—竹篙塘—樟树桶相连之线

23A　罗溪—乌树下—马家庄—莫家洲—栗山铺相连之线

（八）挺进第六纵队陈光中，仍以滩头阵地为根据地，袭击邵阳、罗家庙、桃花坪、赛市、大桥边、巨口铺间之敌，截断敌联络线，使主力军作战容易。

（九）暂编第十三师为方面军预备队，仍位于牛路口以东古佛山、升平里之线，担任守备，并准备机动使用。

五月八日拂晓，方面军在空军协力下，联系第三方面军第二十七集团军之第九十四军及第二十六军全线转移攻势。全体官兵斗志昂扬，士气旺盛，进展颇为迅速，猛攻至九日，雪峰山全线之敌均告崩溃。迄十五日，各地区战斗概况如次：

（一）第七十四军以第五十八师攻击桥当头之敌，第一九三师主力协力第五十八师左翼之攻击。一部攻击茅溪、大湾一带之敌，策应第五十七师之作战。十日，第七十四军各部队攻占桥当头，敌向东且战且退，第七十四军各部猛烈追击。右翼第九十四军进至高沙以南及黄桥铺一带。第二十六军之第四十四师已到达桃花坪西南地区，将敌包围于高沙北侧地区，我第一九三师协力围击，使敌军受到很大的创伤，敌遂于十二日晨，向荆竹铺方面突围，我第一九三师跟踪急追。当日，该师追击队进至高沙东北，续向黄板桥、石下江间挺进。

（二）江口东侧敌第一一六师团主力，经我第五十一、第十九、第五十七、暂编第六师各一部猛力围击，伤亡过半，残部于九日东逃。第五十七师、暂编第六师奉令急追。第五十七师第一七〇团，当日进占现江。十二日，暂编第六师及第一九三师一部协同进攻洞口敌军据点。敌军凭藉有利地形，负隅顽抗。在我军凌厉攻势下，退据茅铺东北地区，继续顽抗，我暂编第六师全力围攻，第五十一师第一七〇团则肃清洞口附近零星敌军。

（三）窜抵放洞附近地区之敌与我第五十一师反复争夺，达二十三昼夜，双方都有较大伤亡，形成胶着。八日，由山门驰援该地之敌第一三三联队第三大队，已为我第十九师完全击溃。五月九日，放洞敌军，在孤立无援的情况下趁夜暗突围向东南逃窜。适我第十八军第十一师赶到山门西北麻塘山、马胫骨间地区予以截阻，并于十日攻占山门要点，断敌后路。敌冒死向东南突围，企图夺路逃走，又被我第十一师（暂编第十三师第三十八团从十二日起，暂归十一师指挥）击回。我第一〇〇军分路追击。十三日，我第六十三师将敌第一〇九联队长泷寺加三郎击毙，敌军顿时混乱，零星藏匿丛林中。我第五十一、第六十三两师，分途扫荡，将敌第一〇九联队完全消灭。在这一带的敌军人马尸体至少有一千六百余具。枪支（包括步、机枪）、报话机、战刀、弹药、战旗等遍地都是。我军生俘敌尉官三人、士兵三十余人。

（四）第十八军第十八师攻占横板桥。九日起，其先头部队于龙潭铺、石下江一带，截击东逃敌军，俘获一批战利品。

（五）第七十三军第十五师、第七十七师主力，攻击洋溪南侧敌四十七师团大部。为扬我军威，振奋斗志，韩浚军长和梁、唐两师长，均亲临第一线，及时处理情况。十四日，将敌一三一联队长重广三马击毙，残敌企图南逃未逞。至十五日，我向南山寨、月光山、苍溪山各处加紧围攻。敌第四十七师团另一联队于七日窜至栗坪，续犯顺水桥，我第十八师和七十七师杨支队，协力攻击。激战至十五日，敌死伤过半，残存千余人，乘夜北窜龙溪铺西北之太平、十字路。我第十八师和七十七师杨支队不使敌有喘息机会，跟踪猛攻。

十五日，方面军为击灭当面残存顽抗之敌，调整部署如下：

（一）第七十四军由龙潭铺、德州、竹篙塘、茅铺一带，攻击石下江北侧东西一带之敌。并以一部协力第十八军截击东窜之敌。

（二）新编第六军以一部扫荡月塘山之敌，主力于江口附近控置，并整理交通（注：新六军未参战）。

（三）第十八军于十六日拂晓，开始猛攻菱角田、东田、岩山、金龙砦、黄龙砦一带之敌而歼灭之。

（四）第七十三军肃清当面之敌。

（五）暂编第十三师主力推进至老隘塘、春竹溪地区集结。

（六）第一〇〇军清扫战场后，控置于山门西北亘龙潭司一带地待命。

十六日拂晓，第七十四军与第十八军同时发起攻击，暂编第六师右翼进占竹篙塘，迫近金龙砦，左翼攻占菱角田。第十一师攻占洪庙及周德桥西端高地。第一一八师攻占庆子桥以北高地。同日，第七十三军克复南山寨附近各要点，残敌南溃茅坪。十七日，暂编第六师攻占岩山，第十一师攻克大黄垱、破塘。同日，龙溪铺西北敌一股六百余人西北窜，与茅坪之敌会合。我第七十三军乃以第十五师由南山寨南侧向南，协同第十八军由罗洪、黄金坳向东，第七十七师由苍溪山向西南合力围击。

十八日接报，敌第三十四师团万余人，十六日由广西全州北犯，其先头二千余，于十七日窜抵新宁南侧。时第九十四军及第二十六军之第四十四师，已调往武冈及其以南地区，方面军除继续攻击当面之敌外，当以第七十四军主力集结于武冈西北地区，以第一〇〇军（第五十一师仍位于龙潭司）向高沙、洞口附近推进。当日暂编第六师占领上桥，二十日攻克茅坪，敌军逐次南撤。

丙、追击时期（五月二十日至六月七日）

五月二十日，暂编第六师、第一一八师进占石下江、横板桥，向东退之敌追击。二十一日，方面军下达追击部署如次：

（一）方面军决定追击当面之敌，压迫于资水左岸，捕捉而歼灭之。

（二）第一〇〇军以一个师推进至黄桥铺，续向金秤市、塘渡口之线追击，以一个师集结于洞口附近。

（三）第七十四军之暂编第六师，即沿公路向枫林铺南北之线追击。

（四）第十八军迅向和尚桥、岩口之线残敌攻击。奏功后，续向烟塘冲、石滩之线追击。

（五）第七十三军向大桥边、巨口铺之线残敌攻击。奏功后，向石马江、颜二塘追击。

（六）各部之作战地境如次：

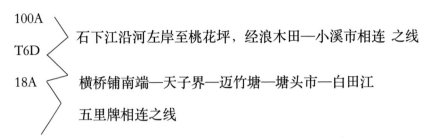

100A
T6D
石下江沿河左岸至桃花坪，经浪木田—小溪市相连 之线

18A
横桥铺南端—天子界—迈竹塘—塘头市—白田江

五里牌相连之线

73A　马王坳—太平砦—五湖庙—渡头桥—石滩北端—陈家桥相连
之线。

二十一日晨，第一一八师官兵奋勇争先，其超越追击部队于和尚桥
附近，截击渡小河东岸之敌，缴获敌一批辎重。与此同时，第十九师第
五十七团，由东西两面向桃花坪守敌围攻。

二十二日，敌作困兽之斗，集结千余人，附炮三门，由东、西北三
面猛攻芙蓉山我孙廷兰营守备阵地。孙营当于坚强阻击。这时，暂编第
六师由沙子坪进抵芙蓉山西侧地区，协力孙营夹击来犯之敌，至二十四
日，将敌完全击溃，芙蓉山附近完全肃清。第一一八师在空军协力下，
攻击和尚桥，于二十三日占领。二十四日进至老银坡。残敌狼狈东窜，
又遭到我第六纵队陈光中部的截击，伤亡惨重。第七十三军亦于二十四
日肃清大桥边北侧敌军。

二十五日，第十九师第五十五团进至金秤市、渡塘口之线，第五十
七团攻克桃花坪；第一一八师进至滩头西侧，二十六日，攻克白竹桥。
二十七日，第十五师克栗坪；第七十七师攻占顺水桥，残敌退据周王
铺、滩头、三溪市、五湖庙、巨口铺一带，构筑工事，企图顽抗。

二十八日，第一一八师突至滩头东南之狗公山，第十五师突至渡头
桥，将敌阵地截为数段。经反复争夺，激战至三十一日，第七十七师攻
占五湖庙、巨口铺两要点。六月一日，第六十三师攻占周王铺，第一一
八师攻克滩头、三溪市。六月二日至三日，第六十三师之第一八九团连

克岩口铺及长福铺、麻雀铺；第一一八师之第三五三团连克清江庙、杨柳林；第七十七师第二三一团连克新田铺、温泉山。敌退据枫林铺、石马江一带，与我对战。

敌第六十四师团约五千余人。五月中下旬陆续开抵湘乡、永丰、青树坪一带。其一股千余，于五月二十七日窜抵邓氏渡，二十八日进犯潭市右侧背。经我第十八师第五十二团英勇阻击，乃于二十九日迂回普安堂，由小路窜潨水东北地区，我第五十二团一部坚守潨水。方面军急调七十三军第十五师迎击西犯之敌。三十日，第十五师第四十三团配属第十八师第五十二团一部，猛攻潨水东北之敌。入夜，敌五百余窜新桥，三十一日拂晓，与第十五师接战，三昼夜，彼此无进展。六月四日，第十五师由南、西、北三面转移攻势，攻克大埠桥、新桥两地。五日晚，第四十三团丁秉信营与挺进第六纵队别动队何际元部潜入潨水市街；第四十五团曹竟成营向敌左侧后挺进。六日午夜，正面部队攻克潨水西郊大石山、天马山。拂晓，第十五师主力附第一九三师之第四七七团全面猛攻，内外夹击，正面部队突入街市，七日下午三时，潨水完全收复。敌军狼狈东溃，我各部乘胜追击，于七日晨到达石狮江。至此，我邵阳、湘乡方面均已恢复会战前之原阵地，湘西会战胜利结束。

战后敌我情形概要

敌军

此次进犯敌军，由于损失较重，分别转调他处整补。另以新编及损失较小之部队担任第一线守备，其概要如次：

（1）第三十四师团于六月初由新宁移至南庙、九公桥地区，六月十一日，其大部似已向东窜去。

（2）第六十八师团之五十八旅团残部，六月上旬由邵阳东侧向衡阳方向退回；第六十八师团余部似任湘桂路东段湘江西岸公路铁路之警备。

（3）第一一六师团残部，六月六日至十五日由邵阳东北地区，分经衡宝、潭宝两公路，向衡阳、湘潭退去。

（4）第八十六旅团担任邵阳地区警备。

（5）第六十四师团主力，担任青树坪、永丰、湘乡一带之警备。

我军

会战结束后，方面军为确保现阵地，并使主力整训便利，以期迅速充实战斗力计，调整部署如下：

（1）第十八军（欠第十八师）集结于泸溪、辰溪、麻溪铺、郑家驿地区整训。

（2）第七十三军以一部担任资水东岸孙家桥亘湘乡西侧地区之防务，主力集结于新化、溆浦各附近地区整训。

（3）第七十四军以一部担任武冈东南地区防务，主力集结于武冈、洞口、龙潭司一带整训。

（4）第一〇〇军（附第十八师）以一部担任邵阳西侧及西北侧地区之防务，主力集结于黄桥铺、山门、赛市附近整训。

（5）第七十三、第七十四、第一〇〇军应分派突击队，袭击、破坏湘桂、衡宝、长衡各地之交通及敌后诸设施。

附：战地见闻

一、记者随空军出征

5月初，会战进入反攻阶段，驻芷江的中美第五飞行团，向第四方面军递送备忘录，邀请派遣三名随军记者随同空军出征观战。条件是：

（1）三名记者必须有一名军事记者或上校级以上有写作能力的军官。

（2）身体健康，无心脏病和高血压症。

（3）如遇空战，发生伤亡事故，空军不负责任。

信由美军团长签名，并附译文。

记者随同空军出征观战，这在八年抗战中还是第一次，信件公布后，轰动整个司令部。两名记者人选很快决定了，由驻在司令部的记者自行推选，并征得派遣单位的同意。一是《中央日报》社湖南分社社长段梦晖（日本留学生），一是《中央社》战地特派员张弓。军事记者或上校以上军官的人选，经王耀武考虑，并征得本人同意，决定由第一处处长（少将）吴鸢参加，由王耀武亲笔写下："如吴鸢万一发生不幸，其家属老少生活和子女教育费，由余（王自称）完全负责"的字据。

三个人到了芷江，经空军医院复检身体合格后，再教以使用降落伞的方法和跳出机舱的动作。休息两天后，在一个晴朗的早晨，上了飞机。三人分乘三架P51式双座战斗机（P51式一般是单座），恰好是一个小队。吴鸢乘坐的飞机机长是著名文学家郁达夫的侄子郁功成。三个人都是头一次坐飞机，而且又是战斗机，心情非常激动。

一切准备妥当，飞机起飞了，这时耳机上响起声音："看，右上方三架是C47，运输物资去江西的，左上方六架是B24轰炸机，去福建方面执行任务的。"平时在地面看去很庞大雄伟的飞机，这时在空中了望，很像小鸟在飞翔，刹那间，便在辽阔的天空中消失了。耳机又响了，"请看地面"。低头俯瞰，地面上摆着红白两色的布条，一是"川"字，一是"十"字。这是我地面驻团的符号，是我军第一线了。

我们凭舱远望，只见白云朵朵，那山峦、村落，宛如儿童的玩具，公路各线、资水、湘江有如腰带，我军在地面上行动的部队，用"人蚁马豆"来形容，再恰当不过了。

"注意，马上要战斗了。"人们情绪陡然紧张。还没有意识到这是怎么一回事时，飞机便如离弦之箭，向地面俯冲，从螺旋桨中，发出火光，接着机身抖动，一声巨响，地面便冒出浓烟，原来飞机在投炸弹。紧接着，飞机有如鲤鱼打挺，直线上升，再来一个侧身飞行。这一上、一下、再一个侧身大转弯，使人眼花缭乱，直觉得五脏六腑在翻滚，早上吃的东西，全呕在毛巾上。当飞机恢复平行时，只见地面浓烟一片。飞机盘旋一圈，向西飞去，地面几门高射炮，这时才发出无可奈何的呻吟，好像给飞机送别。

当飞机临近芷江上空时，便听到芷江机场指挥台的指示："现在跑道无空，请稍缓，听令在北跑道降落。"于是，飞机在芷江上空盘旋了三周后，才缓缓降落。在芷江，我们休息了一天，访问了空军第四大队唐闻天大队长，听他介绍一年来的作战经过：共飞行一一〇九小时，出动七八二架次（运输机不计），击落敌机六十一架，可能击落廿一架，击毁地面敌机一百一十架，可能击毁五十六架。三人回到安江，大谈其随机出征经过，讲的人眉飞色舞，听的人啧啧称羡。

二、盛大的军事会议

六月十五日，何应钦偕同美军将领麦克鲁、索尔登、齐福士和总部高参冷欣等一行，飞抵安江，由王耀武陪同，到激战地点之一——江口东南的青岩视察。何接见了战功卓著的第十九师五十七团团长钟雄飞、第五十七师一七一团团长杜鼎、营长李忠亮、连长周北辰等。对周北辰固守青岩，与两倍之敌血战一周，阵地岿然不动，大加赞许。麦克鲁代表美军当场授予周北辰以银质自由勋章，这是美军联络组授予中国军官的第一枚勋章。受训仪式结束后，何应钦、王耀武、麦克鲁等走上青岩最高点，仰视群峰与云天相接，俯瞰地势，深邃曲折，小溪交错。

第二天，举行了军事会议。到会的有军政部长陈诚、兵役部长鹿仲麟、联勤副总司令陈良、第三方面军司令官汤恩伯等，还有许多客卿、美军将领参加。

会议桌子是Π字形。何应钦坐正中，左为陈诚、鹿仲麟、陈良、肖毅肃，右为麦克鲁、索尔登、齐福士，两头由汤恩伯、王耀武对坐。两条长桌：一条坐的是各军军长与驻各军美军联络官；一条是方面军正副参谋长和第一、二、三、四处处长、兵站司令、军政部、兵役部、联勤部的有关司、处长以及湖南省政府洪江行署主任戴岳（兼代表第九战区长官部）、洪江师管区司令王时等。上午是报告作战经过，下午是整补措施。综合胜利原因有：（1）各军将士，忠勇用命，动作协同（包括陆空配合、美军联络官的工作协力等）。（2）地形熟悉，敌情明了，民众通风报信。（3）后勤补给及时，通讯迅捷。可以说得了天时、地利、人和。存在的缺点是新兵素质差，一些师、团管区用抓丁、买丁的办法凑人数（会后，洪江师管区司令王时被撤职）；少数地方官员，不知去向，对发动民众协助打扫战场、救死扶伤工作做得较差；公路交通次序不良，发生车祸数起，等等。何应钦作了总结讲话，对第四方面军全体将士英勇作战，彻底执行命令，非常嘉许。尤其对王耀武指挥卓越，捕捉战机，部署恰当再三称誉。

这时，各军缴获的战利品陆续送来，陈列在一栋大空房内，计有步枪一千一百余支，轻重机枪共八十一挺，大小炮二十四门，其他钢盔、弹药、战旗等甚多。这次会战俘虏日军尉官十一人，士兵二百零三人，打死打伤日军二万八千多人。

六月十八日，由重庆来了慰问团和一批中外记者，其中外籍记者有合众社王六达、自由杂志社白克、美国新闻记者协会哈德曼、美空军新闻处艾思乌。本国报社记者有：中央通讯社、中央日报、大公报、扫荡报、大刚报、西南日报、新蜀报等。他们除采访、拍照外，还索取一些小战利品，如太阳旗、照相机、小手枪等，一时车水马龙，有如山阴道上。

三、论功行赏

七月四日，军事委员会以委员长名义发来嘉奖电，电文如下：

> 王司令官并转各军长暨全体将士：此次敌犯湘西，该部官兵，英勇奋战，迭挫敌锋，斩获甚众，应予传令嘉奖。尚希督率各部，速歼残敌，以竟全功。

对这次战功卓著的部队，军委会授予武功状、荣誉旗计有：

第七十四军五十一师：武功状两轴、荣誉旗一面。表彰龙潭司歼灭战。

第十九师及第五十七团武功状各一轴，表彰放洞、龙潭司歼灭战。

第十八军十一师：武功状一轴，表彰山门阻击战。

其他被授予宝鼎、云麾勋章和陆海空军、干城奖章及晋级的军官共有三百二十余人。其中有如十九师第五十五团团长陶富业升任方面军第二处少将处长，暂编十三师第三十八团团长钱伯英，升任方面军第三处少将处长。

美军东线指挥部指挥官金武德准将，经美国方面批准晋升少将。他们开了一个隆重的鸡尾酒会，邀请中方师长以上军官参加。美军驻中国总部联络官通知，美国政府授予第四方面军自王耀武司令官以下有功军官四十余人以金质、银质、铜质自由勋奖章。

正在重庆复兴关青年干部学校举行的国民党第六次全国代表大会，在增补新的中央委员中，王耀武是得票多数者之一。

何应钦向大会作了湘西会战的军事报告，受到多次的掌声。接着，国民政府打破抗战八来停办将级军官晋任的惯例，给予王耀武、杜聿明（当时任第五集团军总司令）、肖毅肃（当时任中国陆军总部参谋长）三人，由陆军少将晋任为陆军中将（按国民党军官人事制度，官、职分开：如军长职级是中（上）将，但官级是少将时，相差两级，不相称，应予晋升。王、杜等在抗战开始时，均任师长，职级为中将，官级为少将）。

湘西会战将以其光辉的事实，载入中华民族抗御外侮的史册。

三个月后，日本无条件投降，在长沙岳麓山的湖南大学礼堂上，指挥湘西会战的日军指挥官坂西一郎中将，向王耀武呈上降书，并献上自己的战刀。

我们守住了湘西[1]

【原编者按：由于本文作者的ｗ上校，个儿不很高大的缘故，以其原稿递到我的书台上时，竟因扔在一边而延搁了两天，这是我很感抱歉的地方！私幸无损於本文的价值，亟为刊出，以飨读者。——溟飞】

自从湘桂、粤汉、桂黔几条铁路干线弃守以后，湘西成了我们反攻的最前线！敌人在铁路沿线建筑了袋状阵地，他随时都幻想着有一列列的兵车，从越南安全地回到辽远的朝鲜，驰骋于中国的大陆；特别在"帝国灾难严重"的今日，中南半岛的陆军，都将由这"走廊地带"撤退；在蹂躏华南、焦土华中、死守华北的口号下，确定今后军事行动的目标，所以已成尾声的豫西鄂北之战，和现在进行的湘西之战，他的目的，在军事上，无非以攻为守，确保交通线的安全；万一撤兵的时候，也可以避免一下我们有利的反攻，走得轻松自如点。在政治上，是眼见纳粹已经崩溃，本身迟早也是如此，硬想将我们也拖进泥潭里去，来一个"和尚绝嗣，大家无后"，作为政治讲话的资本。何况旧金山会议正在举行，六全大会如期举行，举国上下，正致力于团结与整军，它就不得不狗急跳墙，来一个有限目标的攻击了。

湘西之战，是起自四月八日的夜间，敌人集结了四个师团以上的兵力发动攻势，到今天已经打了二十三天；在这二十三天中我们英勇的将士用血肉配合了雪峰山的天险，写成了无数壮烈的史诗。现在我们可以在收支账上来一笔预支，即是："我们守住了湘西！"

在这里我简单地介绍一下湘西的面貌：这里指的湘西，是右自湘桂两境，中经新宁、邵阳、永丰、宁乡、益阳到洞庭湖北岸。这个弧形

1.原载民国34年（1945年）5月5日《中央日报》第一版。编辑溟飞，即时任《中央日报》社长段梦晖。

正面将近二千里，雪峰山横亘之中，像一座巍高的铁塔，资沅两水如腰带似的在雪峰山的东西两麓，扎成了两道坚强的"线"。这里有我们的谷仓（滨湖之米豆），布库（安江纱厂）、纸柜（邵新纸厂）、兵工厂、文化城（湖大、国师、□商及长衡迁此十余个中学）；南向湘桂，东趋长衡，北拊洞庭，真是个四战之地！特别是川黔的屏藩，陪都的门户，更有芷江、沙湾的空军基地，为东南各省的大后方的联络站。京、沪、鄂、赣敌军的活动都在我空军压制之中，当这春暖草长时，敌军自然选择这个时间与空间，来一个军事赌博！

敌寇这次进犯的阵容，依然是"分进合击"，首先在洋溪佯攻，北路犯新化，拟进出溆浦、辰谿；北路分作两起；一起由巨口铺（宝庆、新化间）犯赛市、隆回司、龙潭司，直趋安江之北，将湘西截成两段；一起沿湘黔公路，经岩口铺、桃花坪、洞口西犯，南路由城步、武冈，沿巫水进犯黔阳、洪江，这样交织成它在沅水以东，雪峰山隘作"一网打尽"的好梦。

天下不如意事十常八九，敌寇便逃不出这个定规。其初偷渡资水成功，进展到龙潭司附近的时候，真个来势汹汹，但是，我辉煌军周志道少将，第一个挡住了它的箭锋！双方在青山界、白马山、放洞、大黄沙、龙潭司，杀个昏天黑地，日月无光！敌军好几次冲到周少将的司令部都被打回去了，这样，战局变成了胶着。我们想，敌人必争的理由，是这是一条通往安江的捷径，由此往西可以横冲直闯。我军必守的理由，是必须确保这口袋底，才能使两翼友军进出，援军到达战场。这一仗是胜利的转捩点，双方都全力争夺，于今青山界、放洞、大黄沙这些据点，统统由李天霞中将所部收获。下一行动，将是我们的反击了！

在湘黔公路正面的岩口铺、洞口、山门、武冈，都有我们的野战工事，我军在未换装备以前，凭藉这本钱的据点，用血肉来和敌军硬拼，他们忍饥挨饿，一点也不气馁！岩口铺已守了近半个月了，守军袁副营长楚俊、连长罗文圣，还能利用空军飞临上空的时候，联络反击。桃花坪、芙蓉山的吴亚杰副团长、孙廷兰营长，洞口的冯继异副团长、何叔良营长、山门的高子曰副团长、葛道遂营长，武冈的宋去病副团长、高崇仁营长，他们那种坚毅、勇敢、决死的精神直和四行孤军媲美！但是由于地理的关系，他们是不为国人所注视的！我们不仅尊敬他们替国军树立了新的军人魂，更钦仰他们在战术上创造了独自战斗的作风。

湘西之战，已发展到最高峰，雪峰山的烽火已渐渐使全国人士焦虑；但敌军一贯的钻隙迂回战法，在这里已经失去了作用。方面军的司令官王耀武将军，坐镇在雪峰山西麓，那种雍容镇静的精神，果敢卓越的指挥，加以盟军的热忱勇敢，陆空军的密切协同，官兵战意坚强，地方上公正人士的参加，军民合作，这些，都是守住了湘西的决定因素。我们知道苏德之战，由苏军是从守住了史城起，才反守为攻。那么从今天起，我们守住了湘西，将是反攻胜利的前奏！当笔者踯躅在安江街头看着这安静的市容，我想起了王耀武将军一句话："我们一定能守住湘西，让我们共同写成这一篇伟大的战史！"我确信："我们是守住了湘西"了！

空征资沅[1]

【原编者按：倘使读者不健忘，该还记得我所介绍的"以口腔为武器"的准将吧？下面就是他的一篇大作。——溟飞】

——浩浩乎如冯虚御风

——飘飘乎如遗世独立

假使人是长了翅膀，像鸟一般，能在空中徘徊、翱翔，那么浩浩乎如冯虚御风，飘飘乎如遗世独立，该是多么的高兴；然而现在每一个人都可以长上翅膀了，航运发达，空游已经成了家常便饭。可是乘战斗机上前线打仗，坐联络机到敌线侦察，散传单，冒上生命的危险，仍然是不容易得到的好机会。

湘西之战使我两次空征于资沅之滨，这应该感谢我们的罗文卿少将和王重之上校，前者给我办交涉、鼓舞，后者为向导情殷。

四月八日，敌我在洞口山门间血战正酣。这天，朝霜密如蛛网撒向大地上不辨方向，我和湖南《中央日报》段梦晖社长，中央社张弓特派员，坐着盟友的吉甫卡，驰赴芷江。由于车行甚速，四周布幔包围得一点也不透风，混浊的灰尘和刺鼻的汽油味，使肚里的黄水也呕出来。梦兄一再给我涂上万金油，也等于零。根本的办法是需要新鲜空气。果然，当戈尔壁军曹允许我移坐到前面的空位上，和风吹走了胸中的沉闷，阳光温暖的给我以动力，人便爽朗多了。光明、自由、热力，是我们人类的必需。而我们现在的抗战不正是为着我们自己和下一代的子孙去争取光热、自由、清新的环境吗？

---

1. 原载民国44年（1945年）5月17日《中央日报》（湖南安江）第一版。又：第一次空征轰炸的结果请看本书《湘西会战》一文。

三个小时，汽车送我们到空军基地——芷江，这时空中的机群一起一落，恍如惊巢的飞鸟，使我疲惫的身体，顿时兴奋起来。当我们这一行到达空军第五大队时，飞将军是那么热情诚挚，但愿我国人永远和青年空军将校一般。

时间还有余裕，使我有时间访问这名闻遐迩的芷江。当地负责警备责任的刘少将、负十万大军补给责任的张乃恒少将，张超上校等等……给予许多新的知识。入夜，横贯沅江的龙津桥上行人如织，徘徊在街头的难胞，络绎道途的吉甫卡，终宵夜吼的机声，地面空中，各色各样的信号弹这样织成美丽的夜景。

也许因为饱食的缘故，一夜都不曾入梦，当天边有了几络淡红的朝霞时，便唤醒了两位伙伴，稍事整顿，兴冲冲地奔赴机场。沿途有许多露宿的人马，使人们想象到这是昨晚机声达旦的成果。当机场在望时，五步一岗，十步一哨。虽然这般严密，我们一点也不嫌罗唆，因为这是敌人寝食不安的眼中钉，没有周详的警卫，不足以保护它的健康。承重之兄当向导，我们一直走到休息所，极目远眺，这一片人力造成的广场，停留着各程式不同的机型，那金碧辉煌硕大无朋的运输机；圆翅短身子，形如大雁的是P-40和P-51(亦称野马式)，黑色面孔，敌畏如虎的是黑寡妇……，三五成群，各霸一方，而跑道上每一分钟都有飞机降落。但见沙尘滚滚，形成了黄色的烟云。

我乘的是××号双座P-40型的战斗机，由名文学家郁达夫的本家郁功成中尉驾驶。他年轻活泼，已经有了击落敌机三架的记录。去年在长沙空战，以寡敌众，不幸负伤，他对我们夸耀那块光荣的血疤。

上机了，郁君像教小学生似的，给我背上了降落伞，戴上飞行帽，指示一些应注意的事项。坐到机舱后，又给我扣紧了腰带、背带、绑得挺结实，活像犯了重罪的囚徒。之后，如何拉伞，如何下跳，又是一番口诀。最后戴上耳机，将无线电话插头接上，才发动马达。当司令台发出准予起飞的信号后，我便不知不觉飞在芷江的上空了。

机身慢慢地上升，约有二千公尺，便一直向东平飞，好像泛舟于风平浪静的小湖中，那么平稳舒适。机舱里各式各样的电线、记录表增加我的好奇心，轻轻地摸摩着。各种景物，透过透明的玻璃窗，投向我的眼前。

"注意，右翼友机！"郁君在电话中提示，果然两架野马式从我机的右边掠过，又朝东北飞去了。"请你再注意上空！"啊！十二架B-24型的轰炸机正排着品字队形东行。我再俯瞰大地，那起伏的山峦，像各种的野兽，蛰伏着一动也不敢动；梯田有如老年人额角上的皱纹，一条紧连着一条。森林、河沼、村落，恰同我们战术作业的立体兵棋，这图案是多么的壮丽。仰视晴空碧落，大地无垠，真显得人是太渺小了，偶尔将头伸出机外，风几乎可以将人吹起，间有一朵朵的白云，似飞絮一般的飘荡，无拘无束地浮沉，怪不得我古代许多文人写出无数歌颂自然的伟大文章。十分钟后，飞过了安江，沅水如带，四山如墙，这是湘西会战的司令台，由这里发出了胜利的信号

机身一直的往上升，霎那间将雪峰山撇在脑后，到达洞口上空，机身逐渐下降，左右旋转，有如回翔之鹰，在寻觅地上的食物。但我们失望，洞口南北两岸是除了一片瓦砾，什么也没有。宝榆公路如受伤的蚯蚓，蜿蜒于田亩之中。由此北飞，将至山门，笼云如雾，不易辨识；折向雪峰东麓，在江口东北地区发现了我们的标示布，立刻向下俯冲，机舱从螺旋桨的两边，发出了正义的吼声，火花四溅，而我什么也看不见，只觉得心里有点飘飘然，头有点昏昏然，若不是绑得紧，这一下子恐怕便甩在机外了。"说时迟那时快"，机身又急剧地上升，再俯冲，再上升，如此三回，我似乎看到地面上模糊的人物在蠕动，而肚里的早餐也夺门而出；既舍不得放过伟大的场面，又生怕弄脏了这庄严整洁的机舱。这尴尬的场面，是不难想象到的。当西飞途中预定在江口投下通讯袋，无奈云挡住了视线，山高云低，只好原封带回。计往返一小时又十五分钟，结束了这一次的空征。

三天之后，湘西之战在王耀武将军指挥下，已作胜利的追击，我乘225型的联络机，到桃花坪、望乡山、宝庆……一带侦察敌情，散发传单，希望有好几处被我军包围的残寇放下武器。

225机是没有自卫能力的，速率比P-40慢三分之一，它的优点是只须有六十公尺长，卅公尺宽的平地，便可升降，通常是配属炮兵的观测和指挥用。这次我们要飞到敌后，是相当的危险——地面的火力，空中的敌机，都是死对头；但，我们一点也不怯懦。在十三号的早晨，带去一扎扎的传单和安江《中央日报》敌后版，向目的地飞去，在我阵地上空，航行约八百公尺的高度，所以景物看得清楚。公路上有不少的难胞，形成很长的行列回家了。飞过每一个村落，都可以看到一群朴实无邪的农民，翘首而望，他们对空军是那么的喜悦！

当到达指定目标时，我们尽可能升到二千公尺，投下传单，我敢发誓，没有看到什么，不知道鬼子们躲藏到什么地方去了，盘旋一周才鼓风西返。由于有了上次的经验，人也不晕不吐，我相信人唯有在战斗中，才能将人锻炼得更加结实。

两次空征，使我稍有一知半解的空中浅见，在不好写军事机密下，我可能报告的是驻芷江的中美混合第五轰炸大队，在邓宁士上校和张唐天上校协力合作下已创立了不朽的勋绩。一年来由均势到相对的优势。我们已经很少看见敌机出没湘西的上空，这便是战绩辉煌的明证。这次湘西之战关系这唯一前进基地的安全，他们尽了最大的努力来协助地面作战。平均每日出动最多到140架。军官美籍约占三分之一，更难得的是我们这三分之二的空军将校，他们的待遇比盟友差得多，也并不如我们想象中的丰厚，一切设备很简单，在湘西特别感觉到精神食粮的缺乏。然而这些绝不影响他们工作的兴趣。

我们深深地知道，湘西之战是八年来陆军第一次挡住了敌人的剑锋，同时也是陆空第一次协同得"挺好"。地面部队守得住，空中飞机炸得准，这就是我们反攻胜利的保证。我抬头看看天空来往不停的铁鸟，再看看地面英勇的陆军，到岳麓山看红叶，该不是奢望了。

五、十五于安江

怒吼中的歌声[1]

——南昌救亡团体劝募寒衣歌咏特写

其

他

自己便是伤愈回队的。因为某项的公差，前天来到了南昌，幸运地参观了南昌各救亡团体为抗战将士劝募寒衣的歌咏大会。是的，这几天的天气是渐渐底寒冷了，前方的英勇将士还是餐风露宿（村庄为敌机轰炸目标，有时为地形限制数十里也找不到一个宿处），寒衣的需要是如何底迫切。

地点是在警察总局大礼堂这一个著名的所在，很容易被找到。

一个能容几百人的广场，在白热的电炬下，观众陆续地来到，虽然离开幕的时间还有十几分钟，座位上已黑压压的坐满了人。

首先是□□□军（编者按：军队番号不便在报上发表）军乐队的《前奏曲》，北方人高大的躯干配着激昂的乐声，又在开始的第一幕，这恰是军人站在最前面的象征。其次，赣保政训处的《流亡三部曲》，十分钟内给我们带来三种不同的心情。首段凄凉的叫喊，许多人都洒出同情之泪。现在南昌市上许多的难民可不正是么？次段的嗟叹，表示徘徊是无用的，所以末了惟有起来抵抗才是办法，给人一个光明正确的指示！几千只手在狂热地拍掌。

---

1. 原载民国27年（1938年）10月19日《江西民报》第4版。

游击队司令部和妇指团的合唱也不坏，他们第一个歌便是《游击队》，不啻本身的写照。接着是赵宪保君的独唱，孟晓君的大鼓。孟君大概是平津附近人，流利的国语，嘹亮的说白，将新的事实装入旧的韵律里，给人发出轻松的微笑和兴奋。

□□□师和广东慰劳团的歌咏，接连的排着，中间曾唱了两段广东方言的歌词，使听众们耳目一新。工余歌咏队和大巷口工人俱乐部的歌咏，很得群众的欢迎。他们白天是那么辛勤，晚间是应该休息了，可是为了给保卫民族的战士劝募寒衣，不得不减少休息的时间。赤足，短衣，天真的本来面目。

□□□师政治部歌剧的《总动员》，场面是那么严肃，紧张，当唱到"中国站起来了，全世界已听到我们的怒吼"时，幕后的党徽显明地慢慢上升，观众很整齐的立正着。

其他，□□□军歌咏队的《风陵渡》和妇女促进会的《募寒衣》，青服团宣传大队的口琴等，都不同凡响。

末了的大合唱，将一个伟大的盛会结束在这洪流一般的歌声中。

三个钟头轻轻地溜过，当观众走出大门时，喜悦透上了他们的眉梢，这告诉我们，不只是歌声的悦耳，乃是这些有力的怒吼，在刺激提高他们的抗战意识与情绪。

中国是站起来了！在这里已经不分军民、阶层、老幼、地区，大家站在一条线上努力，胜利是属于我们的！希望南昌市救亡的团体，像这样有意义的盛会，不妨多举行几次，可是在节目，时间，舞台装备，要事先妥善才好！

二七，十，十七于南昌旅次

今日庐山[1]

横看成岭侧成峰，到处看山山不同，不识庐山真面目，只缘身在此山中。

庐山这江南避暑胜地，这曾作为政治中心的所在，这游击战争的基点，而今沦陷一年又六个月了！记者今遇庐山来人，纵谈如下：

庐山海拔三千六百尺，最高峰约四千六百尺，常年多雾，故有"难识庐山真面目"之喻，夏季最高温度约七十五度，尽管平原上的人们在汗流浃背，山中还得穿夹衣哩！那乱山丛中，小巧玲珑，千百座的洋房依山而筑的，便是名驰中外的牯岭。自我政府收回租界区域之后，大事修整，并预备修建上山吊车（和香港一般）！机件已运抵上海，因抗战军兴终止。电影院、网球场、图书馆各项设备，莫不应有尽有。到处是短墙作围的精舍，窗内的琴声笑语，不时逗引行人。毕竟，这过去的已经过去了，现在的庐山人口不满三千，不及战前的二十分之一（按：战前最高数字约八万人。）商店虽然大半开门，但货物寥寥，行人稀少，任凭山禽在整洁的街道上飞来飞去，真个"门可罗雀"，这情形恰是大风暴雨后的现象。

在河西路，有蒋委员长的住宅，屋角用山石堆砌，门首立着的两株白皮松依然挺秀……山中的居民看到这所住宅，便会想到宵旰勤劳，日理万机的领袖，假如经过这儿时，远远地便将帽子摘下来，表示敬意。这已成为他们唯一眷念与启慕的所在了！

曾经为训练干部中心而遭倭寇仇视的军官训练团，大门是关闭了，四周草长如蒿，寂无人迹。只有桥下的瀑布在石卵嶙嶙的溪涧中地整日澎拜流泻着，似乎将满腔的仇恨与悲愤寄予泉涧。

1.原载民国29年（公元1940年）12月21《益世报》第2版。

抗战后的庐山，她曾经利用了那叠嶂层峦，天然的优势地形，孕育着千万的游击战士，和岷山共为赣北的两大游击根据地。而战略上地位，还较岷山为优。东至鄱阳湖滨，北抵大江，南至星子，西至德安，这密如蛛网的樵径，在大武汉外围战中，为我游击战士驰骋的要道。他们曾英勇地对南浔线上的敌军予以致命的打击，这战斗一直持续到去年五月我军退出庐山时为止。当游击队在山上的时候，居民节衣缩食，热烈帮助，而×××先生在战争紧张时，冒险到山上小住数日，指示机宜，至今尤脍炙人口，许多新的动人的故事，像神话一般流传。

　　现在奸伪在庐山成立伪庐山公署，以华逆徇安主持，专事剥削。至于敌国的浪人们，不耐山中岑寂，在山上住的倒不多。

　　庐山这渐渐被人们遗忘了的名山，五老峰的灵峰插天，三叠泉的悬瀑如练，牯岭一带的绿草如茵……这美丽动人的画面！在这上面回荡着的弥天大雾，会将山中居民陶铸得更为坚强而有力的。

从黑暗走向光明[1]

——记伪南昌保安队反正

在"药不过樟树不灵"樟树，记者为着新近反正过来的伪南昌保安队大队附李长林（现任×师副营长）和他的夫人及其各同志，这从黑暗走向光明的一群，是值得介绍的。

反正前夜

李长林原任国军连长，二十九年六月，在南昌外围战中，不幸负伤被俘。当时，他本想一死报国，可是敌人不叫他死，伤好了，关在"集中营"做苦力。他也曾尝了好几次辣椒水，但他拒绝任何合作条件。后来有一位伪组织的小职员，因过失关在集中营，对他讲明伪组织中，除了首要以外，其余都是为着生活压迫的，谁会真心当汉奸？叫他见机而作，不要白白牺牲宝贵的青春。他颇受感动，想起了大锤评剧主角王佐曾经诈降救陆文龙的故事，那么今昔虽然异趣，倒很可以模做一下，因此被释放了，发表为伪南昌保安队第三中队附。但是，特务机关、大队长的爪牙时常"盯梢"，他格外地警惕，沉默服从，换取了敌伪的信任。去年十一月升了中队长，检查内务考第一，更得着敌伪的欢心，于是在敌南昌市指导部长八代中佐和保安队顾问增田大尉的主持下，将伪南昌县筹备处长朱方隅的姨侄女范有梅女士（南昌妇女情报训练班二期毕业），年方十八岁的佳人给他做老婆（朱方隅的女儿为增田大尉的外妇），一切费用全由敌伪负担。增田大尉更特别告诫他俩这是"皇恩浩荡"，应该努力工作。婚后，他用种种手段说服范女士同意反正。

---

1. 原载民国30年（1941年）6月13日、15日《大江日报》第二版，同年7月3日 《东南日报》第四版转载。

第一次，在上年十一月廿九日，他被派驻南昌东南二十里处之罗家，因事机不密，汉奸报告，押回南昌禁闭，经妻的努力，准予自新，今年三月升任大队附并兼队长。

上高会战后，敌因伤亡过大，将一些次要地区防务统统交给保安队，他任瑶湖（进贤前线）附近守备，限期两个月换防，当与我情报人员约定四月廿日渡湖，哪知伪组织临时命令他提前三日交防。他因事机迫切，不能等待，遂于四月十八日夜间以换防为名，将部队集中于湖边（离我军防线约三里，中间隔瑶湖），一面派忠勇同志警戒及准备船只，一面向士兵宣布反正，晓以大义。同时，范女士从旁边劝勉，大家悦意。可是船只没有，临时找到一只宰猪的木盆渡到南岸，经我方派出渔船三只接渡。他再第二次渡河。这时天已微明，当船到湖中心时，北岸战车声与枪声大作，想是敌军闻风赶至。可是那未曾渡河的弟兄们又不知如何了？这次他们带给祖国的礼物是武装士兵四十余，机枪两挺，步枪三十余支，其他弹药等。他准备以更大的努力去雪这前十个月的屈辱生活！

魔掌下的南昌

沦陷二年后的南昌，李长林同志告诉我们的情形是如此：

政治 伪政权是始终无法确立的，在南昌伪组织的机构是南昌市政府筹备处万熙，南昌县政府筹备处朱方隅，新建县政府筹备处李华觉，表面上是市府管辖县府，其实谁也不能管谁，各有各的后台。最高权力机关是敌南昌市指导部长八代中佐，其余便是各机关的指导官和驻南昌敌宪兵队这三个组织。辖区是几条残破的街市（中山西路、环湖路、北坛路、沙窝里均划入军事区里）大家像饿狗拾骨头似地争夺，醉生梦死，唯知搜刮。屡次宣传正式组"府"，都临时展期。这次本有于五月一日成立伪江西省政府，同时改组南昌市区行政机构的传说，因上高会战失败而流产了。

军事 南昌外围的敌军，经常保持两个半师团。鄱阳湖滨，气候潮湿，疟疾特甚，鬼子们的病兵特别多，感于兵力不足，同时以华制华计，先后成立南昌、新建、靖安三个伪保安大队，约等于国军三个营，维护秩序和拉夫、收捐、守门的杂务，作战时到前线做啦啦队送死。保安队的官兵多系强拉南昌附近的居民和少数负伤俘去的士兵。他们大都不惯奴隶生活，不断反正，使敌伪异常头痛。每有一次变乱，即收缴一次枪支，但施以"感化"后，又再起用。大队长、大队附只有给鬼子们做帮凶，打听民间穷富，有钱的硬派他私通"党军"，敲诈勒索，这种有计划的绑票，已将市民个个变成乞丐。谈到汪逆的和平救国军，由于伪组织的根据地盘概念，拒绝入赣。至于伪军服装，和国军唯一分别的是帽徽大，加条很细的红圈。

经济　在南昌，有台湾银行分行（在旧中央银行内）与赣银行（伪组织管办银行），专司掉换军票至法币。一切贸易以军票为单位，但又无法禁止法币使用，乃故意压低其价值。上高会战后法币骤涨三成。一切物资统由敌洋行集中，强以廉价收买，再以高价出售。在洗马池一带，那许多日文市招和木屐人的进出使人疑心置身敌国中。最近米也买不到，一切生活必需品，异常缺乏，恐怕连树根草皮都要成为珍品了！

文化　第四战线的宣传是帝国主义主要政策之一。在南昌，寇军利用无耻文化汉奸发行伪《江西民报》（与伪市府有关）《新光周刊》（与伪新建县府有关），均系四开一张，另有伪《武汉报》（汉口出一大张半）《中华日报》《新中国报》（上海版一大张半），每天宣传"皇风"，鼓吹"和平"，捏造战报，并给轴心捧场。对于海淫海盗的新闻连篇累牍，认贼作父，真不知人间有羞耻事。因无人订阅，便挨户摊派，另外成立日语训练班强迫入学，十五岁以下的儿童，非人人入学不可。

其他　自汪逆登台后，劝寇军采取怀柔政策，少数被俘去的伤兵，下士以上的，统给他娶房媳妇，用金钱、官位、女人来笼络外，鸦片公卖，妓馆林立（日妓不少）。电影院天天开映宣传"王道"的"佳片"，使人民麻醉在这些无耻荒淫的生活中。而另一方面是恐吓、暗杀、强奸、诈骗。每一人都不知道什么时候会死和死在什么地方。出门一步得留心，搬居证、通行证、安居证、购物证……种种不同的剥削与凌辱，天天度着那悲惨的岁月。可是他们都坚信国军迟早会去拯救他们的。

这次上高会战，敌军自认为这是在江西两年来第一次的失败，逃回南昌时，迁怒伪组织情报办理不善，杀了许多汉奸。对于我岭南军××部的战力坚强特别称赞，在《大师报》（敌××师团报 日文版）和《江西民报》中公开声称为中国最精锐之部队。其实环绕着鬼子们的国军，都是强壮而精锐的。那浩荡的鄱阳湖，便是鬼子们的水葬地啊！

三〇、六、八　分宜

侦破汪精卫被刺案经过[1]

前言

汪精卫，是众所周知的变色虫式的政客。二十世纪初，汪以刺清摄政王而名扬四海。1935年11月1日，在南京国民党中央党部大院，又以被刺而轰动中外。笔者当时在国民党中央军校教导总队任中队附，是复兴社的基层干部之一，临时调去参加刺汪案的侦破工作，因此，对案件有所了解。

刺汪案，涉及面广，情节错综复杂，加以作案集团狡猾多端，如特务处对外事务组一度认为已有线索，结果还是一事无成，枉费人力物力，最后才确定是王亚樵所为。蒋介石在刺汪案发生后一再严令缉拿，当时并无结果，据闻，在一年后才将王捕获处决。现将当时所知情况记述于后。由于事隔半个多世纪，手头又无案卷可查，全凭记忆，自顾年老（今年八十一），智力衰退，失误之处，在所难免，尚祈知内幕者不吝指正。

刺汪案的实录

1935年11月1日，国民党召开六中全会。事前通知与会者一律着礼服，应于当日上午八时前到达总理陵堂，举行谒陵仪式后，回到中央党部大院内摄影，九时开会。蒋介石准时到达总理陵堂后，各代表、委员们才陆续来到。其中服式不一，有着礼服的，也有着中山装或便装的，

---

1. 本文原载 1989年9月 《江西文史资料选辑》总第二十五辑（国民党政治生活见闻）。江西省政协文史资料研究委员会编，作者吴幼元。吴幼元当时是教导总队中队附，最后军职是南昌城防副指挥官，现为南昌市人民政府参事室参事。本文经吴鸢整理后发表，现经吴幼元家人授权，收入本书。

蒋介石见到这样不整齐，拖拖拉拉的现象很不高兴。八时二十分，谒陵仪式结束，蒋介石也不讲话，便坐着汽车先走。他与侍从人员分乘三辆车，他在中间一辆。蒋介石自知树敌太多，时刻提防别人的暗算，因此，外出必着黑斗篷大衣，以防万一。

蒋的汽车离开陵园约二华里时，突然有一部白牌汽车（出租车）追了上来，白牌车内有人伸出头来向蒋介石的坐车探望，使蒋生疑，便叫司机慢开，让白牌车先走，白牌车只好向前开。当蒋介石坐车到达距中华门半华里处时，又见白牌车停在路边，当即停车叫侍卫下车盘问，对方说是新闻记者。蒋觉得今天的情况有点不对头：新闻记者的车子敢在中途超车、窥探、又中途停下，令人疑窦丛生。回到中央党部后，蒋便到休息室坐着。当人们集合在大院内准备照相时，汪精卫告诉侍卫长王世和，请蒋莅临，蒋不开口，也不起身。汪精卫是副总裁，只好领导照相。照相后，大家进入会场，汪精卫走在最后面，正待进入门口，突然枪声四响，汪精卫中枪倒地。这时在汪精卫身旁的中央委员张继，马上将凶手抱住，凶手既开不了枪，也跑不了，汪精卫的卫士即向凶手开枪，凶手倒地，一时现场混乱。蒋介石的侍卫和宪兵警察也赶到，当即将汪精卫和凶手送到中央医院抢救。从凶手身上搜出晨光通讯社的记者证，姓名是孙凤鸣。

当天下午，蒋介石召集军营有关人员开会，到会的有陈立夫、谷正伦（宪兵司令）、桂永清（教导总队长）、刘健群（黄埔同学会）、贺衷寒（侍从室）、康泽、邓文仪、酆悌（均为特务处）陈良（军政部）等。蒋介石先听汇报，后将今天他从陵园到中央党部的路上遇着白牌汽车的事说了一遍，指责宪警工作失误，限一星期查出头绪，一个月破案，否则以今天到会的人员是问，并指示多抽调得力人员参加侦破，经费由军政部拨用，专案报销。总之不惜人力物力，一定要早日破案，以澄清视听；每天要派人去中央医院探望汪精卫，向他汇报伤情情况。

案发后的形形色色

刺汪案发生后，全国震动，议论纷纷，几乎一致认为是蒋介石派人干的，因为蒋曾派人刺杀过邓演达、刘庐隐，至今令人记忆犹新。首先是陈璧君，她公开说："凶杀是独裁者指示干的，我们决不能容忍，只有与其拼命到底。"陈公博说："破釜沉舟，义无反顾。"一些国民党的元老们也都怀疑系蒋介石所为，认为别人没有这么大胆。大家都抱着隔岸观火，袖手旁观的态度。张继比较关心，因凶手是他抱住不放的，他曾问过贺衷寒。宪兵司令谷正伦询问过桂永清，他怀疑是特务处康泽一伙人干的。陈立夫也在内部进行追查。军事委员会办公大楼彻夜办公，下令官兵不许外出；各国使馆、街道……均加派巡逻队。通过内部了解，蒋介石手下没有参与刺汪案，大家沉住了气，全心开展侦破工作。

新闻记者们先拜谒了林森主席，询问情况。林主席说："外边的事，我不知道，也不想知道，我是替蒋先生掌印把子。"有记者去问吴稚晖，吴说："我是无锡人，无锡有一百零八个烟囱，全国都像无锡，做到实业救国就好了。"

南京自国民党定都后，十余年来，一直是冠盖云集，昼夜喧腾的局面，刺汪案发生后，市面顿时冷静下来，刚天黑，商店就纷纷打烊，娱乐场所冷冷清清，只有中央医院车水马龙，通宵达旦；探望人员，络绎不绝。陈璧君成了特大忙人，指示随从人员如何接待。蒋介石请各派系首脑代表他去医院探望，计有罗家伦、翁文灏、张继、陈立夫和贺衷寒等。他们向陈璧君解释此事不是蒋介石派人干的，保证限期破案，并请陈璧君派人参加侦破，以示坦白。听说刺汪案发的当天下午，蒋介石暴躁不安，用冷水洗头，可见心烦意乱之极。

分析情况　部署工作

在蒋介石的严令限期破案、改组派的叫嚷及社会舆论的压力下，一个调集以优秀的复兴社骨干组成的专家侦察处，在11月2日成立了，下设四个组：

第一组：以原来特务处为基础，调用以前蓝衣社人员，由特务处领导；

第二组：以教导总队中的复兴社基层骨干（曾参加参谋班学习，受过特种训练的）为主，由教导总队领导，负责紧急任务；

第三组：由宪兵、中央军校中的复兴社基层干部组成，由宪兵司令部负责；

第四组：在步兵学校中的复兴社部分基层干部及练习营的军官中选拔组成，由中央党部负责领导。

以上调集人员行动迅速，于11月2日下午在特务处召开成立大会，会上作了情况分析报告。一致认为：

国内共产党经过长期作战，伤亡惨重，只求整补自安，不会寻找麻烦，也不会采取刺杀个人手段。

民主党派没有这样大的魄力和胆识，出此下策。

至于国民党内部，胡汉民的两广集团，目前政治、经济都很困难，不会向中央挑衅。至于地方势力，如山东韩复榘，也只是与日本人暗中勾结，已派部队进行监视，不可能刺汪。其他如云南龙云、四川刘湘、贵州王家烈，以及西北地方实力派，虽对中央怀有二心，但与汪无宿怨。

在国际，意大利帮我建设空军，但又与日本互通情报，出于某种动机，刺汪或有可能。德国的情况和意大利一样，一面助我训练新军，一面又偏袒日本，曾卖军火给西北地方实力派，反说中国人不争气，有可能参予刺汪案。俄国人（当时对苏联通称）是第三国际总部，企图中国赤化，经常在边界挑衅，阻碍中国统一，但不会采取暗杀手段。

日本在侵占我东北四省后，网罗汉奸进行颠覆活动，是最大的敌人，很可能收买亡命之徒进行暗杀、破坏活动。

目前唯一线索应从彻查晨光通讯社入手。

开始侦查行动

凶手孙凤鸣被汪精卫的卫士击中要害，昏沉不醒，医院用尽手段抢救，在十多个小时里，孙只睁开眼睛两次，嗫喘地说，中央军校有个姓张的，下面便听不清楚，于11月2日凌晨三时许死亡。根据"中央军校姓张的"这句话，到中央军校查阅官兵花名册，先将姓张的名字抄下来，再逐一调查。在军校4000多人当中，有十多个姓张的成为可疑对象，内有少尉司书张某（名已忘），是合肥人，年二十五、六岁，夫妇二人住在和平里军校教职员宿舍，女方没有工作，平日与邻居少有来往。一个多月前，还请了女佣人，女主人衣着尚时新，工薪与生活似不相称，有时有人来访，女主人也有时几天不归，看来情形可疑。当时，未报告教育长张治中，先将张家夫妇隔离审讯，发现双方供词矛盾，如婚姻介绍人、结婚时间、地点都不对头，便正式将张家夫妻关押，也不惊动邻居，派一对假夫妻住进张家，估计会有信件或有人来访。果然，11月3日夜，接到上海发来的电报，上面只有"母病速来"四个字。问张，说母亲在合肥，上海没有亲戚。他俩是不知道上海有电报来，照实供认的。经研究，这电报与汪案定有关联，凶手孙凤鸣所说姓张的，很可能就是这对夫妇。我们决定放鸟出笼送张家女人去上海。我们先打电报给上海工作站，要他们多派人到车站迎接，为避免出事，我们包了一节车厢，调了男女工作人员40名陪同前往，规定他们下车不要同行，在后面跟踪。我们用一只小皮箱，装进十多公斤的物品，下车后让张家女人提着，免得她东张西望。另外，安排两位女工作人员扮作佣人，伴随行动。11月4日下午8时他们上车，5日上午到达上海北站，按照事先的部署行动。出得站来，行约百余米，便见一辆人力车走到张家女人面前停下，说声请上车，价钱也不讲，也不说拉到什么地方。两位女工作人员便说，小姐上车吧。他们把车帘布挂上，免得她看到外面走漏消息。我们的人有的坐人力车，也有的叫出租汽车的，紧紧地跟着。到四川北路兴亚酒店门口，车停了，当张家女人下车时，从店里面走出一个着长衫的人来迎接，"女佣"马上递上网篮交给他，一同来到二楼早已订好的房间。"女佣"让张家女人躺着，"女佣"对长衫人说，小姐在车上受了凉，给你五角钱，去买点阿斯匹林或消炎片来。长衫刚出门，便被我工作人员逮捕。据供，此人来兴亚酒店一年多，是五洲药房友人介绍来的。今天来的张家女人，经常来沪，这次说她要来沪，两天前就订好房间，至于她是干什么的，并不知道。根据此线索，我们又在五洲药房逮捕了那个人。据那人讲：是一个名叫何圣明介绍他任联络工作，每月给津贴50元，姓何的叫他做什么，就做什么，另外，还有一个拉人力车的叫林大哥的，有时告诉他预订房间、买车船票之类的事，至于何圣明的住址、职业，则一概不知。

我们又把接张家女人的人力车夫逮捕了。据供，因为他曾接送过张家女人，这次才又派了他。他每月接人三两次，补助40元，至于那些人是干什么的，他一点也不清楚。他还交待，那个林大哥住西宝兴路××号。我们到林家，林不在，其妻说：老林去太古码头接客，回家时间摸不准。我们掏出一块钱，请她把老林找回，说是南京来人已送到老地方，请他去一趟。女人接过钱后，高兴地叫了一辆人力车走了，我们一边派人坐人力车紧跟，一边雇出租汽车先到太古码头隐蔽着。当见林家女人走到一辆人力车面前，与坐在车上的人说话，估计他便是林大哥了。据太古码头票房介绍，有艘香港来的客轮，经广州、厦门，现已进入吴淞口，马上会靠岸。果然，客轮一会儿就到了，有三个客人走在最后面，林迎上前去，其中一人说，来了三个人，再叫两部来。他们不讲价钱，拉着就跑，直到兴亚酒店才停下。我们事前已与守在兴亚酒店的人约好，他们扮成茶房引导三人到三楼，来人问，为什么上三楼？回答，二楼这几天无房间。三人来到三楼315房间，似乎已察觉到有点不对头。当我们的茶房去送开水时，见有一人在打电话，茶房说，电话坏了（是事先破坏的），请到茶房办公室去打。其中一个人问："今天是什么戏？票可以买到吗？"我们的茶房不知怎样回答才好，随口说："可以买到。"对方感到答非所问，马上关门，三人将茶房抱紧，问茶房是什么人？茶房说，你想干什么？你们是什么人？他们说："不许喊！"双方正在拼搏，我守候在门外的人，听到房内有响动，立即把门打开，掏出手枪说："不许动！"接着，我们又进去几个大个子。他们其中一人，慢慢退到窗口，猛然一个鹞子翻身，跳出窗外，赶上一看，已摔死在马路上了。余二人立被逮捕。据供：他们在香港、广州、汕头、新加坡都有据点，上海、南京有工作组，摔死者是上海组负责人。南京负责人是华克之。林大哥是重要交通员，负责传递信箱和接送人，南京的晨光通讯社，是掩护工作的据点。在上海，共逮捕六人，连同张家女人，一并解回南京审讯。

晨光通讯社

按照国民党发令，申请成立通讯社的，要有殷实铺保、连环保及荐任科长（县团级）以上的在职官员作保，方能领到许可证进行活动，晨光通讯社的店保是建康路上一家照相器材店，查对时，早在两个月前倒闭了，主人去向不明。连环铺保是香港一家衬衫厂，据香港复电，该厂在三个月前迁往广州，经广州方面调查，因无地址，毫无结果。保人是中央党部×科长，供称是受友人之骗，被撤职关押。

再说南京晨光通讯社，是个空壳子，简陋的平房，除几张办公桌椅，少数文具用品外，已无人影。办公室屋角，一大堆纸灰，在纸灰中反复翻弄，没有发现一点可供佐证的东西。看样子是烧了以后，还经过翻弄的，系作案老手。在厨房垃圾堆里，找到一只旧信封，是从江都寄来的，收信人为华克之。经研究，江都可能有晨光社的人，于是在11月2日派人到江都，按信封地址找到一个黄先生。我们问，南京的人来了吗？回答："来了，昨晚到的，今早去东乡洪家，那儿可以暂住。"我们说去洪家，请派人作向导。黄说，我陪你们去。到了洪家，见到晨光通讯社的两个人，他俩神色紧张，准备动武，我们掏出手枪，将他们制服，连同黄先生一并逮捕。从他们的供词中得知，晨光通讯社是由华克之主持，在11月1日上午，华克之便离开了南京，不知去向。凶手孙凤鸣，有个女友叫做白小姐的住在安乐酒店。当在酒店内将她逮捕。她承认与孙有来往，但不知孙作案，还说，近几天孙没有来过。经过调查，她是个上海的交际花，变相娼妓，后来将她释放。晨光通讯社的经费是王亚樵供给。孙凤鸣每个月要花费千多元，他是华克之的朋友。至此，共捕获与本案有关者14人。我们请陈璧君派人参加审讯，证明主谋人王亚樵和华克之均在逃，刺汪案与蒋介石无关。

王亚樵其人

王亚樵，合肥人，受过高等教育，曾参加过辛亥革命。北伐军到达上海后，王在上海、南京、武昌、天津等处，过着流浪生活，在广州、香港、新加坡设有立足点。他组织了一个暗杀团伙，以暗杀为业，未参加政治党派。南京的晨光通讯社由华克之负责主持。这次暗杀的目标是蒋介石，其次为汪精卫。王亚樵亲到南京部署，然后去上海，一说已去香港。这次行动是谁出钱，当时未查清楚。当蒋介石得知是王亚樵所为时，大为恼火，下令严追。当年蒋介石在上海经商时，与王还是朋友呢。后来听说王被捕获处决，不过已是一年以后的事情了。

孙凤鸣情况简介

孙凤鸣，广东人，原系十九路军六十一师中尉排长。"福建事件"平息后，蒋介石命令六十一师调南京整训，六十一师在未到达南京以前，师长中途不辞而别。抵京后，蒋介石下令改编，校级军官另调其他部队任用，尉级军官送中央军校洛阳分校受训，士兵由教导总队接受，名为改编，实系吃掉。孙凤鸣对此不满，自行离队，往来于南京、上海间跑单帮，成为流浪汉，为华克之、王亚樵收买。这次给他的任务是刺杀蒋介石，其次是汪精卫，事成之后，先到江都乡下暂住，尔后去香港或新加坡。华克之安排在11月1日上午，国民党召开六中全会时下手。孙凤鸣就这样从一个下级军官成为被人雇佣的杀手。

以上是我在二组的见闻。

227

韩复榘被捕目击记[1]

1938年1月下旬，全国报刊都在头版登载《中央社》播发的，原国民党陆军二级上将、第五战区副司令长官兼第三集团军总司令、山东省政府主席韩复榘在武汉被处决的消息。其罪状是违抗军令、擅自退却，以及在任山东省政府主席时，擅自扩编队伍、截留税款、鸦片公卖、收缴民枪等等。但报纸对韩复榘的被捕到处决，未作详细报道，因而人言人殊，说法不一。我当时是豫皖绥靖公署主任、河南省政府主席刘峙的随员（少校参谋）、军事会议的接待人员，目击了戴笠和另一名特务逮捕韩复榘的经过。现虽事隔五十余年，但记忆犹新。

韩复榘，河北霸县人，读过几年私塾，青年时投入北洋陆军第二十镇当兵。那时募来的新兵，大都没念过书，韩便成了不可多得的"秀才"，不久，升为司书生。适逢冯玉祥将军任第三营营长，是韩的直属上级，由于冯将军事业的发展，韩也随着升迁。1926年，冯任陆军检阅使时，韩已是一名团长了。

1928年，当北伐战争结束后，冯将军保送韩进入陆军大学旁听，希望他能成为一名熟娴韬略的高级指挥官。不久，韩与石友三等都升为军长了。冯将军治军甚严，军长、师长也像士兵一样会被罚立正，当众训斥，这使韩复榘、石友三等觉得难堪。1930年，蒋、冯、阎大战中原时，蒋介石派人向韩、石游说，除各送现金100万元外，并许以高官，于是韩、石倒戈投蒋。战争结束后，韩部移驻山东。1930年9月蒋调山东省主席陈调元为安徽省政府主席，由韩复榘继任山东省政府主席。从1930年9月至韩被处决，任期长达7年，这在国民党各省政府主席中，是

1. 原载1989年《江西文史资料》第2期(总第31辑)，江西省政协文史资料研究委员会编。唐志华口述，吴茑执笔。

任期最久的。

韩复榘就任山东省政府主席后，首先是扩充实力，除已有的五个师和一个手枪旅外，还在鲁东、鲁西、鲁南、鲁北各成立民团总指挥部，装备、编制与一个师相同，这样，他手里就有了十个师的实力；因开支大，韩就截留上交的中央税款；在用人行政方面自搞一套；后来还将没收来的鸦片公卖，和刘珍年（第二十一师）发生武装冲突等等。山东俨然是一个独立王国。

1936年12月西安事变，韩复榘于12月21日发出马电（21日代称），倡议各省自治。西安事变解决后，蒋介石对韩复榘的马电佯作不知，实则耿耿于怀。

1937年7月，卢沟桥事变起，全国一致抗日。韩复榘被任为第五战区副司令长官兼第三集团军总司令，所部扩编为十二、十五、五十六三个军，孙桐萱、曹福林、谷良民三人升任军长，韩负责山东方面对日军作战任务，战斗序列属第五战区司令长官李宗仁指挥。按照军委会、五战区的部署，韩部固守河防（黄河），拒敌于境外。其间，李宗仁曾亲到济南视察防务，对韩部慰勉有嘉。当时，军委会为适应战场形势，命令韩拨出两个师归六战区司令长官冯玉祥指挥，韩十分不愿，但又碍于冯将军的情面，就派出第八十一师展玉堂应付一下。当时抗战初起，官兵同仇敌忾，展师在冯将军的指挥下，出师告捷，收复德州、桑园。展师正拟挥戈北进，韩复榘另有图谋，亲向展书堂打电话，命令其归还建制，部队撤到禹城待命，不得有误。这使展师全体官兵困惑不解，一时群情激愤，但又不敢违抗。紧接着，韩借口无重炮不能固守河防为由，放弃济南，置军委会、五战区"固守河防"的命令不顾。初，将部队撤至泰安，再撤至兖州，最后避开津浦线正面，西去济宁、曹县（豫鲁边境）一带集结。

韩复榘一贯认为有实力就有权力，现在日本人不许他呆在山东（韩复榘被处决后，刘峙对左右人谈，日本特务头子土肥原曾到济南与韩谈条件，未谈成），为保存实力，必须另谋出路。他打算把部队开赴豫西、陕南地区，建立根据地。他估计，大敌当前，蒋介石对他没有办法。可是当时河南属第一战区程潜管辖，大军云集，各交通要道，均驻有重兵，没有军委会命令，通过不易，尤其是部队庞杂，不好对付。因此使韩复榘不得不暂时观望。但这些动作是瞒不过蒋介石的。

1938年1月上旬，蒋介石自武汉发出急电，定11日在开封召集一、五、六三个战区军长以上将领参加重要军事会议，韩复榘和所属的三个军长也在内。1月11日上午，韩从砀山乘自备铁甲车到达开封，有手枪旅的一个团，还有几位山东省的厅局长随行。

1月11日下午2时许，韩在八名卫士护卫下，来到开会地点，开封南门外中国中学。侍从室主任钱大钧出来迎接，八名卫士被留了下来。当韩来到休息处时，看到门口贴有："奉委座（指蒋介石）面谕：所有与会人员的自佩手枪，一律留下，交副官处妥为保管，不准带入会场，会后发还"的显目字条。韩便将佩戴的两支手枪交出。这时，特务头子戴笠和另一名身材魁梧的特务出现了。正当韩、戴寒暄时，说时迟，那时快，只见那名特务突然从韩背后用头罩将韩头部紧紧罩住。韩被这突袭震懵了，还没有反应过来，戴笠便将韩的双手铐住了，并大声讲："奉委员长命令，你被逮捕了。"两人马上讲将韩挟持上了院内的一辆黑色小轿车，直驶火车站。当时我站在离他们不过数步远的地方，也被这突发的事情惊呆了。事后听说，韩到了火车站后，立即上了一列待发的专车，直驶汉口。

韩复榘被捕后，军事会议照常进行，冯玉祥、李宗仁、程潜、刘峙等都出席了会议。在会上，蒋宣布了逮捕韩的命令，同时发表孙桐萱、曹福林升任总指挥的命令，强调要确实掌握部队，立即开赴前方作战，不得有误。会后，孙、曹向蒋表示坚决抗战的决心，请求对韩从宽处理。蒋的答复是将组织高级军事法庭议处。

1938年1月19日审理韩案的高级军事法庭组成。由陆军一级上将何应钦为审判长，陆军二级上将何成浚、鹿钟麟为审判官，贾焕臣等为军军法官。开庭时，由何成浚宣读韩复榘所犯罪状。这些罪状大致为不听命令、擅自退却及在主政山东时的种种违法行为。韩始终一语不发，经再三诘问，才说，今天由你们说了算，我没有什么可说的。要谈抗战中打败仗，又不是我韩某一个人，如失南京的是唐生智、蒋介石，失保定的是刘峙，都没听到有什么议论。当问到为什么把部队集结在鲁西，准备开往豫西、陕南的目的是什么时，韩则低头不语。1月24日，韩复榘在武昌被处决，监斩官是何成浚。事后，中央社才播发消息。

当韩复榘押赴武汉后，刘峙派兵包围了铁甲车，宣称奉蒋介石命令，勒令缴枪改编。内有极少数忠于韩的官兵拒不接受，持枪抵抗，双方枪战十余分钟，曾引起开封市一度虚惊。最后，还是被缴枪改编。住在河南旅社和小金台旅社的几位山东省政府厅局长也被软禁。

处决韩复榘，在当时南北战场受挫的情况下，确实使军民视听一新，激发了团结抗战的信念。而对蒋介石个人来说，是天赐良机，除去了心中的大患。

人物小传

谈王耀武二三事[1]

王耀武逝世已廿三年了，我和他是黄埔军校同学，共事近廿年，对他的为人处事，有所了解。现在，先谈谈我和他的关系。

一九二六年，我在黄埔军校第四期步科毕业（当时已改称中央军事政治学校），分配在国民革命军第二十二师王耀武连任排长，从此和他在一起工作。一九三○年，他升任独立第十四旅第一团（后改为独立第三十二旅六九四团）团长，我任第二营营长。一九三三年冬，他升任补充第一旅旅长，我任旅部中校参谋主任。当时旅部不设参谋长，参谋主任在旅部各处主任中是首席主任。一九三六年夏，补充第一旅升编为新十一师旋改为五十一师时，我任三○六团团长。一九三九年夏，他升任第七十四军军长，我升任五十一师副师长。我因考取陆军大学特别班第六期，三年后毕业回队，适他升任第廿四集团军总司令，我任总部参谋长。一九四四年，他升任第四方面军司令官，我任方面军司令部参谋长，旋调任七十四军五十一师师长。一九四六年，国民党将军改称整编师，师改称整编旅，我任整编七十四师副师长，部队卫戍南京。后王耀武调山东任第二绥靖区司令官，后又任山东省政府主席，但我们仍保持联系。一九四七年夏，整编七十四师在孟良崮为解放军全歼，师长张灵甫被击毙。当时我在南京中训团学习，部队重整，我任师长。一九四八年恢复军番号，我任军长。由于共事多年，得知他的为人，现述如下。

---

1. 本文原载《泰安文史资料》第五辑（人物专刊二），泰安市政协文史资料研究委员会编，署名为邱力行（即邱维达），吴鸢执笔。邱维达，原国民党七十四军军长，淮海战役被俘，曾任华东军政大学教官，江苏省人民参事室参事。

一、用人

在国民党党政用人方面流行着"三同一带"的成语。"三同"即同学、同乡、同事，"一带"即裙带（包括母系、妻系）。这里面又大有区别，如同学又有同期、同队之分，同乡有大同乡、小同乡之别，同事又分同连、同队（科、室），"裙带"更有按亲疏、远近之分。这密密麻麻的关系网，成了一人当权，众亲分享的局面。而王耀武却能用人唯才，如他任四方面军司令官时司令部组织庞大，有一、二、三、四、副官、外事、军法、卫生等处，还有兵站和司令部（司令、处长都是少将级），王在老部属中仅遴选二人任处长，其余均从部队或向外延揽。如第二处处长陶富业，系从一百军十九师五十五团长调升，第三处处长钱伯英由暂编十三师三十八团团长升充，王耀武提拔他们皆因他俩在湘西会战中有卓著战功，且既是黄埔生又是陆大毕业。当王被任为山东省政府主席时，教育厅长李泰华是英国留学生，建设厅长丁基石是德国留学生，财政厅长尹伯端是比利时留学生。民政厅彭厅长原系湖南沅陵区行政专员，王驻军湘西时见彭办事廉洁有为而选拔，这些人过去和他毫无渊源，王自诩省、绥区班子过得硬。他胞弟王哲恩，先后在中央军校军训班、高教班毕业，却介绍到新兵训练处工作，当抗战胜利后，新兵训练处裁撤，就赋闲在家。他弟媳讲"二哥（王耀武行二）连自己的胞弟也不照顾一下。"后来，才派他为山东省田粮处副处长（有职无权）。王从当团长到方面军司令官，没有一个亲属、老乡当军需的。

王任五十一师师长时，驻在陕西汉中，娘舅石勋元从山东泰安来到陕南，求个一官半职，住了几天，派为中尉查马长。查马长与参谋长读音相近，老娘舅大喜过望，当副官带他来到马厩，才知道是一个喂马的小头目，于是愤愤然去质询这位外甥师长，王说"正因你在家侍弄过半辈子牲口才派你担任这个位置。"娘舅听了，半晌说不出话来，最后叫王给路费回山东。

人们走进王耀武的司令部，听到的是南腔北调，看到的是五方杂处，其中以湖南人较多，而山东人是寥若晨星。湘西会战结束后，第三方面军司令官汤恩伯因参加何应钦召开的军事会议来到安江，曾到四方面军司令部参观，看到各处军官都是青壮年，办事井然有序，大为赞赏。

王能奖掖新进。如任军、师长时，凡分发来的见习官、见习参谋、军医、军需，都点名问话，如果系校级人员，则一般安排在吃饭前接见，共同进餐。身边的侍从参谋、副官，经常调去部队任连、营长，他常说，在身边的日子久了就会出岔子。他勉励青年人要锻炼，在七十四军时，见习参谋刘景春（国民党刘斐之侄，刘斐是国共北平和谈代表之一）和警卫营排长郑吉超（印尼归国华侨）在中央军校未毕业以前，就已选送空军军校，当空军军校来电召集时，他俩都不愿去，部队当时正在作战，王听说后还特抽空召见二人，鼓励他们参加空军。后来他们在美国训练两年，学成返国，一在中航工作（后在香港起义），一在战斗机队，都有所建树。

他对历任参谋长，经过一段时间都给予适当安置。如七十四军首任参谋长陈瑜，原系军令部三厅一处科长，陆大出身，缺少带兵经历，王保荐为中央军校入伍生团团长；继任参谋长孟广珍，原是陆大参谋班战术教官，王保举为青年军旅长；方面军参谋长贺执圭后调任暂编十一师师长；绥靖区参谋长聂松溪，原是侍从室高参，后调任山东省保安副司令；副参谋长罗幸理调任整编七十四师整编五十八旅（即师）旅长，这使一些陆大出身者大为振奋。

对能力平庸的老部下，王也会适当照顾，他任团长时的上尉军需童少梅是江西吉安人，为人诚实勤奋，曾参加北伐（任连司务长），但到抗战结束时还是个三等军需正（即少校），人却已近五十岁了，王便指示人事处通知兵站总监部，安排童为少校站长，后童以中校转业。

王用人的另一特点是打破军、师、旅建制的框框和门户观念，他任师长时各团、旅之间互调；任军长时，各师之间互调；任总司令时，各军之间互调。他认为这样做的好处是平时训练可以互相观摩，在战时能动作相同。

二、治军

王耀武善培育人才。由行伍因功升充的排、连长，王将其选送中央军校或各兵科学校学习；军医、军需，就送军需、军医学校深造；有指挥才能的保送陆军大学参谋班、将官班、特别班学习。王还叮嘱这些人物色优秀同学来工作。王自任旅长起就成立军官训练班，轮训连排长、成立军士队轮训班长、副班长，另外还成立学兵队，招考青年为预备班长人选。王每晚去训练班和受训人员个别谈话，了解其家庭情况和特长等，主管人员从旁记录。王任总司令和方面军司令官时，成立将校班轮训各军连长，调一名师长或副师长为队长，这样既提高了他个人的威信又了解到部队情况还增强了凝聚力。他将个人从军的经验写成了一本题名为《从做人到作战》的小册子，作为部队干部必读之一。

三、纪律严明

王耀武对平时违反军容风纪的、战时作战不力的，从不宽容。一九三七年冬，南京保卫战中，一五旅三〇一团团长吴克定（四川人，黄埔二期）有畏缩不前的情节，王报请革职查办。一九四四年冬，部队驻在湖南桃源青山湾时，一天，王漫步沅江江边，见几艘民船船头坐有士兵，船内禽畜叫声四闻。王勒令停船派人检查，得知是七十四军五十一师一六九团李团长在战地捞来的油水，王即予以扣留。经过核实，认定该团长浑水摸鱼有玷军誉，予以革职，通令全军。在八年抗战中，王耀武部队中因作战不力和军纪问题受惩办的营长以上军官有五人。他常讲"维护军纪、不徇情枉法是治军的重要手段。"

一九四二年，七十四军从湖南东调浙江，准备参加保卫衢州机场的的战役（因当时轰炸日本本土的美国B25轰炸机有部分在衢州降落），当部队正在金华、龙游一带展开时，国民党统帅部改变计划，放弃浙赣线，七十四军改为进入越南作战，于是又从浙南经闽北、赣南步行到湖南郴州上火车到广西来宾。这次往返数千里，历时三个月，沿途以纪律严明受到民众赞赏。

四、关心部属生活

王耀武任七十四军军长后，目睹军官的适龄子女无法上学，于是先后在湖南东安、广西兴安成立子弟学校，自兼校长，另聘请军官亲属中有教育经历者为副校长，负责实际工作。凡属本部军官学龄子女免费入学，如有空额还招收当地贫苦家庭子女。军官家属根据自愿，集中居住或自行择居。部队设立办事处对集中居住的家属按月发给生活费（自报金额）和大米（定量供应），使军官无后顾之忧。王还成立互助会，按级别抽薪金的百分之五作为基金，专案保管，凡有婚丧及特殊困难者，可申请一次补助。对负伤、阵亡人员家属，除国家发给的特恤金、年恤金外，部队还给予适当的补助。

每次战役后，王都组织慰问团（由参谋、政工、军需人员组成），携带书信、物品、现金（按级别、伤情发给）到各地医院慰问，谆嘱伤愈后迅速归队，希望他们邀请其他部队伤员来军工作，许诺一旦录用，按原级录用。因此有许多伤员愿到七十四军工作。

对年老官兵，也妥为安置，在江西安福、广西兴安两地购置荒山、荒地，组织老年和因伤退役士兵开垦，规定第一年薪金、大米照发，第二年上半年发百分之七十，下半年开始自给，对沦陷区的遗族，也照此办理，派五十七师一七〇团团长扈国珍主持其事。

抗战时期，物资供应紧张，币值低落。王耀武派汽车到后方购买绒衣裤、胶鞋、袜子等，按原价发给每个人，运费用军、师的节余开支。部队整训时，规定开荒种菜、养鸡养猪，由军、师的节余发给开办费，借以改善官兵生活。一九四三年夏，冯玉祥（时任军事委员会副委员长）来视察部队时，见到七十四军官兵衣暖、食足、精神抖擞，大为赞许，称为罕见。

五、博采众议

每次重大战役前，王耀武必召开幕僚会议，反复讨论作战方案，在紧急关头到前线视察。在被誉为"抗战中最精彩之战"的上高会战中王耀武坚决不肯退到锦江南岸，他对部下说，我死得，你们也死得。当时，汉奸在司令部附近纵火，王岿然不动。此役为中国军队第一次以"守必固"粉碎了日军的"攻必克"，何应钦在国民参政会作报告时，说这是抗战四年来最精彩之战。日军第十一军参谋长山木少将称：七十四军这支"三五部队"（取七十四军所辖五十一、五十七、五十八师三个师番号的三个"五"字）不可轻视。后来王耀武在常德、湘西会战中也都取得辉煌的胜利。美国总统罗斯福曾授予他金质自由勋章，国民党政府授予七十四军飞虎旗和武功状等。

六、个人生活

王耀武自称做到"三不"，即不讨小老婆（一称姨太太）、不赌钱、不酗酒。这在当时国民党将领中是少有的。他出生在山东，深受儒家"三纲五常"的伦理观念影响，对蒋介石是绝对服从，坚决执行蒋的指示。事母孝，只要条件许可，春节必定全家团聚，穿长袍马褂祭祖，向老母跪拜如仪。

七、几则轶闻

一九四六年，王耀武调到山东后，在共产党和人民的面前一蹶不振。一次他去部队阅兵，原来场地坑坑洼洼，临时用草皮填了一下，在军乐声中，马失前蹄把他甩了下来，使他闷闷不乐，"将军下马了"，一时广为流传。济南战役未开始，一个多年的理发兵给王耀武理发时，边修面边和他谈话，不慎剃了几根眉毛。王耀武倒不在意，事后有人说，这是"倒霉"（眉，霉也）的兆头。

总之，王耀武前半生中的辉煌是在儒家爱国思想的指导下，加上部属的协力获得的，后来，由于其忠实地执行蒋介石的错误政策，在人民解放战争中被历史的巨浪所吞没。但被俘后，在党的教育下，他思想转变较快，有悔过自新的表现，因而在建国十周年时，赢得党和人民的宽恕，第一批获得特赦，名列特赦令第三名（第一名溥仪，第二名杜聿明），先安排为全国政协文史专员，后又选为第四届全国政协委员。一九六八年七月三日，因病在北京中央医院逝世。一九八〇年，全国政协为溥仪、王耀武、廖耀湘三位已故委员举行联合追悼会，新华社为此发布电讯。

王耀武其人其事[1]

王耀武是国民党嫡系高级将领之一，我和他共事多年，现就所知叙述如后。

一、家庭简介

王耀武，山东泰安县（现泰安市）上王庄人，一九零三年出生，别名佐才，取王佐之才的意思，谱名哲让。一九四六年春回到山东老家后，掌握军政大权，改名佐民，表示要为民工作。兄弟三，妹一，他行二。父及兄早亡，母石氏，弟王耀忠，谱名哲恩，妹名淑珍，初嫁王之军需主任吴时杰（安徽人，是个理财能手）吴死后，再嫁孙金铭（山东人，黄埔四期，陆大十二期，曾充青年军旅长，夫妇均在台湾）。妻郑宜兰，福州市人，王任连长时，国民革命军北伐路过福州时结婚。有子女五人，长子松林、次子志元、女鲁云（嫁香港商人）……王在济南战役被人民解放军俘房后，郑率子女去香港，王获特赦后，郑拒不回国，反率子女迁南美。王任全国政协委员时，年老多病，无人照顾，经有关方面关怀，重组家庭，于一九六四年九月二十六日在北京与吴伯伦结婚，溥仪、杜聿明、宋希濂等参加了婚礼。

二、戎马生涯

从北伐到参加江西围剿红军

第一次国共合作，孙中山在共产党人的协助下，成立了黄埔军校

1.原载 1991年10月《泰安文史资料》第五辑（人物专辑二）。

（黄埔军校全称是中国国民党党立陆军军官学校，因地点在广州黄埔，故简称为黄埔军校。第四、第五期改称中央军事政治学校，第六期又改称为中央陆军军官学校至今），各省的国民党人都接到选送青年赴粤报考的通知。王耀武在丁维汾（国民党元老之一）的指引下，赴粤考入黄埔三期。毕业后分发到第一军第二十二师，充当见习排、连长，参加北伐战争，转战于闽、浙、苏、皖、鲁、豫。在那烽火连天的岁月，军人升迁较快，由于踏实肯干，到一九三一年春他已是第一师（师长刘峙）三旅五团中校团附（即副团长）了。那时驻在江西南昌的独立第十四旅（后改称独立第三十二旅）旅长刘夷（刘峙族侄，黄埔二期，陆大特别班二期，现任南京市人民政府参事）因整顿部队需要人，向何应钦、刘峙各要一名团长（当时刘峙是豫皖绥靖公署主任、河南省政府主席，驻开封），刘峙便选派王耀武为独立第十四旅第一团上校团长（后改称独立第三十二旅六九四团）。

一九三三年五月，独立第三十二旅旅长由柏天民（云南人，黄埔一期）继任。六月，部队由南昌进驻宜黄，刚入城即为红军包围，突围不成只好加强工事固守待援。红军用围点打援的办法，一面围困，一面埋伏各要道。但因缺乏攻城火炮，致使这个旅能固守达廿二天。后国民党分三路增援，兵力雄厚，迫使红军撤围南去。王耀武在守城中表现突出，受到蒋介石召见。当独立第三十二旅改编为第九十二师时（师长梁华盛，广东人，黄埔一期），王耀武便升任补充第一旅旅长了。

蒋介石为补充在江西围击红军损失的兵员，在河北保定成立编练处，任钱大钧为主任，招募新兵六个团。冀、鲁、豫向为兵员之乡。当时农村许多农民因破产而被迫离乡谋食，当兵是出路之一，因而新兵很快足额。蒋介石将这六个团南调入赣，编为补充第一、第二两个旅，王耀武任补一旅旅长，第二师（师长黄杰，湖南人，黄埔一期）副师长钟松（黄埔一期）兼任补二旅旅长。补充旅，顾名思义是随时拨补正规部队的。不久，补二旅就拨入第二师为该师的补充旅。而王耀武因与何应钦有渊源，同时与蒋介石的机要秘书邓文仪（湖南醴陵人，黄埔一期，是军统十三太保之一，后任国防部新闻局长，国民党中委）有师生之谊，邓的内弟黄寿卿又在王旅任营长，因而暂时被保留下来，驻在江西临川整训。

一九三四年九月，赣、浙、皖、闽边区的红十军团领导人方志敏遵照北上抗日的指示，离开经营多年的根据地，用北上抗日先遣队的名义，由赣东北向浙西进发。国民党在这一地区的军事部署分为追击、堵击、围剿三部分，任命浙江保安处俞济时（黄埔一期，后任蒋介石的侍卫长）为指挥官，指挥第四十九师伍诚仁（黄埔一期）部、王耀武旅、第七师廿一旅李文彬部及浙江三个保安团，分三路追击。

王旅奉命后，兼程入浙，先后在浙江江山的浙赣铁路旁的贺村和分水县城郊与红十军团两次作战。王深知新兵作战重在首战得胜，这一仗的胜负关系到部队能否存在和个人荣辱的前途，因此，亲率卫士排到第一线督战。红十军团因长途行军，武器陈旧，地形不熟，在没有群众基础的蒋管区作战补给困难，与王旅两次交锋，均处于劣势，乃西入皖南。他们徒步穿行于崇山峻岭中，而王旅则是用汽车输送。王旅先到皖南重镇屯溪，稍事休整后沿芜（湖）屯（溪）公路北进。十二月十四日，王旅在黄山山麓的谭家桥遭到红十军伏击，双方鏖战数日，红十军团副团长寻维洲牺牲。红军受挫后在撤返赣东北苏区途中，又遭到为数众多的国民党军围击，被国民党军第五十五师李松山部、五十七师阮肇昌部、独立第四十三旅刘震清部……等围攻，伤亡极重。红十军进入怀玉山苏区时，各路追击部队已赶到，近二十个团的兵力将怀玉山围得水泄不通，红军只好化整为零，各自作战。时值寒冬腊月，红军饥寒交迫，出现了一些变节分子，方志敏就是被叛徒出卖而被俘的。王旅也俘获红十军团第二十师师长王如痴、第二十一师师长胡天陶。至此，赣东北战役告一段落，各部队均回原防地，唯王旅与四十九师是无原防地的，蒋介石令这两部分军开赴西安，归西安绥靖公署主任杨虎城指挥。

王旅到达西安后，调赴陕西洋县与川军孙霍部联防，旋归重庆行营指挥，行营主任贺国光令该旅经陇南文县开赴川西北松潘（今属藏族阿坝自治州）驻防。这里是汉、藏、羌、回各民族杂居的地方，山高水冷，地瘠民贫。距松潘县城四十里的漳腊出产黄金，品质好，民间称漳金，与赤金同，驻军的目的就是起保护金矿和震慑少数民族的作用。

一九三六年夏，王旅调回陕西汉中，经重庆行营建议，将补一旅升编为新十一师，王耀武升任中将师长。未及三月，适逢第五十一师范石生（滇军）部被编散，番号出缺，重庆行营再次推荐，王耀武改称五十一师，师直属部队也有所补充。至此，王耀武锐意整训部队，成立军官训练班，辖军官、军士两个队，前者轮训连、排长，后者为正、副班长。另成立学兵队，招募有小学文化的青年作为班长的储备力量。他兼任班主任，每晚与受训人员个别谈话，了解他们的家世和能力。治军之余还将汉中几条街道的路面翻修，所有的人工、沙石、水泥、石灰……等等全由部队负担。此举受到当地人民的称赞，认为是开汉中驻军的新纪录。师司令部驻汉中镇台衙门，年久失修，他修缮一新。有人说："官不修衙，修衙与主官不利。"他笑说："这是哪时代的事？当武官还怕死吗？"

是年冬，"西安事变"起，何应钦任讨逆军总司令，刘峙、顾祝同分任东、西路军司令，五十一师隶属西路军指挥，顾祝同命令五十一师向西安前进。王耀武认为沿西（安）汉（中）公路走，路程远时间长，决心由洋县沿子午谷北上。这是三国时魏延向诸葛亮建议但未采纳的路线。参谋人员提出异议，认为走子午谷路虽近，但从无人走过，如果西安方面在北山出口处派兵堵守怎么办？王耀武说，时间紧迫，管不了那么多。走进山谷，虽历史演变而地貌依然，山路崎岖，人马难行。行军三日，跌伤了一些人马，怪不得诸葛亮不听魏延之言。正在这时得到西安和平解决的电讯，部队仍回汉中。

三、在抗日战争中大显身手

一九三七年八月十三日，淞沪抗日战火点燃，第五十一师奉令调沪参战。部队经陇海、津浦、京沪（今沪宁）铁路到达上海近郊嘉定，列入第三战区序列。为便于指挥，将五十一、五十八（师长冯圣法，黄埔一期）两师编为第七十四军，任俞济时为军长，防守浏河、罗店至真如之线。因战事需要，五十一师扩编为两旅四团制，番号是第一五一旅，旅长周志道（江西人，黄埔四期）辖三〇一团（团长刘保定）、三〇二团（团长程智）；第一五三旅，旅长由副师长李天霞（江苏人黄埔三期）兼，辖三〇五团（团长张灵甫）三〇六团（团长邱维达）。

日军初拟攻克罗店，进出真如、切断京沪（今沪宁）铁路线。日进攻三次，均以五十一师防守得宜未逞，此后成为对峙状态。当日军三次进攻罗店都失败时，上海几家大报如《申报》《新闻报》《时事新报》等均在第一版刊登王耀武照片，加以揄扬，使他在抗战初期脱颖而出。

他白天到第一线视察工事，晚间加固，派遣小部队出击，曾击毙日军炮兵联队长长谷川一名，受到传令嘉奖。当五十一师从上海撤退到南京后，成为南京保卫战部队之一，受卫戍司令长官唐生智指挥。该师在南京东郊上方镇、湖熟镇、淳化镇、亘方山之线守备，与日军激战数日，逐次撤到城下，团长阵亡、重伤各一，营长以下死伤二千余人。唐生智指挥能力差，他又不是蒋介石的嫡系，部队均系由上海撤下来的疲惫之师，逐次抵抗后，缩守城垣，最后不得不分途突围撤出。所谓南京保卫战，只是少数部队的中下级官兵拼死报国而已。七十四军是渡江北撤部队之一，十二月十一日下午四时，王耀武在部队已在下关集结时还乘吉普车到鼓楼留守处巡视，看看有无留下人员。我因负伤住留守处，当时人员走散，仅留我一人，王见状，叫我赶紧随车出城，从这件事说明了他对部属的爱护。

这时南京城内，秩序紊乱，家家闭户，路上行人拥挤，军民混杂，中山北路再宽也阻塞不通。挹江门上人挤人，人踩人，下关码头的趸船都挤满了人，其中有随军眷属和市民，母号子啼，不少人被挤落江中，情况极惨。五十一师在蚌埠集合时，全师仅三千余人，在开封稍事休整后，南下到湖北沙市、荆门一带整补约三个月。军容未复即调陇海线兰封（今兰考）一带狙击南犯的日军土肥原师团，在三义岩一战中，团长纪鸿儒阵亡。嗣因黄河决堤，部队初调南阳，后因日军已沿长江西上，进窥武汉，中途改调江西。

日军在攻陷马垱、九江后，以九江为基点，兵分两路：沿九（江）瑞（昌）公路西窥武汉；沿南浔铁路南下德安，企图进出修河，截断国民党军退路。其一〇一、一〇六师团在德安万家岭与我第四、第六十六、第七十四军血战旬日。七十四军在锁钥阵地张古山与日军反复争夺，为取得万家岭大捷奠定了基础。是役，五十一师旅长一人负伤，团长阵亡、负重伤各一。

是年冬，长沙大火后，七十四军调长沙担任守备，协助民众在余烬中重建家园，以军纪严明获得好评。王耀武升任副军长仍兼五十一师师长。他邀请田汉、范长江等知名人士来军演讲。田汉为七十四军作军歌，由任光（渔光曲作者）作曲，军歌雄壮高亢，类似义勇军进行曲。这首军歌一直鼓舞七十四军官兵的抗日战斗意志，使他们充满了自豪感。

一九三九年春末，七十四军再度调赣，归第十九集团军总司令罗卓英指挥。这个集团军辖第四十九军王铁汉（东北军）、第七十军李觉（湘军）和第七十四军。其中以七十四军战斗力较强。六月，俞济时调浙，升任为第十集团军副总司令并成立副总司令部，王耀武升任七十四军军长，第五十八师师长冯圣法升任第八十八军军长，一同随俞赴浙，与此同时将第五十七师施中诚划归七十四军建制。施后来成为王耀武的得力助手，其姐就是在天津居士林枪杀军阀孙传芳的巾帼英雄施剑翘。

一九四一年三月中旬，日军华中派遣军发动鄱阳湖扫荡战，由第十一军司令官园部和一郎中将为指挥官，指挥第三十三樱井师团、第三十四大贺师团、第二十池田混成旅团，企图攻占上高，摧破我野战军。我第十九集团军守备这一地区，决定以七十四军为决战兵团守正面，第四十九、第七两军在两翼作战，部署成袋形阵地。七十四军在上高城北的下陂桥顶住日军攻势，日军出动飞机之多为上海战役后仅见，由于正面顶住，使两翼友军得以完成包围态势，这一战役，日军死伤五千以上，狼狈逃回南昌，我伤亡官兵一万一千余。这是国民党军第一次以"守必固"粉碎了日军的"攻必克"。参谋总长何应钦在国民参政会上称这是抗战四年来"最精彩之战"。论功行赏，王耀武被授予青天白日勋章（最高级勋章），七十四军被授予飞虎旗（蓝绸绣白色飞虎），由重庆派专机送达，罗卓英总司令主持授勋仪式，称七十四军为抗战中的铁军，同时颁发其他有功官兵二百余人的勋奖章和九战区长官部发给七十四军的奖金。重庆、长沙、衡阳、南昌等地的报纸如《中央日报》《大公报》《力报》《江西民国日报》……的记者纷纷来到战地采访，范长江主持的《国际新闻社》的记者写了一篇"幸得龙城飞将在，不教敌马渡锦江"的报道，对七十四军的战绩和王耀武的指挥倍加赞扬。

上高会战后，国民党在西北、西南两个战场各选两个军扩编为"攻击军"作为战略机动部队，由中央直接指挥使用。在西北选定第一、第二两个军，在西南也选定了新五军（杜聿明军第二〇〇师已是半机械化部队），另一个军则由军令部签注了在抗战中有卓越战功的四个军，请蒋介石批示。在这四个军中，以第十八军（陈诚系）和七十四军旗鼓相当。最后，蒋介石亲批选定第七十四军。

所谓"攻击军"，军直属部队庞大，有炮兵、工兵、辎重兵各一团，两个步兵补充团，搜索（半机械化）、高射炮、战车、防御炮、通信兵、特务(警卫)各一个营，官兵员额比一个师还多，军部人员比一般军部也较多。上高会战结束后，第七十四军在江西分宜、新余一带整训。第一期训练尚未结束，即参加第二次长沙会战，现在就说第二次长沙会战吧。七十四军奉令兼程入湘，当行至湘赣交界处的焦溪岭（属浏阳县）时，这里两面皆山，中间一条小路，大批日机临空狂轰滥炸，受到一些伤亡（七十四军刚出发时，便有日机临空侦察，说明汉奸猖獗）。当进至长沙近郊黄花市附近时，由于情报失误，受到由北南下的日军侧击，军师之间失去联系，各自为战。其中第五十八师廖龄奇（湖南人、黄埔四期）竟擅自主张，将全师用火车由株洲输送至衡阳。战后，蒋介石在南岳召开军事会议，痛斥薛岳指挥无方，虚报战功。廖龄奇因擅自退却，按连坐法在会议厅大门处处决，由副师长张灵甫升任师长。

第二次长沙会战后，七十四军在衡山、衡阳间铁路两侧整训。这时美国空军开始用B24、B25轰炸机轰炸日本本土，其中部分轰炸机在浙江衢州着陆。日军为破坏衢州机场，发动了浙赣线战役，由杭州、南昌两地的日军东西对进。七十四、二十六两军奉令驰援，受第三战区顾祝同指挥。抵浙后，在金华、龙游、兰溪与日军作战。中途军委会改变计划，放弃浙赣线，七十四军改调广西归四战区指挥，准备进入越南。部队经闽西、赣南徒步来到湖南耒阳上车，开抵广西来宾。行程二千余里，历时月余，以纪律严明受到沿途民众好评。此次长途行军，逃病兵极少，王耀武自诩为打不垮、拖不垮的钢军。

七十四军驻桂两个月，于一九四三年春调湘西津市、醴陵、常德一带归六战区司令长官陈诚指挥，担任洞庭湖防务。秋季，王耀武升任第二十九集团军副总司令（总司令为王缵绪，川军）仍兼七十四军军长。十一月，日军从皖南、豫南、赣北、鄂中等地陆续抽调了第三、十三、三十四、三十九、四十、五十八、六十八、一一六等师团共约十万人，发动常德之战（外籍记者称为"谷仓之战"）。当时蒋介石与罗斯福、邱吉尔正在开罗参加"开罗会议"。王耀武令七十四军五十七师余程万（广东人，黄埔一期，陆大特别班二期）守常德，他自己率领七十四、七十九、一百三个军在外翼作战，苦战四十余日，终将日军击退。五十七师固守二十余日，城区在日空军、炮兵轰击下，一片瓦砾，全师仅余千余人。战后，著名小说家张恨水先生路过常德，得知将士作战忠勇，民众协力支援的情况，写了一篇《虎贲万岁》（五十七师代号）的长篇章回小说，在《新蜀报》连载。这是抗战八年中第一部以国民党军队的真人真事为素材的小说。值得一提的是在常德战役中，五十七师一六九团团长柴意新（湖南人，陆大特别班五期）在作战中壮烈拼搏，两度负伤，终因流血过多而牺牲。王耀武为其专案请恤，以少将阵亡例抚其家属。

一九四四年春，蒋介石以王耀武在抗战中屡建功勋，拟升任为第二十九集团军总司令。他以二十九集团军在湘声誉不佳，不愿用这个番号，于是将原在北方使用过但现已撤销的第二十四集团军（庞炳勋）的番号给王，在桃源成立总部，辖第七十三、七十四、一百三个军。七十四军军长一职由原一百军军长施中诚担任，七十四军副军长李天霞升任一百军军长。按照集团军组织法，集团军不管各军人事，而王耀武呈准蒋介石：凡团长以上的任免一律由总部核转，并成立军务科，专司其事。

王耀武就任总司令后，成立将校班，轮训各军连长以上干部，自兼主任，师长为队长。他每晚由军务科长陪同，召见学员，询问经历、家庭、技能……等。对行伍出身的尉级军官送中央军校二分校（在湖南武冈）和各兵科学校受训；校级的送成都中央军校本校高级班；参谋、军需则分别保送陆军大学参谋班、军需学校学习，借以提高素质和增强向心力。他对各军的师长也作了部分调整，如五十一师副师长唐生海（湖南石门人，黄埔三期）升任七十三军七十七师师长；七十三军军长彭位仁，呈请另调，副军长韩浚（湖北黄冈人，黄埔一期）升任军长，各军人事适当交流，从而使集团军面貌一新。此外，还邀请社会名流、学者如仇鳌、胡应华等演讲。聘请山东学者刘小衡、解方、杜若君等为顾问。他还访问附近各县耆老，如孙中山先生的侍从武官杜心田年逾七十，生活不宽裕，王派人护送去贵阳，妥为安顿。

一九四四年冬，美国政府帮助国民党建立二十五个美械装备师，配合美英联军作战，由参谋总长何应钦出任中国陆军总司令下辖四个方面军。这四个方面军的序列是从西向东排列。在云南的卢汉为第一方面军司令官，在广西的第四战区司令长张发奎改任第二方面军司令官，任桂、黔、湘边区总司令的汤恩伯改任第三方面军司令官，王耀武升任第四方面军司令官，增辖第十八军。美军在第四方面军设立东线指挥部，派金武德上校主持。团以上均有美军军官，专司使用美械方法的训练。

一九四五年四月六日，日军以第二十军司令官坂西一郎中将为指挥官，纠集了第三十四、第四十、第四十七、第六十四、第六十八、第一一六师团和第八十六旅团，发动了湘西之战（一称雪峰山会战），旨在破坏芷江空军基地和国民党军换用新装备的行动。芷江空军基地是国民党空军东线指挥部、

中美混合飞行第五团（团长由美方担任）的驻地，拥有当时最先进的P51型战斗机（一称野马式）、B24、B25、轰炸机，以及C43、C44运输机。战斗一开始，王耀武召集高级幕僚会议，决定将司令部一分为二：在安江组织精简的指挥部，他和副参谋长罗幸理负责军事，第一处处长吴鸢负责人事、总务、后勤和新闻发布；由参谋长邱维达率领大部

分人员移驻辰溪，指挥左翼部队并与六战区及王敬久兵团联系。此时，所属的第十八、七十三、七十四三个军已换用美械，一百军虽是国械，但是是将三个军换下的国械选优留用，所以战力雄厚，又握有制空权，真是士气旺盛，人人有必胜信心。

王耀武召集各军长、军参谋长和司令部的高级幕僚开会研讨作战方案，采用了参谋长邱维达提出的第一号方案：在雪峰山东南山麓选择有利地形构筑工事，我判断日军进攻的重点可能在安江和洪江之间，故派兵先占领有利地区。为确保胜利，蒋介石将刚从缅甸回国的远征军新六军廖耀湘部从昆明空运到芷江归王耀武指挥。这样，四方面军拥有国民党军五大主力军的三个军（即十八、七十四和新六军）实力之雄，一时无二。在近两个月的战斗中，我方与敌血战，由防御转移到进攻。日军采用以联军为单位的钻隙战法冒死西进，为我四方面军和三方面军的一部分包围痛击，最后惨败东逃，我军追至宝庆城下，恢复四月态势。

这一战役是抗日战争的最后一次大战。

综合湘西会战胜利的原因一是全军将士忠勇用命，动作协同，陆空配合，获有制空权；二是地形熟悉，民众协力，敌情明瞭；三是后勤补给及时，通信灵捷，可以说是得了天时地利人和。对王耀武个人来说，这是他一生事业中的顶峰。

抗战胜利了，王耀武奉派为长沙地区受降官，接受日军第二十军的投降。仪式在长沙岳麓山湖南大学大礼堂举行。在湘西会战中失败的日军二十军司令官坂西一良中将，今天，面对当时的中国军指挥官王耀武呈上自己的战刀，在受降书上签字。这使王耀武的心情无比的兴奋和自豪，另一方面却蒙上了一层阴影：他属下的五个军各奔一方，新六军调东北，七十四军卫戍南京，十八军警备武汉，七十三军开镇江，一百军驻南通，煊赫一时的四方面军成了空架子。司令部的临时任务是：遣俘，完毕后开赴武汉待命。王耀武本人应电召赴重庆面聆机宜。

四、在反共反人民的战争中一败涂地

一九四六年一月，王耀武从重庆回到武汉司令部，召集处长以上人员开会，叙述重庆之行的概要和今后的任务。他讲，老头子（指蒋介石）本想叫他拱卫首都，但考虑到今后要与共产党争地盘，山东是战略要地，现在李延年（黄埔一期，山东三李之一，现职是十一战区副长官兼山东挺进军总司令）没有搞好，而他是山东人所以要他回山东负责。现已决定成立郑州、徐州两个绥靖公署，辖八个绥靖区，包括豫、鲁、苏、皖四个省及湖北北部。他的新职是第二绥靖区司令官，管辖山东全省，是八个绥靖区中辖区最大的。问题是山东没有嫡系部队，受李延年指挥的只有第十二军（东北军）和九十六军（杂牌军），原四方面军的五个军，目前都无法抽调，赤手空拳，前景不妙。

当时，正值旧政协在重庆举行首次会议，关内的国民党军不准空运到解放区。王耀武司令部的官兵和警卫部队，不得不脱下军衣，穿上五颜六色的服装，武器弹药装在箱子里，打着善后救济总署山东分署的牌子，由武汉分批空运到济南。这时正值春节，人们都忙于过年（北方人都叫过年），谁也没有注意这些事。一九四六年二月一日，在济南经二路邮政大楼的大门口便挂出第二绥靖区司令部的大木牌。李延年举行了有一些高级军政人员参加的告别宴会，然后便带着小老婆飞往北平。当时山东省政府主席是何思源，国民党省党部主任委员是庞镜堂（CC系）。济南市大街小巷都是军人，"游击司令"很多，颇有"武官贱如狗，司令满街走"之慨。有人把济南大明湖的门联"四面荷花三面柳，一城山色半城湖"改为"四面八路三面匪，一半司令半城兵"来形容当日济南的面貌。因为山东的一百零七个县市，属国民党管辖的只有二十几个，其余都是解放区。过去有些三不管（即日伪、共产党、国民党都不管）地区，现在有些小股土匪在蠢动。目前，共产党在济南市有办事处与蒋管区进行物资交换，以粮煤换工业品（医药、文化、纺织品）。通邮、通商，尚称安谧。

摆在王耀武面前急待解决的问题一大堆，真不知从何处着手。他对左右的人员说，哪像过去打仗那么简单。经过一番思考，觉得要把党、政、军大权拿到手才好办事。于是策动省参议会（议长斐鸣宇）出面，成立凌驾于绥靖区、省政府、省党之上的机构，名为山东绥靖统一指挥部，推举王耀武为主任，何思源、庞镜堂为副主任，报请行政院审核（自然是准予备案）。统一指挥部设秘书长一人，由徐庆誉担任（原四方面军政治部主任、曾任江西省教育厅长，与蒋经国有瓜葛，留学英国），下设办事人员十余人，办理公文和联系。统一指挥部的第一个任务是整编地方武装和所有的游击司令部；其次是与共产党驻济南办事处签订物质交换的合约，杜绝商人套购抬价。后来王耀武就任山东省政府主席，何思源调任北平市市长时，这个机构已失去作用，就自动解散了。

在国共和谈中，由北平军调部派到山东的联络组驻济南，下设两个小组，分驻泰安、潍县，定期开会。会上，国共两方的代表互相指责对方不时打冷枪。周恩来、马歇尔、张治中曾飞抵济南，陈毅、黎玉（山东民主政府主席）也来到济南，举行一次山东方面的国共首脑联席会议。周恩来等领导同志听取了陈毅、王耀武的汇报，大家都表示愿为和平统一而努力，实际这都是表面文章。果然，没有多久，蒋介石便撕下假面具，大举进攻解放区，全面反共、反人民的战争便开始了。

山东地缩南北，自古为兵家所争。蒋介石采用以山东、陕西为两翼的钳形攻势，在山东派陆军副总司令范汉杰为指挥官，指挥第八、第九、第十八、第二十五、第四十五、第六十四共六个军。国民党以这二十个师的兵力，配以地方武装和海军、空军，采用"篦梳战术"：由还乡团、保安团作向导，四个军并列为先头部队，两个军紧紧跟随，高度集中靠拢，齐头并进、密集平推，旨在占领胶东半岛的滨海城市，如烟台、龙口、威海卫等；切断山东与东北、华北解放区的海上交通线；企图与解放军决战和摧毁解放区后方。这些如意算盘早为解放军识破。陈（毅）粟（裕）大军早已南下，进入徐州附近。由许世友率领的山东兵团为掩护后方机关和伤病员的转移，曾和第八军李弥、十八军胡琏两部作过三天的激战。除此外，自动放弃了大片县市。这样，青岛到济南的胶济县、徐州到济南的津浦线都通了车。于是，国民党的报纸对山东的战况大肆吹嘘了一番。

一九四七年二月上旬，噩运开始向王耀武笼罩，首先是第二绥靖区副司令官李仙洲率领的整编第四十六师韩练成（桂系部队，白崇禧的外甥在该师任整编旅旅长）、第七十三师韩浚（即原七十三军）为北线兵团，由吐丝口南下，预计与南线兵团会师于莱芜，不料扑了空，北返途中，被解放军包围于马陵道（即战国时孙膑杀庞涓的古战场），仅仅一天，整个被歼。除整编第七十三师七十七旅旅长田君健阵亡，整编第四十六师师长韩练成逃脱外，所有将级军官都做了俘虏，彻底粉碎了蒋介石的图谋。这两个师是国民党装备最佳的部队之一，被歼灭后，蒋介石、白崇禧、王耀武懊丧万分，便把一切过失透于李仙洲身上，说李轻敌冒进，指挥无方。

一波未平，一波又起，更使蒋介石、王耀武伤心的事是整编第七十四师（即七十四军）张灵甫被全歼于鲁南孟良崮。这是一九四七年五月中旬的事，距莱芜之战仅百天左右。整编七十四师被歼的消息使国民党军心动摇，连美国的报纸也发出哀鸣。蒋介石的御林军覆灭使王耀武失去了政治资本，跟随王耀武多年的战将张灵甫、蔡仁杰（副师长）、卢醒（整编五十八旅旅长）、明灿（副旅长）刘立梓（师副参谋长）等全被击毙，电影《南征北战》《红日》即以莱芜、孟良崮两战役为背景拍摄的。

王耀武受到这场打击后，几天不办公、不见宾客，当接到蒋介石令其重编整七十四师（不久，恢复军的番号）的命令后，便打起精神，保举留在南京学习的副师长邱维达（黄埔四期、陆大特六期、曾任四方面军参谋长）在安徽滁县续成七十四军。蒋介石抓住张灵甫死的这件事，通令全军要效法张灵甫忠勇报国的精神。当英国赠送他两艘巡洋舰时，以一艘命名为"重庆号"（后起义），另一艘命名为"灵甫号"，表示眷念。还指示邀请张灵甫遗孀王美玲参加命名典礼。同时，蒋介石撤换指挥不力的汤恩伯和坐视不救的整八十三师（即一百军）师长李天霞，遗师长缺由副师长周志道（江西人，黄埔四期）升充，至于整编二十五师师长黄百韬（后在淮海战役中因失败自杀）则给予申斥了事。

在续成整编七十四师时，王耀武又与陈诚发生矛盾。陈诚（时任参谋总长）要将五十七旅番号拿走，只许成立两旅六个团，王耀武据理力争，陈诚不理。最后，由俞济时（时任蒋之侍从室主任，后改称总统府军务局长）出面斡旋，由王耀武抽出已装备齐全的山东保安旅南调，无需中央出人出枪才了事。从这里也可以看到国民党嫡系与嫡系之间的矛盾和倾轧。

另外，在胶东作战的范汉杰兵团也开始节节失败。首先是整编六十四师的二一一旅在高密、平度间被歼灭，让解放军打开了缺口。在中原的刘、邓和陈、粟两大主力军展开了攻势，严重威胁徐州、郑州、武汉，逼使国民党统帅部不得不改变作战方针，将在山东的部队陆续南调，放弃"重点进攻"改为"全面防御"，随着战局转移，再改为"分区防御"，最后，只有"点线防御"维持残局了。

由于大部队相继调离山东，蒋介石在"分区防御"的方针下，调整了山东的军事部署：在兖州成立第九绥靖区，任李玉堂（黄埔一期，山东三李之一）为司令官。在青岛成立第十一绥靖区，由丁治磐（山东人，保定九期，原第二绥靖区副司令官，后任江苏省政府主席兼第一绥靖区司令官）任司令官，后由刘安祺（山东人，黄埔三期）继任。为统一山东境内军事指挥，由王耀武以山东保安司令名义，指挥第九、第十一两绥靖区。

到了一九四七年冬，国民党在山东只剩下青岛、潍县（今潍坊市）、济南、兖州四个据点了。其中以济南据点地区稍广，东面的周村、张店、明水是粮煤输入的孔道，驻有整编第三十二师周庆祥（山东人，黄埔四期）、山东警备第一旅李毅民（单县人，洛阳分校二期）、交警第十七总队等共二万余人，以周村为中心，分兵把守。解放军集中优势兵力首先攻克周村，摧毁了整编三十二师师部，很快地全歼了这一地区的国民党部队。周庆祥只身逃到济南，后被押解南京，蒋介石下令处决并在 《中央日报》公布罪状——临阵逃脱。李毅民被击毙。周村、张店、明水解放后，切断了济南与潍县的交通，使潍县成立孤岛，全凭空运和无线电联系。

潍县是胶济铁路的大站，当时是拥有十万人口的城市，分东西两城，城墙用青石砌成，颇为坚固。经过日、伪、蒋十多年的精心经营，构成了以西城为核心的三道防线的半永久型工事，城墙上安装了电网。在抗战时期，一直为日军盘踞，今天防守潍县的是整编第九十六军兼整编第四十五师师长陈金城（安徽全椒人，黄埔二期，为王耀武在第一师的老同事）。附近十余县的地主武装和保安团队也都猬集在这里协力防守，其中有以反共著名的"地头蛇"张天佐、张景月（都是行政专员兼保安司令），在解放军的围攻下，守了近一个月。蒋介石一再电令王耀武亲自率师救援。王耀武认为潍县迟早是都会被解放军攻占的，济南只有三个整编师（整二师晏子风、整七十三师曹振锋、整八十四师吴化文）且战斗力都差。整二、整七十三是被解放军全歼后重建的部队，吴化文是杂牌军，抽出两个师解潍县之围，济南太空虚了，解放军乘虚而入，怎么办？自顾不暇，焉能救人？昼夜苦思冥想，如坐针毡。他向南京意见具申，请求增派部队入鲁，复电令其打破一切顾虑迅速增援，措词严厉。他在无可奈何的情况下，只好率领整七十三、整八十四两个师，用步步为营的方法慢步东行，每日行程只二三十里。当行抵益都附近，潍县可望不可及时，解放军对潍县突然发起凌厉的攻势，潍县便告解放了。王耀武再用交替掩护的方法撤回济南。在他东进时，解放军只用小部队迟滞王耀武的行动，当他撤回济南时，也没有派队伍追击。至于困守潍县的陈金城和地头蛇张天佐、张景月等全部被俘，无一漏网。陈被送到俘虏营，两张因罪行昭著，民众愤恨，受到处决。

在潍县解放后一个多月的一九四八年七月，解放军发起对兖州的攻击。兖州是徐州到济南的中间大站，第九绥靖区司令官李玉堂率整十二师霍守义等部共十二个团（等于两个师）的兵力防守。战斗打响后，蒋介石命令徐州、济南两处派兵救援，意在分进合击。若兖州失守，济南对外的唯一通道就被切断，那将给王耀武带来更大的困难。因此王耀武决定派吴化文（这时王保举吴化文为整编第九十六军军长兼整编八十四师师长，以示笼络）率领九个团南下，当行至大汶口时与解放军遭遇，刚一接触就被吃掉三个团，吓得吴化文连夜撤回泰安。

北路打败了，南路的援军也被拒于山东境外，兖州之战很快结束。李玉堂在突围中负伤，逃到南京住进中央医院（闻李到台湾后，被蒋处决，罪名是与共党有勾结）。整十二师师长霍守义被俘。至此山东只剩下青岛、济南了。

五、打进济南府 活捉王耀武

上面这两句话，是山东《大众日报》在一九四八年九月中旬进军济南时，刊在报纸头版的口号，还有两句是"打进南京时，活捉蒋介石"。济南是山东省政治、军事、经济、文化的中心，北濒黄河、南倚泰山，地居要冲，向为军事重镇，当时有人口七十余万。除著名的济南兵工厂外，纺织、机械、食品等工业也初具规模。它和北平、天津、青岛一样，是国民党维持华北残局的支柱。王耀武到济南后，即着手加强城防工事，特别是莱芜之战后，成立济南城防司令部负责征工、征料、挖战壕、架铁丝网、建鹿寨和钢筋水泥地堡。他不时亲到郊区洛口、飞机场、辛庄营房、东西白马山、四里山、千佛山、砚池山、茂岭山、洪家楼、黄台山等处视察。当时老城区（当时城墙完好）有内城工事、护城河、交通壕、夹壁墙等连贯结合，另在四里山下，修建了简易机场，准备在机场失守后，飞机可以降落加油，王还存储了半年以上的粮弹、医药器材，他满怀信心地表示，固守三个月，毫无问题，光是外围工事就够共军啃的了。蒋介石至此也关心济南的得失，批准将整编七十四、整编八十三两师空运济南。就在整编八十三师的整十九旅一个团、整七十四师整五十八旅的一个团抵济南后，济南西郊的飞机场跑道就被解放军炮火打毁了，飞机再无法降落。紧接着，吴化文率部二万余人起义，这一下子，不仅王耀武晕头转向，济南国民党的机关、部队一片混乱，就连南京的国民党统帅部也惊惶失措。由于吴化文率部起义，空出大片阵地无兵防守，原先的外围工事全部放弃，王耀武只有退守内城，这就给解放济南缩短了时间，减少了人员伤亡。在这严重关头，蒋介石、刘峙（时任徐州剿匪总司令）先后飞抵济南上空与王耀武通话，勉以固守待援，告知已严令徐州、天津两处援军兼程前进。

一九四九年九月二十四日济南解放，从九月十六日开始进攻，仅用了八天的时间。国民党军的将官除整二师二一一旅旅长马培基阵亡、整七十三师师长曹振铎逃脱、省政府民政厅彭厅长逃出外，其余全部将官、省政府处长全部被俘，有人笑说这是王耀武搬家。

再说王耀武本人。九月二十四日上午九时许，他得知整十五旅旅长王敬箴反击失败后，便悄悄溜出大明湖指挥所（当时绥靖区司令部驻省政府内，他只带一处处长吴鸢和几名科长、参谋住在大明湖湖心亭）。连着几天未发现他的踪迹，于是国民党报纸便宣称他已壮烈殉职。事实上，他看到大势已去，"三十六计，走为上计"，便带领一名卫士（警卫员）从北门水道地洞中逃出，扮成农民模样，头裹毛巾，身穿蓝布夹袄，腿上绑了一块白布，装成被弹片打伤的样子，雇辆大车，向青岛行进。九月二十八日，行抵寿光县张建桥，守桥民兵发现他们有可疑之处，便扣留逐级上送。初以为是一般官员或地主恶霸，最后在寿光县公安局，他坦白了身份。

在这里补叙他逃亡的经过。

他化名乔坤，卫士（泰安人）化名乔玉培，伪称叔侄，在济南市经九路开饭铺。他们身带黄金二两（那时称为小元宝）、银洋十一元，还有北海币（当时解放区的货币）到了益都。在益都弄到益都县街公所路条，自称由于在济南的饭铺被炮火打毁，人也受了伤，现在去青岛投奔亲友求医。守桥的民兵是看到他在桥下解大便时，用白纸揩屁股（那时民间一般都用高粱杆代替手纸）因而生疑，再向他叔侄俩询问，更是破绽百出，因而辗转送到县公安局。王自知逃不了，便向看守人员说，我有要事见县长面谈。后来审讯股长告诉王，对他讲也一样，于是王就说：我就是王耀武，说完颓然坐下（近年有少数刊物说曾抓到三个王耀武，是王耀武事先安排的，这是不符事实的）。王耀武被捉的消息立即电布四方，他穿着夹袄的照片马上贴在解放区的城镇乡村。其实这是王耀武在济南的第二次逃跑。当九月十六日晚，他得知吴化文起义后，便邀同省参议会议长裴鸣宇，在卫士排的簇拥下从南郊的八里洼南逃。途中被解放军发觉，以为是小部队偷袭，便包抄围击，只好逃回来，仓促部署应战。这件事只有少数高级幕僚知道。

济南的解放显示了解放军战力的强大和无坚不摧。当时美国的报纸坦率地说"济南易手是对南京政府的一个严重的打击"，又说"共军已强大到可以夺取长江以北的任何城市了"。济南的解放，彻底粉碎了国民党在山东"点线防御"的作战方针，动摇了国民党固守大中城市的信心，是一个月后淮海战役的前哨战。由于把济南这枚钉子拔掉，使华北解放区和山东解放区连成了一片。

王耀武在寿光坦白后，被送到益都华东军区解放军官团（即俘虏营，团长季方）直属中队安置。这个中队专收容国民党将级军官和文职行政专员、厅、局长，其中有第二绥靖区副司令官牟中珩（抗战时曾任国民党山东省政府主席），他是逃到胶县被查获的；国民党山东省党部主任委员庞镜堂，他是和山东省银行副总经理司徒履光（王耀武原英文秘书，华侨）行至徐州近郊被解放军便衣侦察员查获的，他们编在高级组（整编军长、师长以上）。因此有人给解放军官团拟了一副门联，上联是"早进来，晚进来，早晚进来"，下联是"先出去，后出去，先后出去"，横批是"你也来了"。

党的宽大俘虏政策是感人的。将官队的俘虏，每周四天细粮（白面）两天粗粮，而解放军自己是粗细粮各三天，星期天发给主副食，以小组为单位自己做饭。在寨子里可以自由行动，买日用必需品和食品（肉类、蔬菜），接待从各地来探望的家属，半天学习（学习时事和理论著作）半天自由活动。这些革命人道主义的措施，使俘虏们的思想有所转变。王耀武在军区统战部、政治部和团、队政工人员的开导下转变较快，专程到济南广播电台广播、向山东《大众日报》记者发表谈话、带头发出反对内战的通电以及为中共上海地下党供给些经费……当江南解放，山东解放军官团编并后，他先后在抚顺、北京战犯管理所改造。由于表现较好，在一九五九年国庆十周年前夕获得第一批特赦（在特赦令中，第一名溥仪，第二名杜聿明，第三名王耀武），先安排在全国政协任文史专员，分配了住宅，当第四届全国政协第一次会议开幕时，被选为全国政协委员。他写了一些回忆录在全国政协文史选辑上发表。因元配郑宜兰不愿回国而离婚，经组织关怀与吴伯伦重建家庭。一九六八年二月三日，因病逝于北京，终年六十四岁。一九八〇年五月二十九日，全国政协为溥仪、王耀武、廖耀湘三人开了追悼会，新华社播发了电讯。

六　其他种种

嫡系与嫡系之间的倾扎

王耀武因为能忠实地执行蒋介石的作战指示，都能完成任务因此受到蒋介石的赏识，其升迁之快，在黄埔系中除第一期的胡宗南外没有第二人。当时以黄埔生任省政府主席的也只有他一人，有人说他红得发紫。在一九四五年时，胡宗南是七战区副司令长官，杜聿明是昆明警备司令兼新五军军长，而王耀武已是第四方面军司令官了。他和卢汉、张发奎、汤恩伯并肩，掌握三大主力军又是卢、汤、张所不及的。由于他事业心重，对日作战时富有爱国心，八年中打了许多大仗、硬仗，深得指挥他的上级如顾祝同、薛岳、罗卓英的好评。一九四三年，冯玉祥视察他的部队时，对七十四军的军容纪律，大加赞誉。他并能协助友军，他的友邻部队有川、滇、湘军，都说王耀武是条硬汉子。他从不叫苦，从不表功，但他却受到陈诚的排挤。陈诚觉得他另树一帜，故遇事掣肘。当整七十三师在莱芜被歼，蒋介石命令王耀武重组部队时，原有整十五、整七十七、整一九三旅三个番号，而陈诚要把一九三旅拿走，只准按两旅六团建制。整七十四师重建时，原有五十一、五十七、五十八旅三个番号，而陈诚要把五十七旅番号拿走，是经俞济时斡旋才给的，这是嫡系与嫡系的倾轧。

大的派系不谈，就以王耀武手下的几名大将来讲吧，也是你争我夺。如整七十四师张灵甫、整八十三师李天霞，都是王耀武的心腹将领，但李资深（黄埔三期）张资浅（黄埔四期）。孟良崮战前，蒋拟将整七十四、整八十三师编为整编第五军，李、张两人都想当军长（等于抗战时的集团军总司令），故在孟良崮战役中，李部离张师只有二三十里，却坐视不救，蒋严令李驰援，李只派出一个团，事后，张死，李被撤职查办。

又如俞济时任七十四军军长时，王耀武是该军五十一师师长，王把大门关得紧紧的，不让俞济时派人来。后来俞济时任蒋介石的侍卫长，成了蒋身边的重臣，有关军政文电都是先经俞阅后转呈，要见蒋也由俞传报，因此王对俞的态度非常恭谨。俞向王要几名参谋时，王便选派黄埔毕业又进过陆大的如陈瑜（曾任七十四军参谋长）等人去。王还给这些人按月送生活补助费，使他们为王通风报信。

王曾是胡宗南的部属（胡任师长时，王任营长、副团长），论情谊，理应互相关照，可是王到山东后，急需一批山东籍的高级将领，向胡宗南商调黄埔三期的刘安祺、宋瑞珂时，胡连电报也不复，于此可见其中的奥妙。

在黄埔系中，山东有"三李一王"之说。"三李"即李延年、李玉堂和李仙洲，"一王"即王耀武。三李虽是黄埔一期，比王早，但后来名位都在为之下，后来好事者又有"三李不如一王"之说。

七、八面玲珑，刀切豆腐面面光

一九三四年春，王耀武升任补充第一旅（独立旅）旅长时，为自己独当一面，对上对外如何应付而彷徨不安。当时在南昌的军事委员会委员长行营是党政军最高指挥机构，王走进行营大门，各处科长以上人员一个也不认识。过去他在部队搞训练、作战，倒有些办法，而今是一筹莫展。恰好遇到邓文仪（蒋之机要秘书），因邓当过黄埔三期区队长，王便称邓为老师。经邓介绍，安排邓的妻弟黄寿卿（黄埔五期）到补充旅任营长（后任辎重兵团少将团长、兵站副总监）。王又找到参谋处一科科长萧家栋（南昌人，保定生）拉关系，安插萧在家闲居的胞弟萧家梁（纨绔子弟）为旅部驻南昌通讯处主任。这样，既可以与行营通消息，又收熟悉南昌情况之效，可以说是人地相宜。后来萧科长病故。部队远离江西，南昌通讯处撤销，这位主任也就回家了。

王耀武对军统、中统高级人员更是应付周到，和戴笠打得火热。一九四二年夏，七十四军调赣路过江山时，王派副官赵汝汉（王的老部下）去戴笠老家，向戴母问安，邀请戴小、戴藏宜来军部做客，厚予馈赠。一九四六年春，戴笠视察西北、华北，南返途中路过济南，住在王耀武家，促膝长谈。戴就是由济南飞返南京时飞机失事丧命的。军统的大头目之一胡靖安（江西人，黄埔一期）任南岳游干班时，七十四军恰驻衡山，胡靖安经常向王耀武"打秋风"，王是从不吝啬。

与美军相处，王也是应付周到。如一九四四年冬，王总部驻湖南洪江时，驻四方面军的美军东线指挥部官兵，常有奸污附近农村妇女的行为，引起民众反感。王请翻译向美军致意，要其保持军誉。美军说：我们不像你们东方人禁欲，家属远在国内，现在远渡重洋，协助中国作战，这点小事希望你们能妥善处理。结果王耀武派副官在洪江罗致一批妓女应付了事。

八、长袖善舞，生财有道

王耀武治军用人有他的一套办法。尤其在用人方面，打破国民党"三同（同学、同乡、同事）一带（裙带）"的陋习。不论资排辈，以战功（部队长）成绩（佐属）为主。担任山东省政府主席时，除秘书长和民政厅长外，建设、教育、财政厅长，如李泰华、丁基实等均继续留任。他的私生活也比较严肃，不赌博打麻将、不娶小老婆、不喝酒、不抽烟（打仗、宴会时也喝点、抽点）。规定部队长不准吃空额，只准吃长伕缺（即运送行李的民伕），团长廿名、营长十名、连长五名、排长一名、独立排长二名。每名长伕饷金十五元，出发时临时雇用，但不准抓伕。此外还成立子弟学校，教育干部子女，为学生免费提供食宿、书籍。在江西安福、广西兴安两地买地供年老官兵开垦，两年后自给自足。部队集训时，准接眷属；移防时，由军（师）派车船送至指定地点；成立办事处，按月将食米和军官薪金的一半发给眷属。每次战斗结束后，组织慰问组到各地医院慰问，按职级发给慰问金和食品。他还成立互助会，按级别每月扣薪金的百分之一至百分之五，凡是有婚丧和重病事故的可以申请补助。凡此种种深受中下级军官的欢迎，许多军官闻风到七十四军投效。

他理财的方法是派人经商。如任团旅长时，与同乡李炳炎在汉口开振兴饼干厂（他与李的渊源是他投考黄埔军校时，李曾赠路费三十元。当时的三十元可买鸡蛋三千个，使王非常感动）。抗战军兴，他用汽车在宁波、温州、广州等处购买日用品。有一次买来胶鞋、卫生（绒）衣、袜子等，他一面向市场抛售，一面以低于市价一成的价格赊卖给官兵，发饷时扣回，既赚了钱还赢得关心部队生活的美名。随他多年的军需李祝年（长沙人，因无学历无法升迁）为他在长沙开店。到山东后，成立裕鲁公司，派经理室主任张望伯（安徽人，现在港）为总经理。派司徒履光为山东省银行副总经理，利用省银行资本专跑天津、青岛、上海做黄金、美钞买卖。郑希冉（一名雍若，泰安人）是为他搞钱的主要人物，被任命为山东省田粮处处长和第四兵站副总监。当山东局势比较安定时，他派整七十三师守备淄博，军车川流不息地运煤粮，统制与解放区的物资交换和贸易。当山东成立军官总队收容编余军官时，他以调用绥靖区服务为名，吃了二百名军官空额的薪金、粮食、服装，直至这个总队的撤销。

胡琏其人其事[1]

在国民党嫡系部队中，陕西籍的将领是不多的，因为在一九二五年以前，陕西对外交通不便，外出旅行视为畏途。黄埔军校成立后，在于右任的影响下，一些有志的青年陆续奔赴广东，如黄埔一期中的杜聿明、关麟征，第四期中的张灵甫、胡琏，都是比较著名的人物。

在这里，我把所知道的胡琏的情况介绍如下。

胡琏（1902——1962）是陕西华县人，又名胡伯玉，出生时是清光绪三十二年，满清王朝正处外患频繁，内忧沉重（革命风暴方兴未艾）的日子里。他父亲是个勤劳耕种，饱受欺凌的农民，他决心送儿子上学，图个功名富贵，光宗耀祖。抱着这个传统愿望，胡琏到华县县城读书。一九二四年，胡琏中学毕业了（那时中学不分高、初中，四年制），颇有"男儿志在四方"的雄心，毅然离家经天津乘海轮到广州，考入黄埔军校四期，毕业后，分发在国民革命军第十一师陈诚部。从此，胡琏的一生和第十一师紧密相关，由见习官直至由第十一师发展起来的号称国民党五大主力之一的第十八军军长。

一九二七年，胡琏已是十一师三十一旅六团四连连长了。北伐军进入山东后，部队到达泰安城下。泰安在泰山之麓，是济南的门户，泰安的得失关系到济南的安危，因此，守城的奉系军阀张宗昌余部凭险顽抗。胡琏部是主攻部队之一，眼看天快黑了，大家饿着肚子打了一天仗，炊事员还没有跟上，而命令限定今晚一定要拿下泰安城，胡琏只好让大家临时集合休息一下，准备饿着肚子再战。这时正值梨子上市，农民挑着收获的梨子一担担的走过部队面前，胡琏触景生情，马上买来几担梨放在两口大水缸内，叫几个人把它捣碎，冲满两缸清水，然后对士

1.原载《陕西文史选辑》第十九辑。

兵们讲：我和大家一样，肚子饿得咕咕叫，饭又吃不上，但仗是一定要打，今晚攻不下城，明天还是要攻，那伤亡就更大。我提议每人先喝几碗梨水，鼓鼓气，表示我们有福同享，有苦同吃。我带头冲锋，攻下了城我们再饱吃一顿。从前《三国演义》上，有关公温酒斩华雄的故事，说的是关公斩了华雄再喝曹操给他的酒，这故事流传千古；今天我们打下泰安城，再吃饭，大家不都成了关公吗？一席话感动了全连官兵，大家都争着舀梨水喝，果然甜滋滋的。梨水喝够了，驱走了疲劳，把嘴一抹，冲了上去，胡琏块头大，个子高，快步当先，流弹从他左脸穿过右脸，牙齿打落了，血流满面，仍然冲上去，在友军的配合下，攻下了泰安城。这一仗胡琏立了大功，因此被师长陈诚所赏识，认为是有用之才，不次升迁，到一九三三年，六年中胡琏由连长升到第十一师三十一旅六十二团团长了（旅长是黄维）。陈诚则早已升到十八军军长，辖第十一、第十四和第六十七三个师。在十年内战中陈诚任国民党中路军总指挥，由罗卓英任十八军军长，肖乾任十一师师长，在江西的战役中，胡琏的团与红军多次作战都能保持战力，赢得陈诚、罗卓英的青睐。

一九三七年八月十三日，淞沪抗日战争序幕揭开，第十八军调到上海郊区罗店一带担任防守。这时胡琏已是第六十七师一九九旅旅长（师长黄维）。当国民党从淞沪撤退后，六十七师经南京撤到安徽宣城、广德一带，部队扩编，拨给第八十六军番号，胡琏回到第十一师，升任师长。担任贵地、青阳一带长江江防，曾击沉一艘日舰，受到奖励。（原文此处被划去）

一九三八年春陈诚任第六战区司令官兼湖北省政府主席，驻在湖北恩施，第十八军调到湖北宜昌三斗坪一带担任长江江防，保卫战时首都重庆的大门，防止日军西进。一九三九年冬，日军发动试探性的攻势，敲击重庆的大门，当时在没有空军配合下的十八军付出了相当的代价，遏制了日军的矛头，这便是当时国民党宣扬的"宜昌之战"。这场战役中，有利的地势帮了国民党军队的大忙。战后国民党政府授予胡琏以青天白日勋章（国民党最高勋章），胡琏升任第十八军副军长，蒋介石调他到侍从室，亲加考察。

一九四三年春，胡琏从侍从室回到十八军升任军长，部队调到第六、第九两战区的结合部——湘西、沅陵、常德、桃源一带，作为两战区的机动部队。这时蒋介石接受美国军援，成立中国陆军总司令部，由参谋总长何应钦出任总司令，下辖四个方面军，战斗序列由西向东，计第一方面军卢汉、第二方面军张发奎（原四战区长官部改称）、第三方面军汤恩伯（原湘桂黔边区总部）、第四方面军王耀武（由原第二十四集团军升编）。第一批装备二十五个美械师，第十八军划归第四方面军建制。四个方面军中以第四方面军战斗力最强，所辖第十八、第七十三、第七十四三个军全换美械，后来又增加了新六军，在国民党五大主力中，拥有三个主力军。美军在此设有东线指挥部，派有少将金武德（译音）主持。正当部队改换装备，美军顾问训练使用方法之际，日军集中八个师团的兵力，发动了湘西之战（亦称雪峰山之战，在北京革命军事博物馆抗日战争形势图中，曾用红箭头标记），目的是乘国民党换械之际，打个措手不及，最后摧毁芷江空军基地。当时芷江是中美空军第五飞行团所在地，团长由美军担任，副团长由中国担任，是国民党空军东线最大的基地，有两条飞行跑道，拥有B24、B25轰炸机、P51歼击机C43、C47运输机等各类型的飞机千余架。王耀武新官上任，部队刚换美械，上上下下颇有一番"跃跃欲试、请战心切"的情绪。十八军奉令由沅陵星夜兼程南行，担任左翼狙击任务。在芷江的北大门——雪峰山北麓三门一带，与日军遭遇，鏖战三昼夜，粉碎了日军的攻势。湘西会战中，三军奋战，加上国民党空军已占优势，P51野马式歼击机优于日本的零式飞机，在陆空密切配合下，打得日军狼狈东逃，大军直追到衡阳近郊，从而结束了日军侵华最后的一战。何应钦、魏德迈（美军驻华战区的参谋长）、王耀武等分乘P225通讯指挥机（即后来的直升飞机，只能乘坐一人。有二十米宽，六十米长的空坪即可起飞降落）到战地上空视察，确认了这一战役的胜利。不久，美国国会根据美军驻华东线指挥部的报告授予四方面军有功军官以自由勋章，胡琏是获得这项勋章者之一。

一九四五年九月三日，日本投降，第四方面军调长沙担任受降任务，在岳麓山湖南大学举行受降仪式。接着，四方面军番号撤销，所属的五个军各调一方：新六军调东北，第七十三、第一百军调京沪线（今宁沪线）、第七十四军调南京担任首都卫戍、第十八军调武汉担任守备，王耀武本人调山东，另成立第二绥靖区。

一九四六年春，蒋介石撕毁停战协定，大举进攻解放区。他先使用杂牌部队，借解放军之手消灭异己势力，失败了，便使用看家的嫡系部队。蒋发动以山东、陕西为两翼的钳形攻势，山东的作战目标是击溃华野主力，截断他们与东北的联系。陕西方面是占领延安，在黄河西岸与解放军决战，捣毁中共中央驻地。因此胡琏的十八军与邱清泉的第五军向晋西济宁、菏泽前进，与刘（伯承）邓（小平）大军较量了一番，由于装备优势，双方打了个平手，各自后撤，从此转战于山东境内。进入鲁东时，十八军归范汉杰指挥，（此时，国民党已废除军的番号，改称整编师，师改称整编旅，后来在淮海战役前夕，又恢复军、师番号，为便于叙述，仍称十八军）十八军改称为第十一师。在胶东南麻，十八军与第八军李弥配合，与陈（毅）粟（裕）大军鏖战四昼夜，双方都因吃不下对方而各自后撤。由于陈粟大军作战略转移，转移到国民党后方，于是第十八军沿沂蒙山吐丝口南下，企图与整编第七十四师（即七十四军）会合。行至莱芜，整编第七十四师被歼于孟良崮。胡琏与张灵甫是同学又同乡，私交甚好，得到张灵甫身死兵败的讯息后，伤感不已。他告知部队成立许多收容小组，收容七十四师的逃散官兵达二千余人，全部送还新成立的整编七十四师师长邱维达，表示他的关切。

由于整编第七十四师的被歼灭，迫使蒋介石放弃重点进攻，改为重点防御。第十八军调到河南，作为这一地区的主力部队，担任（北）平汉（口）线（今京汉线）上郑州到信阳间的守备任务，归张轸指挥。

战争进入一九四八年，山东、河南大部分地区均告解放，解放军愈战愈强，国民党军队整个整个军（整编师）的被歼灭，一两个军不敢单独行动，小兵团（如区寿年兵团的两个军在豫东被歼灭）也不例外。南京统帅部惊惶失措，愁思苦想，不知如何应付，最后想出了成立以三至四个军为一组的兵团战斗方案。这样能独立遂行战略任务，达到进可以攻，退可以守，成为使解放军"吞不下"和"啃不动"的庞然大物，因此在河南迅速再成立黄维、宋希濂两兵团。黄维原任新制军校教育长，他久离战场，但这新组成的第十二兵团是由第十八军扩编的，黄维在第十八军资历较老，所以把黄维任命为第十二兵团司令官，胡琏为副司令官，辖第十军覃通善、第十四军熊绶春、第十八军胡琏（兼）（淮海战役由杨伯涛接任军长）、第八十五军吴绍周　（这个军是汤恩伯系统），黄维受命后立即表示暂时维持，半年后交给胡琏。胡琏对蒋介石的人事安排感到不满，便藉赴上海诊病为由，悄然乘轮东下。

一九四八年十一月十日，黄伯韬兵团在碾庄被围，蒋介石手中能调动的只有第十二兵团，他电令黄维星夜由河南东进，指定的路线是经正阳、新蔡、阜阳、蒙城、宿县向徐州前进。当时，部队分驻确山、驻马店、遂平等处，奉令后，兵团匆忙集结，由驻马店东援徐州，因配有战车营、榴弹炮营等重武器和汽车营、胶轮大车等，加上道路不良，要经过南汝河、洪河、颖河、西淝河、涡河、北淝河、浍河等，行动迟缓。十一月十八日，先头部队到达安徽蒙城，即与解放军遭遇，解放军是以逸待劳，打了几天，黄维兵团毫无进展，而后方的联络线已为解放军切断，北进徐州增援已不可能，经南京统帅部同意，向津浦线固镇转移，与李延年兵团靠拢。

十一月廿五日，黄维兵团刚转移，即为解放军发觉，尾随猛攻，部队立即出现了混乱现象，只好就地固守，解放军即迅速完成了包围圈。黄维兵团原是千里跋涉去救人的，现在却被围需人来救了，这就是徐州外围的第二个包围圈（第一个包围圈指碾庄的黄伯韬，两个被围的兵团司令官都是姓黄，真是巧合）。

经过几天战斗后，解放军的兵力已逐次集中，攻击准备也逐渐完成，黄维兵团被包围在以双堆集为中心的南北约十五华里、东西约二十华里的一些村寨里。黄维的四个军借优势装备作了几次反扑，均毫无办法，而解放军逐点蚕食，用近迫作业迫近阵地，用炮兵集中轰击。在这种情况下，蒋介石想起了在上海养病的胡琏，电召赴南京，询问胡琏有无办法导致第十二兵团转于有利态势，胡琏力主退守江南，全部主力南撤，但要打好目前这一仗，才能确保江南，与共产党划江而治，形成南北朝局面。胡琏自愿去双堆集，协助黄维，鼓舞士气，扭转局势。这赢得了蒋介石的赞赏，答应抽调部队兼程驰援，一面电令黄维构筑小型机场，准备飞机降落和补充粮弹，一面指示空军总司令周至柔（原十八军十四师师长），副总司令王叔铭为胡琏准备飞机。胡琏率廿八兵站分监部参谋长及电台一部，由汉口乘飞机前往。

胡琏到达双堆集后，分批接见了团长以上的干部，传达了蒋介石的指示，询问了部队情况，并亲到阵地视察，作了局部调整，这一强心针仅仅维持了两天。解放军发动了凌厉攻势，强大的炮兵群，摧毁了黄维兵团的野战工事，每晚都有几处阵地丢失。在这风云变色，形势日非的情况下，胡琏于十二月七日，再度飞赴南京，于次日（八日）晚见到了蒋介石，如实汇报情况，蒋介石谎称援军已到浦口，即日乘车北上，其实所谓援军只有第二十军杨轩才（原杨森部）和新成立的第二十八军李勃。与胡琏同时被蒋介石召见的还有宋希濂。饭后，蒋介石为这两位高足，放映了《文天祥》的故事片，意思是要他们以文天祥效忠宋王朝的态度来效忠他。

在胡琏再度飞往南京时，黄维和十八军的师长以上将领都婉示胡琏就在南京住下，好办理善后，双堆集是无法挽救了，免得同归于尽。但是，胡琏觉得这样做，既对不起蒋介石，也对不起共事多年的胞泽，十二月九日毅然飞回双堆集。

这时，部队伤亡日多，又缺医药，空投粮弹，数量有限，粥少僧多，发生了争抢粮弹，互相枪杀的事件，秩序已难维持。在这节骨眼时，南平集的一一〇师应运周率部起义，第二十三师黄子华率部投诚，正是山穷水尽，四面楚歌。这时，黄维、胡琏竟丧心病狂使用了毒瓦斯和凝固汽油弹，但也像昙花一现，仍然无法支持。

十二月十日，蒋介石批准突围，派空军协助。到了时间，空军电告任务繁重，不能来，于是，黄维、胡琏决定自行突围，指定蚌埠为第一集合地，滁县为第二集合地。黄维、胡琏、吴绍周各乘一辆战车在黄昏行动，但由于各部队都争先做好准备工作，以致秩序大乱。于是，黄维、胡琏命第十一师集中兵力在战车的配合下打开了一个缺口，黄维、吴绍周乘的战车发生故障，下车后在乱军中被俘，胡琏却逃出了重围。这一仗，第十二兵团师长以上的将领，除起义的应运周、投诚的黄子华、逃出的胡琏、被击毙的十四军军长熊绶春外，其余全部被俘，真是"彻底、全部、干净而歼灭之"。

胡琏到达南京后，立即被任命为第十二兵团司令官，他收容残部，成立新的第十八、第八十六两军，由高魁元任十八军军长（现为国民党中常委、国防部部长、山东人），先在江西上饶、南城整补，接着，开到广东汕头、江西、福建的部分地方武装（系保安团、保安大队）也拨编进去，部队有了两万余人。一九四九年九月二十二日，胡琏率领这两个新编成的军，分乘十一艘商轮，由两艘军舰护航，开赴金门。就在离开汕头前夕，胡琏像北洋军阀一样，在汕头一是勒索现金，经讨价还价，定为现金二十万元（用金银、外币计算），如到期交不出来，部队将采取自由行动。那时的汕头，人口近廿万，可以说，不分贫富，每人得出一元。一是四处抓壮丁，一共抓了三千人，人抓到后，关在石炮台（日军在汕头用钢筋水泥构筑的海防工事），剃成光头，如果逃跑，再捉到，就剃去眉毛。

胡琏到达台湾后，先任金门防守司令官，后任驻西贡大使，一九六二年病故，终年六十二岁。

胡琏之所以被陈诚、蒋介石赏识的原因是他能效忠、听话，打仗有一套办法。其实这套办法并不新鲜：先占领一处，做好防御工事，以此为中心，作辐射形（一称扇形）向外发展延伸，如此反复，看准时机，集中兵力，重重地打下去。他以此自命不凡。其实这是曾国藩的先求稳当，次求变化，稳扎稳打的老调子。

胡琏能勤下部队视察，用小恩小惠笼络兵心。他常对十八军官兵讲：我们（指十八军）在江西就和红军打，打了十几年，眼睛都打红了，再宽大也宽大不到我们头上来。用这种威胁、恐吓的手段来蒙蔽官兵。

最后，谈一谈胡琏的私生活。他喜欢搓麻将，部队驻下来了，牌瘾就发，约几个趣味相投的次一级的部下打牌。常聚的牌友有曹振铎（与胡同期，山东人，曾任整编第七十三师师长）、高魁元等。有些事就在牌桌上讲，事后再补办公文手续。

家庭方面，他有一妻一妾。妻是胡琏在江西赣南时娶的，名曾广瑜，兴国人，中学毕业，生有二子二女。胡琏当了军长后，又和小姨子曾广仙同居，姐妹同嫁一夫。

我所知道的张灵甫[1]

张灵甫是国民党整编第七十四师师长，于一九四七年五月中旬，在山东孟良崮战役中，被华东人民解放军击毙。这个被称为蒋介石的御林军的覆灭，当时震动中外。六十年代，有一部《红日》的长篇小说和改编的同名电影，即以孟良崮战役为背景的。书（剧）中的主角张灵甫和其中的情节，多系真人真事。笔者与张灵甫共事多年，对于他的情况，了解一些，今就回忆所及，介绍如下：

（一）

张灵甫，名钟麟，字灵甫，后因故以字行。一九〇四年出生于陕西省鄠县（今户县）。一九二四年，在国民党元老于右任的影响下，去广东考入黄埔军校四期。《金陵春梦》的作者在填报籍贯时，写的是陕西长安（因长安是人们所熟悉的地方）。与同乡胡琏（国民党第十八军军长、第十二兵团司令官）同是黄埔四期中较为著名的人物。

他在黄埔军校毕业后，分发在第一军第二师见习。一九二八年秋，第一军（军长刘峙）驻江苏徐州九里山，改编为陆军第一师，刘峙改任师长，张编在第一师第三旅第六团一营二连任连长，后升任第五团营长。当时王耀武任该团中校团附（即后来改称的副团长），这为他后来投奔王耀武创造了条件。一九三四年胡宗南接任第一师后，该师扩编为军，张升任团长。

一九三五年，红军到达西北后，第一军跟踪尾随，与红军对垒。第

---

1. 原载《陕西文史资料》第十七辑，陕西省政协委员会文史资料研究委员会编，陕西人民出版社出版，1986年1月。

一军的眷属都住在西安，张妻带着孩子（不满三岁）和其他军官眷属住在一起。他在前线，忽然得知妻有外遇的信息，就借春节假期来到西安，挈妻儿回鄠县省亲。除夕之夜，命妻到后院菜地割韭菜包饺子，正当其妻弯腰割韭菜时，他掏出手枪，从背后将妻击毙（一说这次事件是张的同事杨团长开玩笑酿成的。这位团长到西安探亲，回到部队与张闲谈中，谈到西安家属情况时，说一天看到张妻与一男性逛马路。张本性多疑而残忍，就信以为真，致酿成人命）。事后，其岳父觉得女儿无端被杀，心所不甘，乃迭向第一军军部、西北剿匪总司令部、陕西省高等法院等有关机关控诉，均杳无音信。适逢张学良夫人于凤至莅陕，岳家辗转托人向于申诉，于表示同情，问张学良，对此事你为什么不理？张答，中央军的事，他不能管，也管不了。后来，于便向宋美龄讲了这件事，提出要为无辜被杀的妇女申雪。宋又转告蒋介石，于是蒋电令胡宗南将张灵甫撤职，押解南京交军法会审。结果张被判有期徒刑十年。

抗日战争爆发，国民党政府下令，所有在服刑中的官兵除叛乱罪外，一律调服军役，戴罪立功，并保留原来的军衔。张释放出狱后，觉得无颜再回第一军。那时王耀武是第五十一师师长，张过去与王有段共事的关系，便投奔王耀武。王认为张任营长时，表现不错，是个血性汉子，便留了他，但一时没有实职，暂委上校师附的闲职，张从此改用了"张灵甫"的名字。当第五十一师调到上海参加抗战后，扩编为两旅四团制，张被正式委为第一五三旅三〇五团团长（旅长为李天霞，黄埔三期）。

一九三八年秋，七十四军在江西高安[1]一带与日军作战时，张的腿部负伤，虽经在桂林治愈，但走路仍不方便，行动时得用手杖，因此，有了"张拐子"的绰号。一九三九年夏，李天霞调任第四十师师长，张便升任第一五三旅旅长。

王耀武升任第七十四军军长后，在调整各师领导干部中，调张灵甫任第五十八师副师长，当第二次长沙会战后，第五十八师师长廖龄奇因

1.原文误为"德安乌石门张古山"，依据史实更正。

作战不力，被判死刑，张便升任师长。廖被处死的原诿是这样"的：第二次长沙会战中，第七十四军由赣西调到长沙外围参战，部队在行军途中，因情报不确，被由岳阳南下的日军冲成两段，军、师失去联络，第五十八师师长廖龄奇，竟将部队撤到株洲，并抢得车皮，勒令车站将全师输送到后方衡阳集结。会战结束后，蒋介石在南岳召开师长以上的军事会议，会上，蒋痛恨第九战区司令长官兼湖南省政府主席薛岳的虚报战绩，而迁怒于廖龄奇，按连坐法将廖处决。廖做了薛岳的替死鬼。

一九四四年，陆军大学成立甲、乙级将官班，轮训将级军官。甲级为中将级（军长以上），乙级为少将级（师、旅长）。张当时是第七十四军少将副军长，应入乙级班，经张的请求，获得蒋介石亲自批准入甲级班受训，是这个班唯一的少将级。张对此引为自豪。

学成回来，抗战已胜利，第七十四军调到南京，担任首都卫戍工作。这时，蒋介石采纳参谋总长陈诚的建议，取消军的番号，改称整编师，但部队的编员并未裁减。从此七十四军就改称为整编七十四师了。经王耀武的安排，把军长施中诚调任第二十集团军副总司令，由张灵甫任整编七十四师师长，邱维达、蔡仁杰任副师长。当这个师的师部驻在南京孝陵卫时，蒋介石曾两次亲至师部和部队驻地视察，可见宠遇之隆与爱护之深。

（二）

一九四六年，蒋介石扯毁"双十协定"，以山东、陕西为两翼，对解放军采取了钳形攻势，意图消灭解放军主力于黄河南岸。蒋先派一些杂牌军打头阵，都被歼殆尽，乃不得不使用嫡系部队。同年八月，就抽调拱卫南京、镇江一带的整编七十四师，沿着古运河向苏北进发了。在八年抗战中壮大起来的七十四师曾和日军硬打硬拼过几次，取得较好的战绩，他们有崭新的美式武器，又受过美军顾问的训练，在官兵中都普遍产生了骄傲自满情绪，认为解放军还能比日本鬼子更凶吗？于是就放心大胆地挥戈北上。

华东人民解放军遵循毛主席"战争的目的，不在一城一地的得失，而是要消灭蒋介石的有生力量"的战略指示，先后放弃了一大片苏北解放区，连山东解放区首府临沂也不战而退。在这样的情况下，整编七十四师在占领淮阴、涟水等大片城镇后，蒋介石命令整编七十四师担任正面，整编二十五师黄百韬在左，整编八十三师李天霞在右三路人马企图与在蒙阴的新五军邱清泉、莱芜的整编第十八师胡琏两部，南北会合，寻求与解放军决战。

整编七十四师向蒙阴前进途中，还配备了整编第六十四师和整编第八十二师的两个炮兵营，拥有极大的火力。一九四七年五月十日，整编第七十四师急进，到达坦埠附近时，与解放军主力部队遭遇。解放军在陈毅、许世友的亲自指挥下，狠狠地给整编七十四师当头一棒。张灵甫知道碰上了劲敌，而自己的部队又过分突出，形势很为不利，连忙打算后撤。但后撤到哪里呢？目标有二；一是垛庄，在四山怀抱中，一是孟良崮，一片丘陵，有四九〇高地和许多石洞。张灵甫的智囊李运良（辽宁人，既非黄埔，又非陆大的东北军人，以善观风色，口齿伶俐为张灵甫所信任）坚决主张退守孟良崮，认为这里有险可守，不像垛庄，容易四面受敌。但他没有考虑到孟良崮是个无草无水光秃的穷山，更没有认识到现在的人民解放军，已不是以前小米加步枪的时代，而是一支拥有强大炮兵群的精锐部队了。于是整编七十四师就决定退守孟良崮。它的三个旅的部署是这样的：整编五十一旅陈传钧、整编第五十七旅陈嘘云在山下，整编第五十八旅卢醒在山上，形成犄角之势，与左右两翼友军整编第二十五、第八十三两师，相距不过十来里，电话畅通，张认为战事蛮有把握。

战役开始后，解放军首先攻占了整编第二十五师与整编第七十四师结合部的黄顶山，迫使整编第二十五师后撤，于是整编第七十四师更形突出了。一夜之间，解放军像汹涌的怒涛，把整编第七十四师淹没在重重包围之中。炽盛的炮火，强大的攻势，使整编第七十四师伤亡累累，逐步缩小防线。张灵甫见形势不妙，急电南京、徐州求援。此时，天气炎热，酷暑逼人，困守孟良崮的官兵，无粮无水，饥渴交迫，实在难以支持。蒋介石一面派出大批空军投送粮水、弹药（因整编第七十四师地面小，这些物资大部分都补充了解放军），一面电令整编第二十五、整编八十三两师迅速驰援靠拢。同时复电张灵甫固守待援，认为在这种情况下，是与解放军决战的良机哩。

当进行了两天两夜的鏖战后，在解放军炮击如雷，弹下如雨的情况下，整编七十四师山下阵地相继丢失，包围圈越缩越小。整编五十七旅旅长陈嘘云赶到师指挥部汇报，认为四面被围，据守山岗只有死路一条，建议只有集中现有兵力，组织突围，才是唯一的生路。张灵甫听了默不作声（因张是拐子，行走不便，突围逃跑，是无能为力的）。副师长蔡仁杰、参谋长魏振钺也相对无言，对集中兵力突围的建议，也就无法作出决定了。此时，在山下作战的官兵纷纷退到山上，解放军的炮兵向山上密集射击，打得石头都一块块地飞舞。陈嘘云、卢醒两个旅长相继负伤。整编五十八旅副旅长明灿在巡视阵地时被打死。张灵甫等人则躲在山洞内，大骂友军见死不救。事实上所谓来援的友军，只有整编八十三师来了一个突击连，他们是带了报话机来与整编七十四师联系的。这个连，钻空隙，边打边走，走到哪里，便向师长李天霞报告他们到达的位置，李天霞即据此向南京、徐州报告整个部队到达的位置，其实是按兵不动。这说明国民党的军队互相之间，一遇激战，只顾自己保存实力，不顾友军死活。

战斗进行到第三天，这个无粮、无水又无援军的整编七十四师再也经不起解放军的凌厉攻势，全部瓦解了。师长张灵甫、副师长蔡仁杰、整编五十八旅旅长卢醒、副参谋长刘立梓，全部被打死在石洞内。整编五十一旅旅长陈传钧、整编五十七旅旅长陈嘘云因前已负伤，在石洞外被俘。时间是一九四九年五月十五日——所谓孟良崮战役，就此结束。

蒋家的王牌军——整编第七十四师全部被歼灭的消息，像迅雷般传遍中外。在解放区《新华日报》、《大众日报》发表了号外，各地都举行了祝捷大会。新华社在五月十八日发表了华东权威军事评论家就孟良崮大捷评论，说此战役对战局有重大意义，经三天两夜激战，干脆、彻底地歼灭七十四师全部和八十三师的一个团，给中央军以惨重的打击。七十四师为蒋介石五大主力之一，是他打内战的主要资本，是蒋的"御林军"。（该师为）南京的卫戍部队，而且经过美国军事顾问团的特种训练，全部美械装备。自去年八月，该师调出南京作为进攻华东解放区的主力后，屡次为蒋介石传令嘉奖，被奖得神气十足，自吹有七十四师就有国民党。李延年在汤阴大吹，有十个七十四师就可以统一中国。文章还说，去年（一九四六年）三月，王耀武在济南会见陈毅将军时，说中央军只有七十四师能战，是王耀武苦心孤诣并亲自培养出来的。孟良崮之战的胜利，标志着华东战局开始转变，是配合陕北、晋冀鲁豫、冀察冀、东北等战场胜利发展的新形势，形成了全局大举反攻的开始。

在南京，蒋介石气得捶胸顿脚，撤换了一批高级指挥官，如徐州绥署主任薛岳、一兵团司令官汤恩伯、整编八十三师师长李天霞等均被明令撤职，并到南京听候处理。同时，电令王耀武查询有无逃到济南的人员。在济南，王耀武得到整编七十四师覆灭的消息后，张皇失措，悲痛万分。他呕心沥血经营十年培育起来的政治资本，从此化为乌有。当他接到蒋介石的电报后，赶忙召集重要幕僚商议善后办法。决定第一步要求迅速成立整编第七十四师，并保举在南京受训的原整编七十四师副师长邱维达任师长，调第二绥靖区副参谋长罗幸理（曾充第七十四军五十八师参谋长）为整编五十八旅旅长，原整编五十一旅副旅长王梦庚升任旅长。期间，因参谋总长陈诚要把整编第五十七旅的番号拿走，扩充陈系势力，只准成立整编五十一、五十八两个旅。为了争取三旅九团的原建制，王耀武遂选派人事处长吴鸢去南京，向侍从室（后改称国民政府军务局）主任（侍卫长）俞济时（第七十四军第一任军长）求援，经俞从中斡旋，由王耀武从已经装备好的山东地方部队中拨出一个旅南调，陈给以整编五十七旅番号了事（这是国民党嫡系中互相倾轧的例证之一）。第二步，对蒋介石查询整编七十四师有无人员逃到济南一事，决定伪造张灵甫的遗书两封。一封是由张写给王耀武的，表明决心一死以报党国和对校长的忠诚；另一封是给他的妻子王玉玲的，要求她好好抚养刚出生的孩子。信是由第二绥靖区司令部译电科科长李啸梓（与张灵甫同乡，平时喜欢模仿张的笔迹）代写的，内容和词句是经过再三斟酌决定的。这两封信派专人乘飞机送到南京，谎称是张灵甫在战局危急时亲笔写好交随从副官化装送出来的。蒋介石见信后，大为赞赏，当即命令政务局拟了一道通令，要求各部队向张灵甫学习他的"杀身成仁，舍生取义"的精神。不久，英国政府赠送国民党两艘巡洋舰。蒋介石以一艘命名为"重庆号"，为纪念重庆作为陪都，抗战八年；一艘命名为"灵甫号"，纪念张灵甫"舍生取义"的精神。当举行命名典礼时，还邀请张灵甫的夫人王玉玲参加。这种弄虚作假，上下欺骗的勾当，是国民党集团惯用的手法。

新成立的整编第七十四师，不久就恢复了七十四军的名称，由邱维达任军长。除由山东调来的山东警备第二旅改为第五十七师外，第五十一、五十八两师以在临沂的三个新兵团为基础，由新兵组成，集中在安徽滁县整训。为纪念在孟良崮战役中阵亡的将士，在南京玄武湖建立了一座纪念碑，还开了追悼会。开会时，蒋介石派了一位中将视察官，代表蒋致祭，也算是这次战役的收场吧。至于坐视不救的整编第二十五师师长黄伯韬、整编第八十三师师长李天霞，时过境迁，也就不了了之。

（三）

张灵甫究竟是一个什么样的人？蒋介石说他是英雄，王耀武认为他是有秦陇高原风土味的"血性汉子"，李天霞是他的旅长，把张灵甫说成是张飞，有勇无谋，这还是把他抬高了。张飞曾耒阳察访庞统、入蜀义释严颜，这两个故事流传千古，张灵甫比起张飞来，差之天壤了。首先，他平时不务实际，而好风雅，喜骑马、练字、收买古董字画，室内悬挂着成吉思汗、拿破仑等人的画像，俨然一副儒将的风度。他有一把瓦壶，说是明朝杨椒山用过的（真是天晓得！），常以之炫示于人。一九三八年冬，第七十四军守备长沙时，他任第一五三旅旅长，田汉是军事委员会政治部第三厅第五处处长，率领话剧队、京剧队在长沙演出。张宴请田汉，田汉以德安作战为题材，写了一出活报剧，搬上了舞台，剧中有张灵甫，张因而名噪一时。他在作战紧要关头，拿不出办法，只晓得"冲"，充分表现了"一介武夫"的角色，而且偏信巧言绘色之徒，决定退守孟良崮，就是听信李运良建议的结果。

抗日骁将周志道[1]

　　周志道（一九〇〇年十二月——一九八五年五月），别名靖方，江西永新大庵村人。世代务农，周父因饱受当时北洋政府官吏和驻军的欺压，乃送子读书，希望谋得一官半职，光耀门庭。当他从中学毕业后，日见军阀横行，政治腐败，在李烈钧将军的影响下，南赴广东，考入黄埔军校四期步兵科。

一

　　周志道在黄埔军校毕业后，分配在第一军二师刘峙部，先后任见习官、排长，随军北伐，参加了赣、浙、苏、皖、鲁等省战役，升任连长。北伐完成后，国民党以完成北伐为由，成立编遣委员会，裁编部队，实则扩充嫡系，吞并杂牌。如张克瑶的第三十三军每师只留一个团，而这三个团分别安排在刘峙、顾祝同、蒋鼎文三个师中，张克瑶本人任第一师副师长。

　　部队改编后，以师为单位，取消国民革命军名义，改称陆军第×师。周任第一师三旅六团连长。

　　由于整编部队，桂系首先发难，蒋介石将驻徐州的第一师刘峙作为攻击主力，该师经皖西进入鄂境，刘峙升任第二路军总指挥兼第一军军长。桂系自知不敌，为保持实力，经鄂西、湘西回桂，所部胡宗铎、陶钧的湖北籍部队由刘峙收编，成立湖北警备第一、二两旅，连长以上的干部统由第一师调去。第六团团长刘夷调升警备第一旅副旅长兼一团团

---

1. 原载1993年《江西文史资料》双月刊第1期，江西省政协文史资料研究委员会主办。

长，周随刘到警备旅一团升任副营长，旋升营长。不久，这两个旅改称独立第十二、十四旅。

一九三〇年，独立第十四旅改称独立第三十二旅，所属三个团改称六九四、六九五、六九六团。这时第一师三旅五团副团长王耀武调升六九四团团长。因此，此后十余年中，周一直随王耀武工作。

一九三三年六月，独立第三十二旅在江西宜黄被中央红军包围二十二天之久，最后以红军自动撤围结束。王耀武以守城有功，调升补充第一旅旅长，他认为周志道为人忠实、勇敢，调升补充旅二团团长（当时周任独立第三十二旅六九四团中校团附——即副团长），时为一九三四年三月。

一九三四年六月，方志敏响应中共中央北上抗日号召，率领红十军从赣浙皖边区根据地出发，经浙西进入皖南。蒋介石任命俞济时（后任国民党军务局长，即蒋介石的侍从室主任）为浙保中队指挥官，指挥第四十九师伍诚仁、补充第一旅王耀武和浙江省三个保安团作为追击部队。补充第一旅奉令后，由江西临川出发，曾在浙江江山贺村与分水县城，两次与红十军交战。红军志在北上，甩掉补一旅，兼程入皖，他们跋涉于崇山峻岭中。而补一旅利用汽车输送。一九三四年十一月上旬，两军再度在皖南黄山之麓的谭家桥遭遇，红军选择有利地形设伏。这日，周志道团为前卫，当先头部队，本队跟进时，红军发起攻击，周团被切成两段，被打得晕头转向，形势十分危急。周在率领特务（警卫）排冲杀时负伤，他一面裹伤应战，一面向旅部飞报请援。王耀武亲率第一团赶到，同时命令第三团向红军侧翼迂回，从而稳定战局。红军因装备较差，攻势顿挫（军团长兼十九师师长寻淮洲牺牲），相持至天黑时后撤，补一旅亦不敢出击。是役由于周志道负伤不退，挽回颓势，被授予干诚奖章，记大功一次。后来红十军回到怀玉山苏区，为国民党二十多个团包围，缺衣少食，方志敏被叛徒出卖，被俘就义。补一旅调陕西，一九三五年，升编为第五十一师，仍为三团制（番号为三〇一、三〇三、三〇六团），周志道为三〇三团团长。

二

一九三七年日本军国主义者发动"七·七"卢沟桥事变后，又在上海发起"八·一三"淞沪战争。这时，第五十一师驻在陕西南部的汉中、城固、洋县一带，奉令调沪参战。部队徒步到宝鸡上车，经陇海、津浦、沪宁线到达上海近郊，编入新成立的第七十四军建制，军长为俞济时。军辖第五十一、五十八两师。五十一师担任施相公庙亘罗店、真如之线的守备任务。十月，扩编为二旅四团制，辖一五一、一五三旅，周升任一五一旅少将旅长（辖三〇一、三〇二团）。

日军初拟突破罗店，直趋真如、罗店附近。这里虽系平原，但港汊纵横，日军三次进攻均被击退。在阵地前沿，日军在白天设有气球了望哨，观测我军动向，因此我军只有蛰伏壕沟里，不巧连续下几天雨，水深没膝，战士们蹲在里面，吃不上饭，喝不上水，仍然斗志昂扬。日军飞机、大炮整天轰炸、扫射，工事多被损坏，便在夜间突击修复，但又不能有火光，给敌人以炮击目标。周志道订出作战措施是：一方面消灭敌人气球，测定日军常放气球位置，趁夜暗挖掘交通壕，潜伏在有效射程内，当日军气球升空后，予以狙击，两次击毁气球，迫使日军气球远离五十一师防地。另一方面不断派出小部队夜袭。其中三〇一团二营营长尹元之（黄埔六期，江西人），第三〇二团一营营长詹文（黄埔六期，湖北人）先后深入到日军炮兵联队部，击毙炮兵联队长井田大佐，击伤步兵联队长田中大佐，破坏大炮两门，杀伤日军多人，尹、詹两营长在战斗中光荣殉职。从此罗店方面战况沉寂，直至十一月上旬。整个大军撤离时，官兵们挥泪告别固守三月的阵地。

上海撤退后，第七十四军被指定为保卫南京部队之一，守备江宁县上方镇、淳化镇一线，逐次抵抗，后退至光华门、水西门一带。五十一师伤亡颇重，一五一旅三〇二团团长程智（黄埔五期、湖南人）阵亡，三〇一团二营营长徐景明（丰城人）一五三旅三六〇团一营营长胡豪（兴国人），相继殉国，一五三旅三六团团长邱维达（后任七十四军军长）负重伤。周志道不时亲赴各团阵地视察，指挥战斗。十二月十二日，部队奉令突击北撤，因缺乏渡江船只，人多船少，伤病官兵无法上船，滞留江边，大都为日军杀害，因争先抢船或因超重而溺毙者颇多。当全师到蚌埠集中时仅三千余人。在开封稍事休整后即开赴湖北荆（门）沙（市）一带整补。三个月后，北调河南兰封（今兰考），在三义岩附近与日军土肥原师团激战，一五一旅三〇二团团长纪鸿儒（黄埔五期、安徽人）阵亡。嗣因黄河决堤，日军行动受阻，改变战略，沿长江两岸西窥武汉，于是第七十四军南调入赣，在德安附近构筑鄱阳湖西岸湖防和陆防工事。

一九三八年八月二十九日，负责赣北战场的国民党军指挥官第一兵团总司令薛岳（后升第九战区司令长官兼湖南省政府主席）向第七十四军下达电话命令："判断由瑞昌南下之敌约有数百人，着第五十一师派出一个团进至洪家山、天师坰 ……阻止敌人。"下午六时，兵团下达正式电令："着五十一师即派一个旅（前派的一个团在内）务于二十九日晚进占鸢公包、岷山之线。"

当时五十一师正在构筑湖防、陆防工事，兵力分散，接到电令后即派一五一旅出发，一五一旅派三〇二团先行，旅部及三〇一团亦于当夜出动。在前进途中，因川军溃退，道路有早已破坏，导致行动缓慢。

八月三十日，三〇二团先头营与敌遭遇，营长胡立群（洛阳分校五期、湖南人）身先士卒，向敌猛攻，颇为得手，但不幸阵亡，因此后撤待援。下午三时，周志道率领三〇一团到达，重新部署，激战竟夜，形成胶着。三十一日，师长王耀武率领全师赶到，敌亦增援一个旅团，敌藉空军威力，轮番轰炸扫射，临时的简易工事，全部被毁，伤亡颇重，情况紧张，薛兵团立即命令七十四军五十八师增援，全军由南向北，第十八军由西向东，将日军包围于岷山地区而前歼灭之，日军在我两军夹击下，退回瑞昌。这次岷山争夺战为九月下旬至十月上旬的德安万家岭战役战役赢得了部署的余裕时间，奠定了德安大捷的基础。

一九三八年九月二十八日至十月九日，日军第一〇六师团长松浦中将率领所部和配属部队共一万六千余人，由九江南下，他们恃有空军掩护，沿南浔铁道西侧山地，企图进击白槎，切断德安地区我军退路。守备这一地区的部队有第四军欧震、第六十六军叶肇、第七十四军俞济时，这些部队战力都较强。兵团作战方案是：第一期攻占万家岭、箭炉苏；第二期攻占老虎尖、石马刘坑；第三期攻占张古山、长岭、背溪街。七十四军以五十一师主攻张古山，五十八师主攻长岭背溪街。

五十一师当以一五三旅两个团和一五一旅一个团为进攻部队，周志道和一五三旅旅长张灵甫亲至第一线视察，策定作战方案，一致认为日军占据制高点，地形优越，我无重炮，仰攻困难，牺牲太大，决定采取正面进攻，逐次接近，选出突击队攀藤附葛进入日军背后，得手后，发出信号，前后夹攻。这一着成功了，但死伤太大，三〇五团团长唐生海、三〇一团营长胡景瑗负重伤，三〇五团代团长于清洋（黄埔五期、山东人）阵亡。这时第四、第六十六军攻击得手，敌我阵地犬牙交错，敌机不敢盲目投弹，鏖战数日，终将日军第一〇六师团击溃，师团长松浦中将狼狈北逃，这就是一九三八年十月上旬的德安大捷。解放后，当地政府开发山区时，仍然发现人马尸骨累累，可见当时战况惨烈。

王耀武升任第七十四军军长后，第五十七师拨归七十四军建制，五十一师师长李天霞升任副军长，周志道升任五十一师师长。

一九四〇年春，七十四军再次入赣，担任奉新、高安、上高一带守备任务。一九四一年春国民党选择四个在抗战中著有战绩的军改编为攻击军，作为统帅部直辖的机动部队，江南、江北各选两个军。在江南的是新五军杜聿明和七十四军。正当部队更换装备时，日军第十一军所属的第三十三樱井师团、第三十四大贺师团、独立第二十混成旅池田旅团共六万余人，于一九四一年三月十五日，发动"鄱阳湖扫荡战"。其目的为军事上的打击（击破我野军主力后可抽兵南进），经济上的掠夺（抢劫物资，摧毁我生产力量），政治上的毁灭（焚杀奸淫，造成政治恐怖）。国民党负责这一地区的军事长官为第九战区副司令兼第十九集团军总司令罗卓英，辖第四十九军刘多荃、第七十军李觉、第七十四军王耀武。刘多荃系东北军，李觉是湘军，战斗力以七十四军为最强，当时决定以七十四军守正面，为决战兵团，第四十九、第七十两军任两翼攻击。

七十四军的部署是以五十一师进驻锦江南岸，狙击日军第二十混成旅，第五十七、五十八两个师任正面阵地守备。从三月十五日至四月五日，历时二十天，在日军飞机数十架轰炸，日军三十四师团和独立第二十旅团的强攻下，正面阵地屡失屡得，但终将日军击溃。在这次战役中，周志道指挥五十一师胡景瑗团以一小时急行军十五华里，先敌半小时抢占锦江南岸华阳镇，阻敌前进，奠定了胜利的基础。上高会战是国民党军队第一次以"守必固"粉碎了日军的"攻必克"，被称为抗战四年来"最精彩之战"。战后，国民党政府授与七十四军以最高荣誉的"飞虎"旗（蓝绸，上绣白色飞虎），军长王耀武被授予青天白日勋章，周志道被授予四等宝鼎勋章。

上高会战后，七十四军在分宜、新余等地整训，六月参加第二次长沙会战。随即担任株洲至衡阳间铁路警备任务，五十一师驻衡山县附近。

一九四二年，第七十四军参加了湘赣会战，旋又调广西，准备进入越南。五十一师路过永新时，周曾受到乡人的殷勤接待。

一九四三年十一月，日军分别由皖南、鄂北、豫南等地，抽调了第三、第三十、第三十四、第三十九、第四十、第五十八、第一一六师团、独立第十七旅团以及汪精卫的伪军第五、第十一、第十二、第十三等师，总兵力共十一万余，于十一月十二日发动以常德为目标的战役，我们称之为"常德会战"，外电称为"谷仓之战"，这时正是开罗会议期间。

常德是第六、第九两战区结合部，是湘西重镇。这时王耀武已升任第二十九集团军副总司令兼第七十四军军长，指挥第七十四、第一百两个军（后又增加第四十四军）作战。他决定第五十七师守常德城，王率其余各军在外围作战。

第五十七师自十一月十八日至十二月三日，以一师之众，与数倍之敌苦战，从城郊到城内逐屋战斗，其中第一六九团团长柴意新（黄埔五期、陆大特五期）阵亡，全师由开战时的一万二千余人剩下千余人。最后撤至城外，继续作战。

周志道的五十一师，在河袱、陬市等处与日军血战，曾派出敢死队钻隙进入常德城与守城部队并肩战斗。常德会战至十二月十三日结束，结束时，五十一师官兵伤亡达三千余人。在战斗中俘虏日军第十三师团上等兵赤田正勇等五名，军马五十余匹，步枪二百余支，轻重机枪十余挺。周志道被授予四等云麾勋章。

这时著名小说家张恨水路过常德，目见战后残破情景，访问了七十四军参战人员和负伤将士及当地人民，写了一部五十七师的代号"虎贲"为书名的的长篇小说——"虎贲万岁"在重庆《新蜀报》连载，这是在抗战八年中第一部以国民党军队真人真事为题材的章回小说。

一九四四年冬，美国政府为充实国民党军力，能配合美军在远东作战，给予国民党军二十五个师的美械装备。中国方面成立中国陆军总司令部主持这个工作，由参谋长何应钦兼任中国陆军总司令，下辖四个方面军，由卢汉、张发奎、汤恩伯、王耀武分任一、二、三、四方面军司令官，每个方面军的美械装备师的数量不同，以王耀武的四方面军最多，有九个师（即第七十四、第十八、第七十三军所属师）。美军在各方面军设立指挥部，第四方面军的美军指挥部称为东线指挥部，由一名准将充任指挥官。四方面军担任自广西资源起经新宁、邵阳（宝庆）、湘乡、益阳、洞庭湖的守备任务，广达千余里，第七十四军以主力控制于武冈、洞口雪峰山麓地区。

这时西方德、意已崩溃，美军在远东战场发动攻势，空军不断轰炸日本本土。日军为维持在中国大陆的交通线，企图趁国民党军尚不熟悉美械性能之际，破坏芷江空军基地（中美混合飞行第五团所在地）。于是在一九四五年四月五日，由日军第二十军司令官园田中将指挥第三十四、第四十、第四十七、第六十四、第六十八、第一一六等六个师团和独立第八十六旅团共十余万人发动了湘西之战（又称雪峰山会战）。日方认为这场战役胜则可以拖延时日，败亦在所不惜。这是八年抗战最后一场大战，历时两个月，至六月七日才结束。

由于这一地区层峦叠嶂，大部队施展困难，日军采取以联队（团）为单位的钻隙、渗透、迂回战术，一意西进。守备这一地区的是国民党第四方面军的四个军，即第十八、第七十三、第七十四、第一百军，后来又将刚从缅甸回国的新六军投入战斗。部队除新六军外，都是新换美械，官兵斗志昂扬，这时又握有制空权，人人抱有必胜信心。第三方面军又派出两个军助战，因此战略防御攻势转移到追击，打得日军头破血流，死伤达四、五千人，最后逃回宝庆。

周志道的第五十一师，在放洞、洞口、龙溪铺等地与日军鏖战，击毙日军大队长两名，生俘日军军曹（班长）樱井等二十余名，缴获步枪、轻重机枪、掷弹筒等四百余件，战马二百余匹，因战绩卓著荣获国民党政府颁发武功状两轴。第十八军第十一师、第一百军第十九师各获武功状一轴。周志道被晋授三等宝鼎勋章。

在会战将近结束时，何应钦偕美军将领麦克鲁等在王耀武陪同下到第一线与有突出表现的官兵见面。随后举行了军事会议，到会的有军政部长陈诚、兵役部长鹿钟麟、联勤副总司令陈良、第三方面军司令汤恩伯、第四方面军各军军长等。在会上一致认为胜利的原因主要是官兵坚决执行命令，友军积极协同，我握有制空权等。

湘西会战后三个月，日本投降。第四方面军各军各调一方，其中新六军调东北，第十八军警备武汉，第七十四军戍南京，第七十三军调镇江，第一百军调南通。周志道升任一百军副军长，由邱维达接任五十一师师长。

三

一九四六年春，正当全国渴望和平之际，蒋介石撕毁双十协定，调兵遣将，全面进攻解放区。同时，取消军的番号，改称整编师，师改称整编旅，以表示抗战胜利，裁减军队。实则这是一种欺骗手段。第一百军改称第八十三师，周任副师长，该师沿古运河北上进驻临沂一带。

蒋介石的反共反人民内战不得人心，加以军官腐化，士兵厌战，屡战屡败。一九四七年五月中旬，国民党的王牌军整编第七十四师（即第七十四军）在孟良崮被解放军全歼，一时中外震动，整编第八十三师师长李天霞以坐视不救被撤职法办，周志道升任师长。

一九四八年九月，国民党在山东只剩下济南、青岛两个孤立据点。蒋介石为确保济南，应王耀武（时任国民党山东省政府主席兼第二绥靖区司令官）的要求，将整编第八十三师空运济南，该师第十九旅只运送了两个团，济南机场跑道就被解放军的炮火击毁，这个师便从此一分为二，周志道未能去成济南。

一九四八年冬，国民党恢复军的番号，整编八十三师仍称一百军，周任军长，隶七兵团黄百韬指挥。在淮海战役中，周在垛庄一带与解放军苦战，负伤后送往南京治疗。后因战局急转直下，南京已一片混乱，周便携眷去台湾继续医治。一九四九年四月，周伤愈后升任第五编练处中将副司令官。六月，编练处撤消，改任国防部中将部员。一九五〇年四月任国防部中将参议。一九五一年五月，调陆军总司令部高参室任中将主任。一九五九年退役，担任台糖公司顾问，一直到一九八五年十二月病故，终年八十五岁。

周志道的一生是与王耀武息息相关的，自王耀武被人民解放军俘获后，周即失去靠山。抵台后一直闲散，郁郁寡欢，思乡心切。邱维达（解放后任江苏省政协常委）定居香港后，周与他通信通话频繁，探询家乡情况甚详。临终时，嘱咐子女要将其棺木运回永新。

军中闲笔

济宁见闻录[1]

　　我是一个肩荷步枪，身穿军服，腰悬挂刺刀，天天去研究步兵操典——射击教范的士兵，这次自韩庄攻入山东，所经过的地方，纵横数百里，可以说是没有一个好点儿的地方可以休息一下子 。本(六)月十日晚间八时，由邹县出发，经过了孙氏店，廿里铺，于十一日午前二时到达这闻名已久的济宁。

　　起床的号声，充满了耳鼓，智慧的神经，便一骨碌起来，什么内务整顿呀，擦枪呀，忙个不亦乐乎。一直到星期六的下午，才出去走了一趟。我在山东，听说济宁有「北方小上海」的名称，以为是很好的地方。那知事实全是和说的成个反比例。现在把我个人所见闻的事实，略述如下：

　　当我那天初出去的时候，便到菜馆里吃了一点普通的菜，谁知算起来，竟有三十多千文，我便从干粮袋里去一摸，呀！哪知只有三只袁头了！这一惊真是非同小可，因为北方的铜元，最多一只洋也不过换四百余枚，即以五百枚计算，至少也在六元左右，在这个时候只得硬着头皮拿三块钱去。正在这心坎里忐忑的时候，哪知他倒找还一只洋和许多钱票。后来问他，才知道这里用的钱票，有下列两个原因：

　　一是北方普通用的是九八京钱，每千文只可作四十八枚计算。

　　二是从前商会里出了许多利济钱局的钱票，这种钱票已经一年多没有兑现。市面现铜元既没有，所流行的便是这种钱票了，因为又是石印的，假的又很多，所以没有一定的市价，每袁头约换四十八千文。若是初到济宁的人，不明内容，必然是会吓一跳。

---

1. 原载民国17年（1928年）7月6日《时事新报》（上海）第一版。

前几天旧历天中节，我们奉命休息，便邀了几位朋友，预备到城里大白楼去享受那自然界的风景和过去时代的古镇。约走到一半路的时候，看见一位武装同志（约四十多岁）骑在马上，胸前围了花圈，披了红带，背后却又几个吹喇叭的跟着他，在后面便是一个四人抬的轿子，里面坐着一位芳龄二八的女性，背后还有前清传下来的旗、伞之类的。据说，轿内的女子姓某（姑且隐其名）是一个女学生，和这位武装同志年纪相差二十四岁，但是天生的姻缘，见面之后，不到两个多星期，竟然发生了恋爱了。现在到某旅馆去举行文明结婚典礼。

唉！恋爱难道竟有如此容易的吗？文明结婚的典礼，难道就是如此的吗？

济宁的东西，非常的贵，长城牌五十支装的香烟，要买九角大洋一听。香蕉露，要买一块多钱一瓶，而且还买不到。

济宁的街道最使人不满意的，便是运河两岸和巷子，时时可以闻着一种的臭气，公共卫生没有一点讲究。南门城内外大街，要算是济宁第一个热闹的地方了，但是三辆黄包车并行的地位都没有。还有一种特殊的，便是随处可以看见赤身露体，不着一丝，享受自然界快乐的小孩，一望而知是教育不发达。市政没有进步的征象。像这种情形，希望济宁各界，赶紧振作起来，组织新济宁吧。

十六，六，廿六，午后九时
作于济宁军次

谣 言[1]

中国是谣言最多的国家。

为什么有谣言呢？那不外乎下列两个形式：

有意去制造的。

无意中编排的。

在有意制造中，又分着两个壁垒：

大亨、政客、汉奸、善邻们，为了使他们处于有利的地位，便制造若干关于时局的谣言，发动社会的听闻，从中取利。

二、个人底报复。像某甲对某乙有私仇，可是力量不敌，便制造关于某乙不利的消息。

至于无意编排者，那是中国人爱说闲话的积习。例如：我们今天在街上看到一个朋友和一个女人同走。但，这个朋友又有意无意地不告诉那个女人的来历，于是，是非便来了。

——哈罗，我告诉你一件新闻，我今天遇到老A和一个女人在街上同走，奇怪，老A不告诉她的来历。

——无疑的，这是他的情人。

——未必！

——未必？一对男女同行，说没有关系，谁相信？

像这般芝麻大的事，马上便会传遍于那位男人所认识的人们，而"开过旅馆吧"，"看过电影吧"这一类的名词，也会给他罩上。

---

1. 原载民国24年（1935年）7月24日《西北文化日报》第8版。

造谣者的唯一伎俩是利用时间和空间的不同，将一件事分成几个段落，加点臆测，加点武断；同时又将几件不相干的事，给他连成一串，务必使你无法去分析。

城里人下乡，乡下人进城，除了干正事以外，还有一件义务，便是相互间传播两地的新闻。说话的时候，以耳代目，有意的夸矜，将意见极平凡的小事，也编排得和神话一样，务使"听者动容"这般。每经过一个人的口中时，便消失一分的真实性。

夜间，黑猫一闪便过去了，是鬼！

剿匪偶然紧张，便是失利。

"诸如此类，不胜枚举"，有知识的，他虽明白事实的真伪，但他只是放在他自己的心上，不屑去有所纠正。

因此，谣言便盛于中国，而中国成了谣言最多的国家。

二四，七，二十二
在陪都

随 笔[1]

希望之所以为希望，因为她是把握不着而有时又实现的缘故。

每一个人的面孔之不同，正因为每个人有不同的习性。

都会是人们的外衣，所以都会这外衣是美观。

爱孩子的是天真，爱女人的是面庞，男人呢？是金钱和地位。

人，无有不希望发财，更无有不希望做大官。财，钱也；官，力也，所以，钱与力是连系着的。

试取各报广告统计之，其中以性病医药占多数。

画的宝贵，是能描写文字不能叙述的地方。

有人提倡大众语，有人提倡国学，各有各的理由，各有各的神通！

精神上的安慰，精神上的胜利，都是弱者聊以自"解嘲"的名词。

一句极普通的话，却含有极深的哲理，不细心回味，不知。

同类相残，即是利害的冲突。

二四，四，二四 于长安

---

1. 原载民国24年（1935年）4月28日《西京日报》第5版。

读书的阶级[1]

看《神女》归来后

读书的作用是启迪人们智能，推动社会的前进，使个个人都成为一个好人。然而，在我国过去的旧习惯，娼优皂隶的子孙，是剥夺了读书的权利的！纵或你能读书，却不能考试做官。

民国以来，政府虽没有歧视他们或他们，可是在社会上的传统思想，仍然有天然的分野，好像她们——他们应该永远是"下流"、"贱种"，应该永远埋在黑暗的深渊，而不许他或她的子孙抬头！如果想爬上"上流"，也是被排挤的。这种谬误的思想，还全是不明瞭社会构造的问题。忽略了他与她为什么作这低贱的生活？为什么忍受"上流"的压迫？歧视？他们与她们的痛苦，有谁能替她（他）向社会申诉？在这里《神女》的影片是告诉你这些的。

阿房宫开映宣传已久的《神女》，它是叙述一个私娼（以母爱向上作中心）为了她的孩子，她不得不徘徊于十字街头企待顾主。为了孩子，她不得不忍受流氓的辱骂和蹂躏，为孩子而生存，为孩子而奋斗。她一方面是低贱的卖淫妇，一方面是纯洁的母亲。她希望孩子上进，希望能够冲破社会歧视的藩篱，所以给孩子读书。不幸给一般自命为维持风化的，因孩子母亲职业的低贱，戕害了一个孩子向上的生机。虽有明达公正的校长给他维持正义，毕竟抵抗不了社会的压迫，而失败了，故事是如此。

这部影片由阮玲玉主演，黎铿、章志直、李君磐合演。演员们都能极力的发挥剧中人的身份，字幕很好，写出许多清新有力的句语，给予人们的同情和快感。

1.原载民国24年（1935年）4月23日《西京日报》第5版。

本来电影影响于观众的心理很大，我国各影片公司过去的出品，固不必论，最近似乎都在转变作风，趋向于伦理教育方面，像阿房宫开映的《黑心符》和这部《神女》，便是一个例证。

西安还是半新旧的都市，我很希望各电影院能多映一点关于伦理的影片。更希望我国各影片公司不再走在"武侠"和"肉感"的路上！

二四，四，一八，在西京

介绍《渔光曲》[1]

《渔光曲》，这是联华公司于去年六月间完成的一部配音的片子，拿渔人的生活，反映这畸形的社会，像穷人的挣扎，富人的奢侈，盗贼的蜂起……等，最近，又获得了苏联国际电影奖第九名。在西安，经"阿房宫电影院"的一再预告，似乎很引起了一部份观众的注意的。然后，她终于在昨天（十四）上映于阿房宫的银幕，和西安人士见面了。

过去，对于她的批评很多，我因为我要说的，已被先我而看的人说过了，现在，录一段我个人认为很公正的恰当的批评如下，以质诸己看过和献给那些未看过的人们：

"在《都会的早晨》之后，具有同样力量的新片，要推崇于蔡楚生编剧兼导演的《渔光曲》了。所谓劳苦大众的悲哀，以及少数人的奢淫生活，都有一种不含蓄的力的表现，使每个观众获得对社会的映像。是在文学作品及一般电影作家所不能赐予的。"

"但是，在国家社会的立场上，来观察这片子的全面，作者的创作技巧，是有不妥之处。然而，在表现意识方面，却有相当的成功。因为他描写贫富两条线，是平衡的开展，并没有对某一面有过分的描绘。在中国电影徐徐进展中，这部<渔光曲>是值得推荐于观众之前的。"

以上是"社会新闻"编者于第七卷第二十六期批评的。诚然，剧中写盗贼横行，民智闭塞（站在马路上演滑稽戏等）无异在告诉那些外国人说，中国的社会，还是凌乱、黑暗、幼稚的，但是她比那些爱拉廷，却高明多了。

二四，五，一五于长安

---

1. 原载民国24年（1935年）5月20日《西京日报》。

出 亡[1]

"金达，给我拿茶来。"说着话的是猴子般的老板娘，金达是她店里的徒弟。

"拿茶，自己有手不做事，总是喊这个，那个。我有朝一日……"金达心里这般打算，他想说，然而，话到嘴边又缩回去了。

金达，他是个十七岁的孩子，脸长长的，身材瘦瘦的，一天到晚，面孔上找不出笑容。好像阴天的气候——忧郁的。

他来长发店做徒弟是将满三年了。三年，在他看是像十年。

"三年满师便是店官[2]。"满师后，总不会再受到师父们和老板娘的役使吧？迴萦于金达脑际的，只是这个问题。

金达的家里原本是所谓"书香世家"，不幸，他父亲吸上了大烟，这几年，家里的境况很不好，他来做徒弟，那是三年前的事情。那时才十四岁，便在县立第二高小毕业了！

他是行三，他的大哥，现在中学读书，姐姐，过继给姑母，还有两个弟弟，那年龄还小啦！

当他离开学校回到家里的时候，便听到母亲和父亲商量他的职业问题，"金达毕业了，怎么样呢？"

"怎样？随你好了。"父亲说。

"依我么？去年便送他到店里做徒弟了！你想，读书有什么用？像你？一辈子也没有做过一桩得意的事。"

---

1. 原载民国24年（1935年）7月8日《西京日报》第5版。

2. "店官"即伙计。后文的"老米"即祖业，"傈"即北方人，均系作者故乡方言。

"你说孩子便说孩子好了，为什么牵连着我？"

"我不过是这般说啦，学什么好？"

"钱店。"

"钱店。我也知道钱店好。子弟进店后又不受苦，有吃有穿。可是一方面是不容易找门路，而且还得一笔压柜钱又从哪出呢？我看规矩松大，也没看见几个孩子学好的，隔壁陈德齐的儿子新庆不是前天由钱庄送回来了吗？听说手脚不干净……，以前是个好孩子啊，唔，我看南货布匹好，百家料，将来自己有本领挣进几笔大钱，做老板也是容易的。"

金达自学校毕业后，时常听到父母总商量送他去做徒弟，他听到说是去做徒弟，便觉得羞耻惧怕，他的希望是能够升学，将来做个先生，因此他对父母在讨论他的问题，他总是故意避开去，希望是讨论而不是实行。

这一晚，命运决定了。母亲杀了一只鸡给他吃。他知道在家里吃鸡是不容易的，过去，像过十岁生日，毕业，过年，才会吃鸡。他知道。吃过鸡后什么都完结了，然而他终于坐在母亲身边独自吃着。

"达儿，你慢慢地吃吧，你今晚吃了这个鸡，明天须离开家里做徒弟去了。"

"妈妈，我不想做徒弟，我不吃鸡好吗？"

"放乖些，明年便是十五岁的人了。坐在家里做什么？做徒弟好啦。"

"妈，我无论如何不愿做徒弟，我想读书，你看我从来没有逃一天学。"

"孩子，读书未尝不好，只怪你的命苦，谁叫你投胎到我们家里来？高等小学毕业，已经给你天大的面子了。你还想读书？你有什么祖业在那里？而且读书，读一辈子的书又不能当饭吃。现在毕业生没事做，坐在家里吃老米的多了。放乖点。徒弟三年满师便是店官，后院的杨得仔他刚十八岁，去年满师，今年便是二十块钱一年的店官了。"

"店官有什不好？和先生一般，能够穿长衫马褂。只要你争口气，吃三年苦，将来，将来一步步的爬上去，由店官，管事，老板直到当商会会长那才好呢。　你看和你同学的朱拐子，他老子朱光明以前也不是当徒弟出身的？现在做了商会会长，多少人奉承他。"

母亲说话比平日和平许多，可是在末了，眉儿在一扬一扬着，似乎要生气了，他知道母亲的脾气不好，不敢再说什么了。

第二天北风吞没太阳，天是昏暗的。母亲清早便喊他起床，吃过饭，拜了祖宗，向祖父、父亲以及邻居行礼。母亲将铺盖和换洗的衣服统包好了，然后叮嘱他，叫他不要怕苦。"孩子，好好地学生意啊，你没有满师不能进我的大门的。"母亲放下面孔说。末了，喊舅父送他走，他才知道是离家十五里的长发店来做徒弟，走出大门时，他心里说不出的难过。

长发店他是知道的。是河镇¹大街上，一爿石库门里的南货布匹店。他以前在那店很买过几回东西。那是过清明吧，在长发店买过一斤蜡烛，谁知是陈货，被母亲骂了一顿，又找店里重换，他骂过那脸上长了一撮毛的伙计。而今，却是这店里的徒弟了。

他走进店里。店里很忙，舅父带他见老板，磕了头。老板是个五十岁左右，胖胖的老头。老板问了他几句话，像几岁了？念了几年书？要好好做事情。末了，舅父走了，老板喊来一个师兄，叫师兄带他出去。首先走到财神爷面前磕头，然后向许多师父师兄行礼，有的是磕头，有的是作揖，当他走到那脸上长着一撮毛的面前时，一阵惊惧，恐怕他会申斥他，然而一撮毛好像没有那么一回事。

行了一阵礼后，他便和师兄小声地说话。才知道师兄姓倪，名字叫做福生，再过三个月便满师了。老板姓叶，字藩卿，福生又告诉他那些店官的姓名，有的称老，如坐在柜台头高椅上的吴老头，他的名字是西

---

1. 文中的河镇即江西铅山河口镇。

园，称他为西老，一撮毛的老李，叫做郁文，应称郁哥，这是按各人的资格的，这些店官，或是管货，或是跑街，走乡，门市，各人均有固定的职务，薪水呢？从二十几块钱到一百块左右，

这天，他站在柜台角落里，没有人叫他做事，他也不知道应该做什么，只有福生做完了事来和他说话，他觉得站太久了，想坐，但是福生说徒弟在三年里是没有坐的！

吃饭时，每个人一碗白菜，冷冰冰的，福生对他说，徒弟是候师父吃完了才可以吃的，所以不论春夏秋冬都是吃冷菜的。

黄昏，福生领他到前楼、后楼，各店官的床底下，拿出许多颜色不同的便壶到后面小便池去洗涤，一股臭气非常难闻，他蒙着鼻子，福生望着他笑笑。

晚上，福生又领着将柜台里十几支水烟袋收集在一块，到厨房里去洗涤，告诉他每支烟袋的主人以及烟袋上的附件，像链子、扦子，不能混乱，洗的时候，特别注意烟斗里面的烟垢。

他想，在家里时，祖父的便壶是包粪的倒的，父亲的水烟袋是父亲自己洗的，有时，祖父或是父亲喊他做这项工作，他都表示不愿意，而今十个便壶，十几枝烟袋，却得天天洗涤了。

二更敲过，关店门，货柜的门是徒弟上的，上好门板，店官都回楼上睡觉了，福生叫拿一块木板，两个凳子，叫他摆在大门口睡，而福生却睡在柜台里。

第二天，天刚亮，福生将他喊醒，先将自己的铺撤掉。铺盖放在楼梯下的屉子笼里，于是开大门，由厨子来挂招牌，他们便扫地、抹灰。

早晨，是吃稀饭，一碗咸菜，又酸又臭，真是不能进口，他想自己家里虽然贫穷，却还没有吃过这样的菜蔬。

饭吃过，福生领他到楼上、楼下、堆货的地方，告诉他各色货物的位置，又拿着秤，秤给他看，一个星或是一斤、半斤、四两。

第三天，他除了做扫地、抹灰、倒便壶、洗烟袋的工作外，便学着秤货了。可是秤砣老是飘摇不定，不能秤准，累得他发急，生恐时间长久了受责罚。

下午福生又领他到老板家里，拜见师娘，便是这猴子形的女人。每逢店里的生意清闲一点，老板便叫他们到师娘处做事，归途，福生这样告诉他。

半个月过去了，他始终是兢兢业业的，现在他感觉困难的，不是洗烟袋这类事，而是店官们的口音。店官们是徽州人多，说话声音不容易懂，因此他受了好几次的申斥。

一天，他无意打破了一个美孚灯罩，结果，耳朵发烧半天，头上起了几个小包。

从此，每逢做错了事时，便须挨打，身上青一块紫一块的，他真不明白师父们为什么这般虐待徒弟！而做了徒弟的便不是人。

奇怪的，老板娘也一天一天的凶恶了，每每到她家里的时候，总是拿许多琐屑的事给他做，做慢了，鸡毛帚没头没脑地打，回到店里，店官又说他在外面偷玩，又得挨骂。

有时，他不堪虐待，便想逃走。但是逃走是会捉回来的，而且纵能逃走，没有地方去，会饿死。"死"，这死字多可怕。

一年过去了，

二年过去了。

金达呢？天天地劳动着，事是刻板的。他现在因为年龄大了，知道这是自己的命运，什么也不能怨恨，他唯一的愿望是日子过得快点，来个师弟交卸一些下贱的职务。

他有时想家，但是三年没有满，是不能回去的。同时他想父母忍心送他来做徒弟，简直是不要他了。

一天，老板家里出了一件事，这件事是老板儿子放着书不读，偷了他母亲的钱跑了，过了几天，在离他们家六十里路的地方寻回来。唉，有钱人的儿子有书不读，穷人的儿子却没有书读。"这是一个谜啊，"他想。

这是民国十五年的冬间，河镇的市面骤然紧张了。听说南兵打过来，驻防的北兵，已在四郊挖战壕，无疑的，要打仗了！

风声和气候一般，一天天的不同，老板一家已搬走。北兵，警察天天拉伕，说是去当炮灰的，起初只拉上街买东西的乡下人，后来，北兵自己动手，什么人也要拉了。他们亲眼看见一个教员，被北兵拉去。那教员说："我是先生啊。"

"我不要你当先生，只要你挑担，"北兵说。

"我是穿长衫的，不能挑担，老总，你另找一个吧。"

"你以为穿了长衫不能挑担吗？"那北兵恶狠狠地拿出刺刀，马上将教员的长衫割断了，拧着他的衣衫走，因此街上没有了行人，店里没有了生意，这在金达，是很愿意的！

一晚，离长发店不远的汇通钱庄给北兵抢了，还杀死了一个管锁匙的。这使他们也惊怕，天晚便关上大门。

"听说南兵到了××。"这个说。

"不，南兵已经到了××，有人看见了。"那个说，

这是每天讨论的问题，大家都希望南兵快来将僚毛赶走，因为僚毛压迫他们太厉害了。

一天，镇外定坪枪毙了一个人，说是革命党的侦探，革命党便是南兵，这位侦探却是本街天主堂的少东，听说是在他家里搜出许多革命党的书籍，本来是要办他一家，结果化了二千块钱，只办了他一个人算了。可是许多人都不明白他干嘛去做革命党。

谣言一天多一天。说是南兵的侦探来了几十，又说学校的教员都是革命党员。甚至说平头或西装头发，都是革命党的记号，因此凡是蓄头

发的都赶快剃光了。

那是十二月了，南军还没有来，可是大家都知道南军总快到了。驻防的北军，因为商会会长的恳求，由商家、住户摊派，拿了一万元开拔走了。北兵走过后一星期。南兵才来，这天街上的铺门都打开了，南边的队伍很齐整，每个官兵从黝黑的面孔上发出和蔼的光辉，他们从大街上经过时，家家户户都鸣放鞭炮欢迎着。

"这是我们自己的兵啊！"一个人的声音，

"这才是我们自己的兵啊！"许多人的声音。

南军的服装和北兵不同，扣子口袋帽子上的徽章固然两样，而且，每个人的颈上都围了一条红白两色的带子，大家都猜不出是做什么用的。

这时，长发店里的人们都忘记了尊卑，大家都挤在大门口看，奇怪的，在他们的旗帜上却没有南兵的字样，却是国民革命军第×军。革命？是革掉自己的性命？许多人在怀疑。可是金达却想到在高小一年级时曾读过"汤武革命，顺天应人"，恐怕这个革命便是那个革命吧！

革命军来过后。老板也回来了，街上已换了新的气象。第一，街头巷尾贴满了许多标语、宣言，像"打倒军阀""打倒帝国主义"。第二，国旗换了青天白日满地红的，第三，天后宫门口挂了中国国民党河镇市党部木牌。第四，各色人有各色工会，店官已成立了店员工会，一撮毛老李便是店员工会的候补委员，他每天不在店里做事，东跑西跑，老板不敢说他，他反说老板是奸商，贩运仇货。他每天回到店里。总说些大家听不懂的话，第五，革命军纪律的严明却是无人不称赞的！

这天，他送货到一家海货行去，看见一个青年军官手上拿着白旗在演讲。他只听到：

大家不要误会，以为"革命"两个字是可怕的。他是变更旧的制度，建设新的制度的名词，……革命军是革命的军队，亦是民众的武力。现在不是南兵打北兵，是革命军打倒军阀……军阀就是祸国殃民，拥兵自卫的军人……，我们不但要打倒军阀。还须进一步打倒帝国主义。……"是不是做皇帝的主义？"一个人问，"不是的，凡是用自己优越的势力，而去侵略弱小民族的国家都是的！……我们不抵抗他，他们便会来消灭我们的……，各位应该明瞭，国家兴亡，匹夫有责，大家一致动员……，完成国民革命。"

那长官说得很好，大家听得出神。随后他将手上的传单散发散给大众看，金达也得到一张，原来是"国民革命军北伐告民众书"，白话文一看便明白的。

"我能不能参加革命？"他突然地走向那军官面前说，"只要你有坚决的意志，便行的。"军官很和蔼的答复他。

回来，他想做徒弟是没有用的，自己快满师了，除了学会卖货和做下贱的事情外，学到什么？"国家兴亡，匹夫有责"，我必须挣脱这奴隶的生活，参加革命。革命！他想到这里，精神非常地兴奋。

晚上他做梦，梦中他加入革命军，打了几次仗，升了官，什么官可不知道，却管了许多兵。军阀，帝国主义者，逐次地被打到了，他回到河镇。街上挂着旗，鸣着鞭爆欢迎他。老板走来替他牵马，父母笑得闭不住口。

长发店里起了一阵的骚动，原因是，行将满师可以做店官的金达出亡了。

二四，六，二十一，于西安

南归杂记[1]

一、眷念的故乡

故乡，远在赣水江边的故乡，隔离是许久了。

故乡是绮丽的，温柔的。有年老的父母，贤淑的妻子，还有许多亲友，他们期待我，正如我想念他们。

春，来了，春，去了。

夏初是一个成熟的女性，一切的一切，都发展到无可发展了。

葱茏的树木，累累的果实，这些更使人眷念着故乡的情愫。

意外的，我因某种任务，被派到故乡的 □ 县。

时间是二十四年二十七日的夜间，这夜间和平时一般，没有异样。在夜间的十点三十分，陇海路的二次快车将载我向东去。

二、途中

一个人坐在白热光芒的电灯下，因为穿的是二尺半，对面的座位始终空闲着。旅客固然不多，但，军民间多少有点鸿沟。

车开了，旅客们精神在几分钟兴奋之后，各自检出毛毯，或夹衣，垫在座位上，作"预备睡"的姿势。

一会儿，查票员，黄制服的，后面跟着雄赳赳的背着自来得枪的卫士，前面走着吆喝的警察，一阵地来了："票，票！"许多旅客的车票放在他手中凝视一下，剪了一个窟窿后，皮鞋奏出那与车轮交响乐的调子，又由近而远地消失。

---

1. 原载民国24年（1935年）6月17、18日《西京日报》第5版。

自西安到潼关，车的速度太慢，与其说是特别快，不如说是特别慢。

天亮了，到达华县。宫廷式的站台，朱门红栏，给予你回想到中华古代建筑的伟大。

脸水，一角钱半盆，利市百倍的生意。

出潼关，车的速度增加，山洞，又一个山底将列车吞进又吐出。

黄昏，到了陇海平汉交叉的郑县。

天桥，构成陇海平汉的连系，人们像潮汛一般的拥挤。

东来，西去，南下，北上，奔动着的人们。

机车，大的，小的，发出尖锐的呐喊。

大金台，小金台，什么饭店，什么旅馆，红绿的卡片向旅客闪动许多只手。

去汉口的车还在三个小时后。

出车站，挣脱"接客"的包围，"车夫"的声索，走进一家小饭馆。

辣椒、牛肉，给味觉一个重大的刺激，精神随着兴奋。

回车站，月台上已站了不少的行人，每个人伸长了脖子，睁大着眼睛，望，望着那北来的车。

十一点二十分钟，车到了。

机车拖着沉重的步调缓缓地进月台。

嗤，嗤，车停了，人们抢上车。上的，下的混杂一片，比两军作战冲锋的战士还勇敢。

空气是紧张，骚动。

平汉车厢和陇海车厢又不同。

车开了，机车发出前进的通告，慢慢地出了月台。

查过车票，空气又趋沉寂。

"古董"复"古董"，我因昨晚未睡，便睡着了。

醒时，已过许府，坐在我对面的已由一位老人变成一位少女。羞怯，孤寂流露在她的脸庞。

人，前后左右的都在睡梦中，靠着椅背的，伏着的，仰着的，侧着的，种种不同的形态。在睡梦中，车子将他们送到目的地。

天亮以后，嗽声大作，又是一阵骚动。

陇海线是穴居占多，平汉线却没有了。

鸡公山躲在树林深处。

武胜关划了豫鄂的分野。

夕阳啣山了，列车到达汉口站。

出大智门，经黄陂路，到江汉关。黄烟囱的招商轮停泊在江边，从烟囱里发出无力的，轻淡的烟云。

房舱，没有了，官舱也卖完，大餐间，不够资格。

"降而求其次"，于是进了统舱。入门，一股难闻的气息无法接受。

人，梭一般来去。

小孩在哭，大人们在叫。

性史、古本金瓶梅、春宫、荸荠、柚子、大铜板、小铜板，各种不同的小贩拖出唱熟了的调子，走过每个铺位。稍有凝视，便受包围了。所以，在这里的眼睛和嘴巴是不能乱用的。

这便是社会的剪影——在长江轮船中。

锣，嘣，嘣地敲过了；汽笛，匉，匉叫了几声。

于是，武昌、汉口的许多高大的洋楼在黑暗中消失。

几夜没睡，到此时，呼呼地睡着了。

醒时，到了浔阳江畔。

从庐山路，大中路，到了南浔车站。

因"公"免票，不过坐在军人免票车。车厢里"灰色"的氛围。

一点四十分，车离九江，庐山远望在云烟中。

黄昏，到南昌渡过赣江，天已黑了。

江西省政府主办的中正桥（横跨赣江）还是只有那两块木牌。

三、故乡的巡礼

两天，在□县将事办完了，汽车送我到故乡。

父亲、母亲、妻、弟、邻、友，他们看到我都是笑，愉快的笑。

孩子，三岁的孩子，不认识了，望着我发呆。

"喊爸啊！"母亲笑着说。然而，孩子脸红红的，一声不响，望我，望墙上我的照片，再望望众人，终于迟疑地走近我的身旁。

皮带、证章，孩子一件件抚摸，惊奇，欢喜。

一小时后，他便自然了。"儿童相见不相识，笑问客从何处来？"倘若三五年后，再回时，也会是如此。

夜，父母用慈祥的面孔和言语，询问了外面的许多情况。乡村对于都会，仿佛隔了一座山，一座大山，我想。

在故乡停留了三天，三天只是一刹那。

故乡的一草一木，都给我留恋。

可是，电报催我速返，于是，在端午的早上，乘着去南昌的汽车。

父，母，妻，弟都送我到车站，脸色是惆怅的。

"为什么不多玩两天走？"每个熟人都这般问

"不行，他有公事在身上啊！"父亲代我说

"几时再回来？"母亲问

"那可不一定。"

轮子动了，我低着头，不敢望他们。出车站，偶尔回头时，他们还站在那儿。

薄暮，到了南昌，打开箱子，吃的，穿的，很整齐地放着，家啊，伟大的家！

中正路，中山路，陆象小路，王阳明路……，新筑的，原有的，马路虽多，可是挽救不了萧条。

招租，红的，白的，贴满在街头巷尾。

大廉价，大放盘市招一家家的紧连着。

冠鳌亭，湖滨，孺子亭。青云谱仍然没有改造她的姿态。

四、岳阳丸上

自南昌至九江车中，意外地遇到道琳和豪轩，这二位多年不见的同事，他们都是去汉口的，因此车中不寂寞。道琳并将他的诗词给我看。

星期三，九江例无上水，有的那是日清公司的"岳阳丸"。

"等一天吧，万一明天还没有中国船，即乘太古或怡和的。"我说，"况且，从来没有乘过他们的船。"

"何必这样别拗，反正没有中国船，英国人，日本人，钱都不是一样向外流？"道琳说

"岂但如此，我们不乘，乘他的人多着哩。何况，在他们是有你不多；在你，却是受着时间与经济的损失。"豪轩说

听了朋友的劝告，我屈服了，于是深夜走上了岳阳丸。

票价三元——房舱，比中英两国商轮票价低廉。狡诈的日清公司。

人，居然很多，个个若无其事的。

茶房、水手、账房均是江南人，很快活地安然他们的职务。——奴隶。我忍不住想说。

我们住的是十三号，对门十九号，贴了一张卡片，写着滨口积殿，Shang i to B nvow的中英二行字，右隔壁十二号，贴着min蔡金万，高镇万。两个和装的朝鲜女人。左隔壁十四号，两个大学生，仿佛是上海某大学的。十五号是邮员办公室。

客厅，有好些"善邻"的水兵，"佐世保海兵团"，"大日本□军舰□手"，军帽上分着这两种区别。金的字，白的制服，挺胸，凸肚，不愧是强国的风度。他们偶然望着我，我觉得一阵羞耻，无用，躲在房间里不敢再出去。三个人都换了便装。

大冶、赤壁，都从窗隙里掠过。

青绿的山岳和原野，鱼鳞似的瓦房，山河是异常的秀丽，特别是在风静日和的江轮中。

天啊，你永远保持这美丽山河的光荣吧！

过阳逻，茶房来收拾行李。随后，三五个茶房，一个拿着账簿，一个拿着铜盘，挨次的向客人索取酒资，这种情形有点像募捐，又有点像勒派。

我们如他们所企望的给予。于是我注意到对门的"善邻"。他，在裤袋中，掏出一块钱，丢在盘里。茶房堆下笑脸满口谢谢地走了

"劣根性，贱骨头。"道琳说

到汉口，码头上的稽查，恐怕夹带"持货"或是"违禁物品"，行李固然打开，身体也得摸摸。但，这仅限于普通客人，"绅士"是不会波及的。

在中山路，买了一些用具，价钱比"西省"便宜多。

年红灯，汽车，马车，人力车，行人，像蛆似的。

汉中的胜地

长江的枢纽！

午夜，别了友人，别了汉皋，又北上了。

五、金瓯缺了

夜，十一点五十分，车由大智门开行。月台上，车厢中，许多的帽子，手帕在飘动，飞扬。

这次，在我对面坐的是一位商人。

"尊驾到哪儿？"我问。

"开封。"他说。

"没有请教……"

"西安。"

于是，彼此话匣子打开，由"尊姓"、"大名"谈到"收成"，"生意"。

查票时，他却是到西安的联票。于是，他不自然地说"到开封后再去西安。"我却给他一个会心的微笑。

沿途，农人在插秧，戽水。

第二天晚上到郑州，买了几张《大公报》。

华北形势严重。

这一切，使我失望，紧张。

我不敢再看，再想想，闭上眼睛。

忽然，隔座一个青年气虎虎的将报纸往车板上一丢，"啪喇"，一只茶杯给报纸从座椅上带到车板，缺了它的一角。

"缺了。"许多只眼光对着那茶杯，带着惜怜的神气。然而，那青年，我，却想到另一件事件上。

过灵宝，天已亮，道旁的农人在晨光熹微中割麦，犁田。

看看这些勤劳的农夫，看看这一望无际的平原，"毕竟中华民族是伟大的，坚毅的。"

到潼关，上来几个女人，妖媚的眼睛，轻狂的态度——性的劳动者。

再西行，车又慢了，两岸的人们，看着列车经过时，发出羡慕、嫉妒的目光。似乎是，田地被圈了，路已修好了，火车也通行了，但于他们还是无补。

他们却不知道，每一个时代，一定是，社会上次要的社会层，注定了要为当时主要的社会层的利益而牺牲。这是历史上的新陈代谢，无法避免的。

黄昏，一切趋于暗淡，我便踏进了西安城。这，象征了我们的前途。

二四，六，十三，于西安

311

婚姻与面包[1]

社会素描之二

昨天，接到穆真来函，他说："华（他妻）来信说，孩子的代乳粉只能支持五天了，房租欠了两个月，饭馆因欠十天的饭钱，便拒绝再包饭。我的病好像幽郁的阴天，也不见好，也不见坏。最讨厌的。就是旧历端午节又快到了。我固然是要钱，可是你父母处多少你总得寄点去，尽一点儿子的义务，因为老人每次来函都说今年收成难望转好，意思是还想你多寄点儿……"

朋友，我呢？一月四十块钱，除伙食，所得捐共十元，妻二十元，其余不知哪儿来的应酬，不是送张三结婚便是给李四上人做寿。再略略买点应用的物品，便宣告完结了，如果拖他一个月饷，马上便发生恐慌。虽然自己过着再刻苦不过的生活。可是还不能养一个家。还说些什么呢？我真后悔，我为什么要结婚。爱情纵好，饭不能不叫她吃，病不能不叫她医。呃，一个人多矛盾。未结婚前拼命想结婚，结婚了，孩子来了，负担一天天地加重，正是幸福后面跟来了苦恼，今后有如一匹上了犁耙的牛，永远不能再过那清闲的日子……

这便是"婚姻与面包"的斗争，在这时代，穷人是缓组织家庭的好，我批在他来信的后面。

---

1. 原载民国24年（1935年）5月27日《西京日报》第5版。

作　伪[1]

　　天热，晚上孩子总是不睡，我因为睡在竹床上，倒不觉得，妻却感觉极端地麻烦。

　　三岁的孩子，刚学会人的动作，像说话、走路、吃饭。一天到晚，口中不停地歌唱，谁知道他在说些什么呢？

　　白天，他睡足了，晚上，便不再睡，往往在午夜人静的时分，还喊着"妈，糖！糖！糖！"

　　"想一个什么法子。"我提出议案。

　　"什么法子？"妻子说"小孩子，打他，骂他是不行的，告诫他，又是不懂的。"

　　"……"

　　毕竟妻子聪明，她说"你到门口去，拿着指头，敲着门板，嘴里呜呜的叫，装着一只老虎。"

　　可是我不答应。我说"这是作伪，这是愚蠢！我们更不能使孩子的心理从小藏下'怕'的阴影！这是不合逻辑的。"

　　然而，除此外，别无他法。

　　我只好走出房门，指头敲着，嘴里叫着。孩子却在喊"妈，什么响？"

　　"不要动，不要作声，门外是老虎，它要吃人的。"

　　"虎，虎！"听孩子的口吻，似乎很骇怕。

1. 原载民国24年（1935年）7月19日《西京日报》第5版 。

"你睡，虎就会走的。"妻的声音。

五分钟，孩子静悄悄地睡着了。妻对我发出胜利的微笑，这便是作伪的需要吧！

二四，七，十八　在西京

新　女　性[1]

　　"新女性"，这个名词和我见面，那是很久的事了。因为在报纸上曾有几处新闻记者会（？）认为她内容有侮辱新闻记者处，要求联华公司更正的文字。当时总以未能"先睹为快"。

　　昨天（九日），这部片子在阿房宫公映了，我和鹊弟同去。当这离开西京的前夜，能够和她相见，也未尝不是一件巧合。

　　她的故事是写：

　　一个无名的女作家韦明（阮玲玉饰），因恋爱失败，生活压迫，由北平跑来上海，在一个私立中学任音乐教师。她有两个好朋友，一个是沉默寡言的冷男子，一个是新时代典型的女性。同时，她也有两个坏朋友，一个是校董王博士，一个是她常在市民（日报）投稿的副刊编者。前者是鼓励她，同情她；后者是追求她，怨恨她。

　　王校董，因追求她不遂，唆使校中辞退她。副刊编者，因她文如其人，而想有近一步的关系，被她申斥时，生了怨恨。

　　这些，本来与她都没有什么，她难堪的是经济的恐慌！一面是孩子病得垂危，没有钱买药，一面是一切都亟待开销。小说稿子虽然有一部，但版税却不能预支。

　　因此，她起初由"只有奴隶才出卖她的身体"到"还有什么旁的路好让你走？"再急转直下的"好吧，我就去做一夜的奴隶罢。"不幸，买主却是冤家对头的王校董。于是神经大受刺激，接着，孩子死了，她不想再活，服了多量的安眠药片。她虽曾拒绝朋友和医师的施救，却终于进了

---

1. 原载民国24年（1935年）7月12日《西京日报》第5版。

315

医院。这时，她的自杀，她的历史，被那位副刊编者添枝加叶地登在他的报纸上，她看了这段新闻，复经朋友的忠告，激起了新生的活力，可是，当她喊出"我要活啊"的口号时，已经迟了。

故事从对白、回忆中委婉地诉出，镜头活跃始终都不曾松懈，加以导演得法，演员又都是有相当成就的，所以成绩很好。

剧情，演完了，给予人们的不仅是同情的叹息，而且是生存必须奋斗、努力的，因此，我将个人对于剧情的感想，写在下面。

剧中新闻记者的穿插，在一方面说，固然是有点侮辱的成份，可是，自从新闻事业猛进以来，各大都会里，便有许多无耻的文丐，挂上一块什么通讯社的招牌，或是印一张四开版的小报馆，一切全不讲求，专以要挟、津贴为能事。登载些低级趣味的消息。只要有钱给他，嫫母可作西施，无钱给他，"是"也成"非"的。每逢端午、中秋、年关，便即着哀启式的公函，到处募化，将新闻记者的王冠全毁了！简直是社会的蠹虫，新闻界的败类！

关于女性的问题。年来，妇女界颇有不少刊物在呼号，呐喊，唤取女同胞的注意。但是事实上却是极端的矛盾，上等的想相当条件下出卖；下等的，更不消说，趸的，零的，任意购买。要求真正能够上一个新女性的条件毕竟不多！事实如此，用不着讳避的。

我国人的习性，是因循，消极，所以，偶不如意时，便发生自杀的悲剧！（阮玲玉之死，何尝不是如此）加以近年新旧潮流的激荡，社会的不景气，自杀之风很盛（上海、天津，曾有全家自杀的事实，在过去一个月之前）分析自杀的原因，离不开了金钱，恋爱！他（她）们只看到消极、无奈、悲哀的片面，再不知道人生是必须奋斗的，环境的悲观是人造成的！我们不能自暴自弃，枉费了大好的躯干，我们却应苦干，硬干，实干，去创造，去开拓！

因此《新女性》是值得一看的片子。

二四，七，十 于西京

316

稿　费[1]

肚子里长了许多菌素，不得不向外吐出，于是变成了几篇不相干的文章。

偶然投到报屁股去，试试自己的斤两，结果在喜惧交织中发表了。

自己的文章，自己的大名，印在黑字白纸上，虽然看报的人不知道，俱"亦足以自豪"，因此眉开眼笑了。

一个月过去，第二个月又来，报馆里送来通知，说有两只洋的稿费可领，于是，在大热天急急忙忙地走进报馆，生恐迟去一步，扑个空。

在会计处照预定的数额支取，意外的是两只现洋。放在口袋里叮当作响。奏出自然的音韵，好像是在说"我口袋里有洋钱"。

有小差事在身，虽不靠稿费吃饭。但有进帐当然"竭诚欢迎"，何况在不景气的此刻现在，两只现洋未尝无补！

做什么用？有了钱便想法子用。乞丐是留不住隔夜粮的，自己的性格素来如此。

——看电影，看完电影，可以来一段批评的文字，再发表了，岂非又可赚进几毛，生生不已，诚属开源之道。

——不，看电影，在西安的电影院难得映好片子，钱是白费，何况自己又不是戏剧家，更未拜读洪深先生著的《电影戏剧表演术》，批评既不能"入木三分"，说来自然空虚，像一个贫血症患者。

——大水为灾，捐到赈务会去，岂不是一件阴功？然而中国人吃慈

1. 原载民国24年（1935年）7月16日《西京日报》第5版。

善饭的太多，恐不会"惠到灾民身上"，何况两只现洋有什么用？——一杯水能救熄无边的野火？

一边走着一边却发生如许的思潮。——思潮和思潮斗争，有了两块钱竟不知作何用。假如中了航空奖哪不是要得神经病？？

偶抬头，已到盐店街，经过派报社的门口，玻璃窗里的书籍，放出柔媚的目光，意志驱使我进去看看。

论语、人世间、太白、社会新闻、禹贡、食货、文学……多啦，一本本的不同，

文华、时代、良友、文艺漫画———女人的肉、讽刺，各人有各人的拿手。

大公报、朝报、时代日报、实报、午报……各人摆出各人看家本领。

"本本都是好的"——"可惜钱不多"。看了一回得出这个结论。管他呢，尽两只洋花好了，稿纸一百，文学两周纪念号……各一本，算总账恰是两元零五分，五分，当然揩油。从这里面得来，还是花在这里面，总不会冤枉。

回家，口袋里已不再响，桌上多了几本书，可是妻却提出抗议，说，你为什么不给孩子买个摇篮呢！

试　马[1]

生活琐记之一

昨天，鹊弟约我试马。对于马，从小就有点儿欢喜，往往和邻居的孩子们演着拿竹竿当马骑的戏剧。而今，吃了几年粮，不消说，骑马冲锋陷阵是常事。每到子弹乱飞的时候，马，我紧紧地连在一块。我的生命系在马蹄上，马的生命系在我手里，因此对于马存储着很大的情感。

晚饭后，饲养兵，将马牵来，一黑一黄。这两匹负伤的战马，创口已经平复了，怒起的鬃，急进的蹄，并没有减少它的雄姿。

大概好久没有人骑了，刚上鞍，蹄儿便飞也似地奔驰，我收缰也收不住。有如舟子在大风暴袭来时，无法收下他的帆蓬一般。

一口气出安定门，道边的行人，向我们注视，羡慕？嫉妒？厌恶？

到飞机场，我已浑身是汗，不再想走，便立刻下鞍休息。马儿呢？项颈虽然湿了一大块，但，它还是昂着头，一点也不屈服，意思是本领并未完全显露出来。

这时，太阳将近衔山，驿道上的旅客们，加紧他们的速度，企图趁着这残余的白昼，好赶到他的目的地。有些从远处来的人马，身上虽沾满了泥灰，然而，从疲惫、饥饿的情绪中还作最后的努力。

慢慢地，太阳西坠，天边的红霞，反映在古老的城垛上，好像一幅五彩的画图，于是我们缓辔回来。

骑马进长安，颇有中古世纪骑士的遐想，鹊弟对我说。

入夜，臂，背，股，均有点酸痛，无疑的，许久没有劳动了。明日

---

1. 原载民国24年（1935年）7月30日《西京日报》第5版。

我将恢复那啃窝窝头，连爬五个高山，走一百二十里一天的勇气。

二四，七，二十三 在长安

附

录

芷江行[1]

（一）

　　从上月十六日子夜起，记者的生活和工作，配合着前方的情报而一张一弛，感受极大的威胁，直到本月初才解除了一半，六日下午，因抽暇跑了一趟洪江，乱离之中得遇几位旧友，欢慰的心情彼此一样。刘仲樵兄紧挽长谈，记者因尚有他事，须勾留一晚，故亦乐于从命。翌日下午，趁廖军长迁赴前线之便，同车返安江，一夜剧谈，两场小酌，二十日的辛苦，得此小足以偿了。记者归后一小时，忽得吴戾天准将的电话，相约于翌日往芷江，搭机飞赴前线视察。记者其此愿望已久，欣然表示附骥。一夕无事，八日天明即起，匆遽地怀了一束当天的本报，往邀戾天搭车西上，等到渡江时，已经八点钟了。

　　晚霞笼罩着的安江，宛如一位睡眼朦胧的少女，披着蝉翼的轻纱，微露着羞怯之状，特别令人怜爱。想起暮春三月的双清和初夏的秦淮来，不禁怅然有感了！何况穷乡的故居，近期亦竟陷敌，一家下落不明，"海内风尘诸弟隔，天涯涕泪一身遥"，即使平日毫无家乡观念的我，至此哪能无动于衷呢？

　　安江以西的兵车，络绎于道，颇符旧小说中"尘头大起"的描写，观此甚快人意。有人批评："这一次战争才算有'现代化'的雏形。"天空和地面，震耳若聋的马达声，日以继夜地交响着，除非是风雨兼天的时候——敌人的内侵，一如病菌之入人体，倘使它的官能没有失去作用，全部脉管，必然奋张，赤血球一定动员出死力斗争，把病菌排除出去，

---

1. 本文原载民国34年（1945年）5月13日、15日《中央日报》（邵阳版）第1版，作者系时任《中央日报》社长段梦晖，署名溟飞。获段先生家人授权，将本篇作为附录发在这里，与《空征资沅》一文可互为佐证。

这是生理上极自然的要求，立国何尝不应该如此！

车抵榆树湾时，已经是十点多了，因得小歇机会，往访何克人兄未遇而罢，搭车继续西进，所遇的兵车比榆树湾以东还要多，车上满载远征归来的健儿精神焕发。固不清说：因环境教育的适当配合，知识水准也提高，沿途军纪良好，感受民众的欢迎。归途中，可人兄告诉我，国军某部过榆，曾有一兵在店家饮茶，付钱时，店主拒不肯收，彼则非付不可，这种军民互相敬爱的表现，实在弥足珍贵！

车抵芷江附廓了，宪兵因王重之兄的嘱咐，指示我们要去的地方——空军第五大队部。宪兵也预知我们要来，三言两语即让我们进去。重之兄和我虽是初次相会，却也一见如故。我们洗漱后，重之兄介绍他同房的朱权、林应龙、姚积尧三位接谈，之后，大队长张唐天将军来了，很客气地接待了我们，并于当天下午让出一个座位来，三天中可先出去一个。午膳后，决定由记者出"马"，庚天和张弓两兄作后续部队。我们先到城内中山室宿营。庚天兄似恤记者蹭蹬可怜，让我躺在他的铺上休息，竟然入睡了。一觉醒来，见张大队长和重之兄在与另外三位军官说话，并告诉记者准备出发机场，随刚自前线回来的郁功成君通往。记者因作便服，郁君为易制服一套，乔装得和飞行员一样。这位飞将军年轻而热情，以战功擢升作战参谋，他的略历，记者在上次电讯中已介绍过。所知不过如此。谈到他去年跳伞受伤时，出示其膝上伤疤，连说："这没有什么，不过这一点轻伤。"空军健儿大抵都是年轻热情的，应具备的条件是：智、勇、男；入选而又有战功的，也必智、必仁、必勇。

东抵机场时，琳琅满目，美不胜收。大的、小的、更小的飞机，或起或落，很少间隙的时候。驰名的"黑寡妇"蹲在那儿，仿佛自叹命薄，以致"英雄无用武之地"。小型通讯或侦察机，他们叫它"小兄弟"起飞降落，总让它先一着。我们到达待机室时，坐在那儿的飞将军更多了，倪世同（这位是打了八年的老将）、廖广甲（中队长）、王蔚梧、姚兆元（以上都是副中队长）、许陶（作战参谋）周天民、赵松严、史美荣

（以上为分队长）……郁君一一为之介绍。记者初次见这场面，分外感到兴奋，更何况这一班少年豪杰，讲讲他们的作战经过，无不眉飞色舞，足使听者忘倦，不知不觉之间，已是四点多。郁君始讶其时已晚，因请记者等待翌日出发，俾可多飞两处，期不虚此行。记者也认其有理，故亦乐于从命。

郁、倪两君和重之兄乃伴记者进城，寻找我们的"先头部队"。倪等到去后，重之兄并导我逛了一会街，访问本报分销处，本报因寄递太迟，销量远不及沅陵报纸，分销处的负责人认为极为惋惜。记者答以俟路局经常有车，当可设法补救，目前初交邮外，别无更好的办法了。

（二）

芷江的建治，远至战国，历史已很悠久。鼎革以还，匪祸兵灾，殆无宁岁。飞机场建成后，连年叠遭空袭，益形残破，很少新建的房屋。我们住的中山室，亭池楼阁，布置甚好，真是不可多得的地方。我和重之兄同寓之后，意外地看到了两位来客。其一是阔别年余的于敬甫兄，接着张弓、庆天两兄也先后归来。围坐畅谈了一会，重之兄才别去，我们也因明天要趁早赴约，各自回访休息了。

九日天明起床，抬头一望，天上浮上薄薄的一层云翳，私幸没有昨天那样的大雾，飞行时间当可提早，夜来机声响个不停，扰人清梦，但是谁也不感到讨厌，恰相反，对于我们空中工作者的辛勤，无不表示虔敬和安慰。庆天一起来就叫肚子痛。昨晚因友人宰鸡一只款待他，归来时，颇骄傲，病症当然在此了。

我们匆匆洗漱之后，急赴机场，远远看到重之兄已在先，对于他的殷勤照拂，我们是百分之百的感谢！

步行到待机室时，已经是八点钟了（现在全国遵照国际最高委员会的规定，一律提早一小时）。大大小小的飞机如昨天一样，或起或落，忙个不了，直使你眼花缭乱。廖广甲队长引导记者参观一架P—40飞机，详为解说。炸弹的种类和性能也附带地告诉了我们一些。

八点半，戾天和郁君即已腾空，约莫一小时光景，就由山门、洞口、江口视察了回来。这位准将之"戾天"，尚以此为第一次。当郁君俯冲射击时，准将也以口腔为武器，对敌大喷其饭，幸而他早有准备，没有留下半点痕渍。下机时，很快地把飞行帽递给我，三言两语的匆遽地走了。

待机室设备很简单，除了搁置保险伞、飞行衣帽的木橱外，就只有几把靠椅，两张小长方桌。中美的"飞将军"常以"扑克"为戏，别无甚么娱乐。壁上挂了几张关于空战的，含有教育意义的漫画，另外还有几本美国杂志，如Life之类，这就是他们的精神粮食了。频年以来，印刷界损失太大，杂志不能按期出版，报纸也因交通迟滞，很难普遍地供应，倘不早求补救的办法，问题是相当严重的。

九点五十分郁功成兄引着记者各自扛着保险伞上机了。腰部和两腿扣好之后，郁兄又检查了一次，这才拨动马达，把机身向跑道上移动，指挥台以无线电话发令，要我们等一等，让已在跑道上的三架运输机先行。我们到得上空时，已是十点十分了。飞机东南行，一会即抵洪江上空，俯瞰大地，恍如"沙盘战术"的扩大装置，愈觉得人类的渺小，无怪横渡太平洋的林白，曾以鄙视的口吻说："你们欧洲人不配讲打仗。"这虽然不免过于夸大，未来的天空实在是可以决定一切。远征军倘不藉空运，不知道要若干时日，才能到达湘西前线。古人说"天涯若比邻"，只有航空事业发达，现在才能真实做到这个地步。

在机上，每到一个大的城镇，郁兄以地图相示。我们原定的路线是越罗菊山出瓦屋塘、花园而达洞口的，过了罗菊山后，郁兄改变了路线，沿山脉东飞，未十分钟，到达洞口上空。劫后的洞口已是一片焦土，新墙河剩下的房屋不过百分之一、三，当记者秉笔时，这地方已经国军光复，无室可归的同胞，想在打算如何重建的计划了吧？记者谨以至诚祝福他们健康！

飞机绕了一个圈子，即向武冈方面前进。一分钟后，武冈城已悉呈眼底。记者很熟悉的南正街和四正街，完好无恙。西门外则付之一炬，南门外城脚下的房屋亦然。武冈隔昨已解围，善后计划想在当局筹画之中。绕至大炮台（城东北面上）时，郁兄看到我守军指示飞机的布标，乃于距城两里处，俯冲扫射，机即鼓翼而北，记者频频回首，不免有点儿依恋。郁兄则笑着频频点头，对他的工作，似甚感满意。

我们再经洞口而至山门，远远望见两道浓烟直冲霄汉。郁兄来至上空，即扭转头来振翼西行，大约因为这儿的敌人高射炮比较旺盛，郁兄恐怕记者饱受虚惊吧，所以没让我一窥山门的全貌。

我们不久仍回到公路线上来，将达江口上空时，复折间北，得觑放洞山上为我摧毁的堡垒，东边一山巅上又摆着布标，郁兄顺其指示处，俯冲扫射，约莫三个回合，才升入高空，向江口飞行，一会儿就到达安江上空了。

我们在两纱厂和市空上来回飞上两次，本报社址，甚至出入的人们都看得很清楚，可惜不能通话。这一点，相信未来一定可以改进的。郁兄腾空返芷时，屡曾和我攀谈，可惜那天电话机发生故障，我并没有听到。

返回基地时已是十一点半，下机后，郁兄即引记者登车前往大队部午膳，饭后又与重之兄会晤。记者因急于返社，乃和张弓兄步行回城，拿了东西再跑到前面的检查所中等待便车，郁兄也候了许久，才作别去。终因为时已晚，又返回大队部，只好重扰他们了。

感谢张唐天将军的介绍，记者才知道第五大队的来历和片断的空军生活情形，且让我做一简单报道：

第五大队是由中美混合组成的。自去年在湘作战以来，战果辉煌，是敌人无可奈何的"劲敌"。在此一年中出动飞机五千余架。只要天气许可，他们绝不放弃出击的机会，因此有"红五大队"的荣誉。他们团体标志是一柄斧头，试想，斧头是何等的厉害！一年来，他们在空中、在地面共击毁敌机一百八十余架，可能击毁者犹不只此。如前面介绍的郁君个人，那在空中击毁过三架。廖队长、倪参谋主任都是著有战功的名将。张唐天将军叹息着说，从今年三月起，即在空中没有遇见过敌人了，真是"踏破铁鞋无觅处"！由此可见，他们的战志何等坚强，责任心是何等的重大。他们的生活和普通大学一般无二，一般的勇敢、活泼与热情，交织成辉煌的战绩，这就是空军第五大队。

空军的待遇并没有如外界推测的那样高，因为他们生活得合理，没有染上一般机关的恶习，所以团体精神也特别的好。以记者观察，他们仍甚感生活的空虚，甚至苦闷；因为他们休息和工作的地方都没有其他的娱乐，图书类的设备更谈不到，除了出击而外，就没有更好的团体活动，这是美中不足的地方。

空中将士是不愿作自我宣传的，建立了大功的第五大队，仍然很少人知道。这次雪峰东麓的会战，协助地面部队粉碎敌人西进企图的也是他们。记者深望各地今后如有劳军表示时，应该牢记着空军英雄的奋勇和辛苦！执笔至此，倦极欲睡，记者诚挚地遥祝第五大队将士们健乐！

五、十二灯下

王耀武将军在山东的作风[1]

去年二月，原在湖南担任第四方面军司令官的王耀武将军奉命调任第二绥靖区司令官，指挥山东战事，由前中国陆军总司令何应钦亲自送他到济南。当时的山东，除掉济南、青岛、潍县、兖州、德州、泰安等较大据点外，全省面积百分之八十五在共军手中。王耀武到济南时，除掉前第四方面军司令部的幕僚以外，为了那时正当国共和谈高唱入云之际，军队调动为协定所不许，不仅他自己过去所训练的部队不能带来，就是他在第四方面军时代的警卫部队特务团也不准入鲁。

其时在济南的只是旧装备的十二军和九十六军的两个师，在潍县青岛的只是第八军（新装备）和九十六军的一个师，另外还有少许既无粮饷又乏械弹的地方团队，其战斗力的脆弱，以致中共山东野战军区司令员兼新四军军长陈毅于三月一日奉延安之命来济与王司令官洽商如何执行停战令时，竟然开门见山，毫不客气和王司令官说："你们的部队是二三流部队，战斗力完全不足恃。我们如果要准备拿济南，是随时可以拿下来的。"

陈毅的态度相当傲慢。王司令官当时不假思索，并很明快地回答他："诚然，我的部队也许是二三流部队，但你要知道这二三流部队经我王耀武训练之后，一个月内就已成为第一流部队了。"

---

1. 原载1947年3月20日《申报》第24816号 第7页，署名丽天，与吴鸢常用笔名"庆天"谐音，且文风与吴鸢的文风颇相似，故作为吴鸢佚文收入本书。

山东局势

整个山东，所以演变到目前这个难以收拾的局势，其主要原因是由于：（1）共军自七七战起，即开始经营，迄胜利前夕，除交通线辑城市为日伪控制外，全省□个的面，几尽入其掌握，在这时共军的兵力，即已扩充近二十万人。（2）胜利后，中央派李延年将军率十二军九十六军由皖北阜阳间遂入鲁，因为道途的遥远，加以沿途须排除共军的障碍，于三十四年双十节始抵济垣，在此之前各地方团队游击部队群争接收，约略计之，虽也接受了百分之八十，但因指挥既不统一，更谈不上协同合作，共军以其所处优越态势自有近水楼台先得月的便利，于是以各个击破的手段，从接收者手中再接收，遂从敌伪手中所接收的土地物资，除了济青潍等少数城市外，又沦入了共军的掌握。（3）李延年执行中央缩编政策过于严格，将原有八年来辗战山东各地被共军鲸吞蚕食下所遗留的游击队及地方团队缩编得一干二净。相反地，年余以来，山东共军正规军，则已由二十万人扩编至四十三万九千三百人，如将东北调鲁部队拼计在内，当不下五十万人。（4）尤为重要的就是三十五年一月十三日，六月八日及十一月十一日的三次实际上只是国军片面义务的停战令，使国军错过了许多可贵的战机，而成了一个坐着被打的局势。相反地，共军则趁此将国军各个据点硬打软吃，各个击破，其中尤以德州、泰安、大汶口诸要点，即于去年六月八日第二次停战令后十天以内被共军攻占的。假使这三要点始终在国军手中，今天打通津浦线，真不知道要减低多少不必要的牺牲和损失。

陈毅攻济南不下，自认"硬碰硬"
王耀武一百天打通了胶济路

王司令官是在这样一个态势下来到济南，这样一个前提之下处理山东局势的。其任务的艰苦，担子的繁重，在国内卅八省中，谁又能找出第二个省份比此局势更为严重的呢？但王司令官对此并不叫苦，相反地他默不出声，率领着他的优越幕僚，首先就组织干部训练班，分期调训各部队团长以下中下级官长，每期十天，着重政治认识，从而提高士气。已受训的官长回到部队后，更转而训练部属，政治训练中还有军事训练，从训练中，王认识了各部队的主要官长，了解各部队的能力，于是在部署时，便择其所长，予以适当的任务。训练的效果很大，不到两个月，原来士气消沉的部队都变成生龙活虎，战斗力至少比以前增加了五倍。五月底至六月中，陈毅发动十余万兵力围攻济南，满以为对此二三流部队是可以手到迅拿，却不料围攻廿余日，除了损兵折将外，毫无所获。陈毅这时也才认识了王耀武的厉害，认为山东确已到了"硬碰硬"局面。而以一个"不攻坚"为作战最高指挥原则的共军陈毅，此时自然也就知难而后退了。

六月下旬五十四军在青岛登陆，七十三军由空中运来济南。七月初起王司令官奉命作自卫性反击。他凭原有的三个军加上了这两个军共五个军，予以最灵活，也是最巧妙的运用，使山东共军如处五里雾里，正不知他有千军万马。于是他展开了他的雄才大略，从孤立的济青潍品（栾）四个据点中，在一百天以内（双十节前）打通了三百九十四公里的胶济全线，铁路局也随着加紧抢修，于十二月十六日完成全线通车的奇迹。

战绩辉煌　明令兼主鲁政

十月廿二日，正是王司令官督师潍县，进军掖县的时候，行政院例会通过了他继何思源兼任山东省主席。在事前，王司令官毫无所知。廿五日他由潍县返回济南，十一月一日正式举行就职典礼。同月底，他赴京述职并请示省府改组事宜，结果，改组后的鲁省府，王耀武并未引荐一个私人。民厅长刘翔原任国防部民事局长，为陈总长介绍，财厅长为财政部所推荐，教建两厅未动，即连秘书长一职亦以与他并无缘的旧民厅长刘道调任。不仅如此，普通省主席上台第一炮至少要把不被人注意而事实上最实惠的省金融机关如省银行总经理之类位置私人，但王对此最起码的一点亦未更易。就在就职第一天，他所发表的施政三大目标，就是（1）人才主义（2）减私奉公（3）以"即知即行，任劳任怨，成己成物，有始有终"精神为施政圭臬。

作风明快 官兵一致简朴

他原有的司令部内各省人都有，相反地，山东人很少而以湖南人为最多。这与何前主席注重同乡派、采所谓"曹底班"（何系曹州即菏泽县人）"四中北大哥伦比亚"（何之学历）的作风恰成为一最强烈的对照。为了王本人也是山东人，山东人总希望多用几个本地人，于是有一次一位本地长者就这样问他："为什么湖南人用得这么多？"王当时就笑着答应他："山东人只要行，我一样用。"

王司令官不爱钱，不爱钱并不就是说不要钱，应该要的钱，他照样要向上面要，他说没有钱不能办事，但要来的钱，每一个都要用在部下和事业上。普通一般部队的积余都是少数主官的当然专有品，但王耀武却把这笔钱作为部队或机关的公积金，用来办子弟学校、遗族学校、遗族工厂，用来作为过年过节的特赏费，给贫病部下的补助费。

王司令官给人的印象是明快热诚有礼，他个人的生活是简单朴实严肃。他没有一点嗜好，经常以散步和读书来消磨他公余的时间。他最恨贪污，当他初到济南时，正是接收人员忙着"劫收"的时候，他却严令所属，不准参与。他对于一切事情的处理着重实际。对于工作，尤最会支配时间，每天从早到晚，时时有事做，并且能把事情的缓急先后安排得很得要领。自从兼主省政后，每天改为上午治政，下午治军。他喜欢发问，也喜欢学习，他的幕僚里就有很多专家学者供他咨询请教。他的部下受了他的感染和熏陶，都与王氏抱着同一作风，中低级不谈，即就为高级论，武的方面有罗幸理、赵汝汉、吴鸢、龙出云、钱伯英至李昆治；文的方面有刘翔、郑希冉、范奇浚至刘茂华，所有给人的印象亦是一样地待人热诚有礼，毫无官僚作风，生活简单严肃，毫无颓废风气，工作紧张踏实，毫无推脱习气。这种作风日子久了，就很自然地蔚成一种风气，这种风气在记者十余年来所接触到半个中国的大小机关中尚为见所未见。

三年政纲　奠定民主基础

对于王耀武在山东的政绩，由于军事局势尚未全盘开展，似尚言之过早，但就今年元旦王氏所颁布的山东省三年施政纲领来说，不仅奠定了山东在政治上的民主基础，并且也奠定了山东在经济上的民主基础。纲领中第廿二条："解决土地纠纷，保护佃农，扶助自耕农，切实执行减租办法，实现耕者有其田。"便是最有力例证。

配合着施政纲领，王耀武在本年元月八日又召开了一个山东省绥靖区政务会议，所有党政军团县级以上负责人均出席。会议中对如何开展今后绥靖工作，如何与共党在政治上竞赛，已有一具体而详尽的决定，为着还没有到可以发表时期，这里不能详为介绍。但有一点值得一提的，就是在这次会议中，把过去按人口赋税收入等将县级单位分为五等的办法废除，而重新划为（1）控制区内（2）半控制区内（3）据点区域（4）机动区域（5）沦陷区域。所有地方行政人员，除在省干训团受训外，一律不准如过去逗留在济南附近安全区域，每到月底等着来省府拿薪水，而必须在其工作岗位所在地，展开工作，这样才能与军事相配合。为了执行和贯彻此项决议，两个月来，就已有一位专员、四个科长光荣殉职了。

山东人的牛马　吃了草，挤了奶

上（二）月廿日起，鲁中大战发生，因某一方面决策的错误，对共军兵力估计失之过低，及部队长过于轻敌，疏于戒备，种种因素的巧合，使共军在鲁中占了若干小便宜。国军为了保全力量，除了确保济青潍三战略要点外，对胶济线大部分不得不作战略撤退，而王司令官一年来所辛苦经营的胶济线廿四县市只剩了八县市。这责任，实际上虽不在王司令官，但王司令官还是把它记在自己账上，相反地，他对他确保济南的英明措施，并不引以为功！当鲁中情势紧张时，济南实际上只是一个空城计，但陈毅鉴于王司令官声威及过去教训，其北、西、南三面大军虽都已到了距济垣不过廿公里左右，但必待淄博方面共军将王司令官仅余的一点本钱——十二军，就是刘俊一部消化以后始敢作正面攻击。也就在陈毅的过分慎重将事下，王司令官以制敌援先，果敢神速的姿态（此时因已面临严重关头，再也不能也无时间向上面情示了。）将淄博及张店一带的军队于廿四小时内全部撤至济南外围，如此既保全了十二军和九十六军，同时又稳住了济南。陈毅在淄博方扑了一个空，后始知道上当，但已不及，而只可眼巴巴看着躺在千佛山下的济南城，聊以解嘲地说"'硬碰硬'的局面又到了！"

津浦线徐济段虽可在很短期内全部打通，但对山东全局的沉清似尚还有一个比较遥远的距离。徐济段打通了虽暂可使闭塞在济南的人们透过一下新鲜空气，但山东全省大部分人民固仍尚在水深火热之中，山东全局一日未沉清，山东人民一日未获得真正解放，王司令官是一日不得高眠安枕的。王司令官平时每晚只睡五个小时，战事紧张只睡四个小时，而此仅有的四个小时中也时为电话所干扰。他个人并没有一点非分的享受，在有客人时是四菜一汤，没有客人时只是一菜一汤，因此他自己讲话时常说："我到山东来，是替三千八百万人民做牛马的，不是来做官僚。"山东老百姓在其精诚感召埋头苦干的作风下，也异口同声地说，"王耀武确是山东人的牛马，牛马终日操作，吃的是草，但挤出来的是奶。"

追击红十军团经过

　　一九三四年，笔者在国民党军补充第一旅任参谋，参加追击红十军团的战役。现就回忆所及叙述于后，若有错误之处，尚祈知者指正。

　　一九三四年九月，赣东北苏区的创建人方志敏，响应党中央北上抗日的号召，将红七军与红十军拼编为红十军团，方志敏担任军团政委会主席，刘畴西为军团长，寻维洲为副军团长，辖第十九师（寻维洲兼师长）、第廿师王如痴、第廿一师胡天陶，共有人枪二万余。这支部队，原先转战于浙、闽、皖、赣边区，使周围的国民党军队疲于奔命，但红军本身也未得到休整。为执行党中央的指示，打破国民党的封锁、蚕食，为求生存、求发展，放弃经营多年的根据地，挥戈北上。

　　当时，国民党军队的部署是由第八师师长赵观涛成立"赣东北剿匪总指挥部"，负责这一地区的"清剿"任务，司令部驻上饶，为分清责任，将部队部署为追击、堵击、驻剿三部分。

　　追击部队是由浙江的保安处处长俞济时（黄埔一期，抗战时任七十四军军长、集团军总司令，蒋介石侍卫长，现在台湾）任纵队指挥官，指挥补充第一旅王耀武，（黄埔三期，抗战时任七十四军军长，集团军总司令，第四方面军司令官，山东省政府主席，第二绥靖区司令官，解放战争中被俘，特赦后，任第四届全国政协委员，已逝世），第四十九师伍诚仁，第七师二十一旅李文彬。

　　堵击部队为浙江保安一纵队队长何凌霄、二纵队队长蒋志英（以上部队，均为三团制）。

　　驻剿部队是驻乐平一带的五十五师李松山，驻贵溪一带的五十七师

（陈调元旧部）阮肇昌，驻弋阳一带的第二十一师梁立柱（均两旅六团制），独立四十三旅刘震清（三团制，驻德兴一带）以及江西保安团等。另有驻皖南屯溪一带的十五军刘茂恩辖六十四师（刘自兼）、六十五师武建麟（均为两旅六团制）。以上兵力不下廿万人。

现将追击三支部队情况简介如下：

第四十九师伍诚仁是十九路军参加福建事件后分出来的，士兵多系粤籍，以中央军校出身的较多，装备较好。战斗力亦强。

第七师二十一旅李文彬是原山东胶东半岛的刘珍年部队。因刘珍年与韩复榘交恶，部队南调。士兵多系山东籍，有作战经验。

补充第一旅王耀武是在河北保定编练处新招募的部队之一，共有两个旅，六个团的建制。顾名思义，补充旅就是随时拨补给正规国军的，干部均系中央军校出身，装备虽好，但未作过战。这时，由驻地临川调到玉山，编为追击部队。

红十军团干部和战士，多系赣东籍，是在战斗中成长壮大的，但装备较差（是取之于敌，用之于敌），如步枪有七九、三八、土造等等，善于奔袭战、伏击战，也打过攻坚战（如攻克赣东重镇河口）。

这时，中央红军已离赣入湘，蒋介石特电令驻赣东北各部：匪军已西窜，在赣东北之方志敏离巢蠢动，是歼灭良机，各部队务须协力合作，迅速消灭该部，以竟全力。凡遵照指示，作战奋勇而著有战功者赏，行动迟缓，畏缩不前者，以贻误戎机论罪。并规定，能生擒方志敏者，赏十万元，生擒军长（军团长）二万元、师长一万元。

红十军未撤离赣东北苏区前，在浙江境内，曾多次击败浙江保安团，因此，保安处长俞济时曾受到记大过和撤职留任处分。这次，俞单独担任追击部队指挥，所以小心谨慎，深恐再踏覆辙。王耀武却给他打气，认为红军离开苏区，失去屏障，北上渡江，缺乏渡江工具，江上又有海军游弋，渡江绝不可能。加上给养不足，部队体质不佳，在大军云集，四面围攻中，必败无疑。

王耀武是黄埔三期毕业，从广东打到山东，在江西宜黄守城，顶住红军二十二天的围攻，因此才升任补一旅旅长，他久经战阵，深知补充旅随时有拨散的可能，这次仗打好了，可以保留下来；打败了，个人和部队的前途都是悲惨的。因此也处处谨慎小心，每一行动都仔细考虑，捕捉战机，务求全胜。

十月上旬，在浙江江山贺村，补一旅与红十军发生遭遇战，红军因急于北上，无心恋战，经淳安向分水前进。分水是西入皖境，北窥桐庐的要镇，王旅利用汽车将一部兵力运输至分水，刚在城郊占领阵地，即遭到红十军的猛攻。由于王旅地形优越，火力强大，激战半日，遏制了红十军的攻势。入夜，红十军团撤走，据报已入皖境，于是，补一旅全部用汽车运至屯溪附近集结。

1934年12月10日，侦知红十军团已到太平附近，意在进窥芜湖，这时，俞济时的指挥部，已随王旅行动，命令王旅北进，13日进至黄山山麓的汤口镇，14日向太平搜索前进。由汤口镇至太平，沿途有乌泥关、谭家桥，这两处都是要隘，两侧皆山，森林、丛草遍是，是一个打伏击战的最佳场所。

部队出发前，王耀武曾叮嘱前卫第二团团长周志道，搜索务须严密，不得大意。上午九时许，周团到达乌泥关、谭家桥时，只见公路两旁，农人在耕作，少数人在砍柴，丝毫没有可疑的迹象，便放胆前进。当前卫第一营刚通过时，埋伏在两侧丛林中的红十军团，以猛虎扑羊之势，向周团猛扑。周团长一面沉着应战，一面叫司号员吹号求援，司号员在吹号之中，被红军发现，立被击伤，这时情况十分危急，双方混战。王耀武得讯后，亲率第三团第三营和浙保纵队加强营驰援正面第二团作战，命令第三团团长李天霞率两个营向红十军团左侧背进击，命令第一团团长刘保定迅速占领乌泥关，确保后方安全。

红十军团选择谭家桥这一带有利地形伏击补一旅的原因是：一、擒贼擒王。俞济时的指挥部跟随补一旅行动，打败了补一旅便摧毁了神经中枢。二、在追击的国民党军九个团中，补一旅是新兵，未经战阵，是薄弱的环节，以为容易取胜。三、目前兵员、弹药均不足，打败了补一旅，可以得到补充。四、把补一旅打垮了，其余追击的国民党部队会有所忌惮，红军就能大步前进。而谭家桥是打埋伏最理想的好地方，因此全力猛冲。

在补一旅方面，认为这是生死存亡的关键，不得不全力以赴，同时，认为自己武器优良，实力雄厚，因此士气旺盛，官兵上下一心。红十军团第一次冲锋被打退了，在红军第二次冲锋时，周团的副团长程智身先士卒，发起反冲锋，一时刀光血影，声震山岳。周团长在此时负了伤，他不下火线，裹伤后继续指挥（后被授予勋章），使战局转危为安。恰好这时王耀武赶到第二团，集中机关枪、迫击炮向红十军团射击，使红十军团遭受到较大的伤亡。红十军并不气馁，兵分三路冲锋，这时周团阵地已有五个团的兵力，很快地打退了红十军的冲锋。

埋伏在谭家桥右侧的红十军团数百人，在正面鏖战之际，直扑补一旅旅部，旅部特务（警卫）连连长刘连荣，绰号"大炮"与第一团之一部合力还击，乘胜占领了红军几个山头，至此，红军停了攻势。在这场战斗中，第一线部队报告，刚才激战时，有数十名红军抬着一名伤员往后方去，估计可能是一名高级指挥官。

第三团团长李天霞，也将红十军团所占领的乌泥关西北的几个山头攻占，迫使红军不得不北撤，全部战局稳定。黄昏时，枪声已稀，判断红十军团已撤离战场，但俞济时、王耀武经过这一天的苦战，也放弃了夜间追击的打算，以免再遭伏击，待天明后再计划行动。这一仗，俘虏红军120余人，各类步枪100余支（口径不一的旧枪和几支土造枪）。从俘虏口中，得知红十军团副团长兼十九师师长寻维洲牺牲（是在第二次冲锋时，被击中要害），后在茂林附近，找到寻的尸体。王耀武为之棺葬、拍照，作为战绩上报，获得奖金一万元。

寻维洲以勇敢善战闻名于赣东北地区，这次牺牲，是红十军团的巨大损失。

红十军团在这次关键性的决战中受挫，环境险恶，前面的长江各口岸，布满了国民党军队，海军昼夜游弋，渡江无望。时届冬令，战士尚着破旧单衣，在蒋管区，补给困难，终日不得一饱，因此，作出返回赣东北的决策。在返回途中，先后与二十一旅战于江林、横方；与四十九师战于高村；与浙保纵队战于星口市、徐家村；与补一旅、二十一旅战于溪头。至此，红军兵员锐减，弹药消耗殆尽，估计全部只剩二千余人，尤其是战士体质消瘦，挣扎于饥寒交迫中。

1935年1月24日前后，在德兴县东十六都怀玉山地区，防军独立四十三旅发现红十军团偷越封锁线，激战结果，红军一部分进入怀玉山苏区，一部分被截获。得知方志敏已回到怀玉山，各追击部队统向怀玉山进发，补一旅到达怀玉山的北部，二十一旅到达怀玉山的西部，四十九师在东部，把怀玉山团团围住。

在这天寒地冻，霜雪交加的时候，红十军团余部，化整为零，隐藏在深林丛草中。各追击部队以连为单位，划分地区，由外向内作纵深搜捕。每天每连都会搜查到几个到几十个人，他们身着单衣，瑟缩不能站立。

补一旅在搜捕中，查出红十军团第二十一师师长胡天陶。王耀武命令我和胡天陶谈话，企图得到有关军事上的资料和方志敏的下落。

我见到胡时，他身穿三件打了补丁的单衣，两条破旧单裤，脚穿两只不同样式的草鞋。手提一只干粮袋，里面有一只旧搪瓷饭碗和一双沾满泥垢的筷子。我递过香烟，不抽；再递过一碗热稀饭，他倒不客气地喝了。我以聊天的方式向他发出提问，不管我谈什么，他都是很少说话，半天的功夫，没说几句。我据情向王耀武汇报，王说由他自己来问。王耀武告诉副官处，改善胡的食宿，给一套棉军服，然后和胡对话，但也是一问三不知。王表示可以转告地方政府，照顾他的家属。胡说得很干脆：没有亲属，没有家，光棍一人。数日后，胡被送到上饶赵观涛的总指挥部，听说后来送往南昌。

1月29日，传来方志敏在德兴县陇首村被独立四十三旅捕获的消息，据说是因警卫员叛变被捕的，独立四十三旅立了头功。俞济时、王耀武大呼晦气。这时，军团长刘畴西、第二十师师长王如痴，也陆续查获，至此，红十军团基本被瓦解。

围击红十军团的战斗就此告结束，浙保纵队指挥部被撤销，俞济时除撤销一切处分外，还记了大功。没有防地的补一旅和四十九师，均奉令离赣，开赴西安，归杨虎城将军指挥，一些官兵，得到不同的奖赏。

记我随蒋经国在上海限价中的片断[1]

前 言

1948年秋，是国民党政府进行反共反人民内战的第三个年头。由于政治上的专制独裁，军事上的连续败北，经济上也到了山穷水尽的地步，法币、关金券都成了废纸。民谚"早晚市价不同"已改为"早午晚市价不同"了。在城市，一般以金、银、美钞为记价单位；在乡村以实物（如米谷、麦子、面粉等）为记价单位。

当时，国民党政府的财政部长是所谓"社会贤达"王云五。他未上台前，高谈阔论，语惊四座；上台后，束手无策，惟一的办法是专程赴美乞求援助。可是在美国政府的眼里，蒋介石已失去扶植价值，吝啬地分文不给，使王云五碰壁而回，彷徨终日，莫知所措。

7月20日，蒋介石在杭州召集有经济专家、顾问参加的经济改革会议，寻求解决经济的方案。8月18日，蒋介石从庐山回到南京，第二天便发布经济改革方案，其重点大致为：1.自民国三十七年（1948年）8月19日起，发行金圆券，收兑法币、关金券及东北流通券；2.黄金、白银收回国有，民间不得私藏和流通；3.管制外汇，私人手中的外币要兑换，在国外的资产要向政府呈报；4.加强金融管制，限制物价，整理税收；5.在行政院下，成立经济管制委员会，上海为全国金融中心，成立经济督导员办公室，执行限价政策，清查库存物质，违法囤积者没收。任命中央银行总裁俞鸿钧为督导员，蒋经国为副督导员（实际上由蒋经国负责）。两周后，俞辞去兼职，由蒋经国任督导员。

---

1. 此文系吴莴依徐斌口述写成，但未发表。徐斌原系国民党某部炮兵团团长，1975年12月在江西以"国民党县团级以上人员身份"获宽赦。

蒋经国受命后，立即从他培训干部的机构——戡建班（国民党党团合并后，编余人员集训的机构）各大队中挑选具有大专文化、通晓一门外语（英、法、德、日）、年龄在卅岁以下、身体强壮、品行端正者200人，编为一个大队（辖四个中队）进入上海，作为执行限价政策的骨干力量。当时我是驻在屯溪的戡建二大队六中队少校队员。包括中队长谢曼夫在内，全中队挑选了7、8人，我是其中之一。

我在上海七十天，自始至终，执行清库和检查工作，现根据记忆所及，将当时见闻，摘记如后。由于时隔四十余年，手头资料残缺，因职务局限，见闻有限，舛误之处，敬希知者指正。

一、进入上海

我到上海后，被编在六大队二中队，受总队长王昇少将管辖，驻在北京西路国际饭店后面上海警察分局内，其余各中队分驻市区各警察分局。蒋经国对我们进行了训话。大意是：

上海是冒险家的乐园，恶势力很严重。你们当中有到过上海的，也有第一次到上海的。我们的任务是打倒奸商和一切恶势力，将上海市民从痛苦的生活环境中挽救出来，现在向你们约法三章：

不准接受礼物和财物；

不准去舞厅、戏院、茶室等娱乐场所，如执行任务也必须二人以上同行；

每日工作十小时；

星期日照常办公；

不准参加任何应酬；

如有在外招摇撞骗、贪赃枉法者，一经查出，主管人负同罪。

蒋经国还郑重指出，上海的不法商人使用的武器是"招摇撞骗"、"勾结贪官污吏"和用金钱收买。但这些，在我们面前，是毫无作用的，对付这些人，我们决不手软。

当前的任务是打击垄断囤积居奇的大户，只打"老虎"，不拍"苍蝇"。上海市民一定会同政府合作的。

最后，他指定检查结果逐级上报的程序。据我所知，在上海的七十天限价工作中，戡建队员都能洁身自爱，没有违法的行为。

二、扬子公司办案所闻

上海扬子建业公司（简称扬子公司）总经理孔令侃，是国民党要人孔祥熙的二公子，与蒋经国为姨表弟兄（孔母宋霭龄是宋美龄的大姐）。当蒋经国接到检举扬子公司的信件后，认为事件重大，命令王昇大队长成立专案小组，从各单位精选得力人员组成。

王昇奉令后，从戡建队、驻沪宪九团、上海经济警察大队、上海警备司令部稽查队四单位选出十一人的专案小组，由王昇兼任组长。戡建队选出的三人是谢曼夫队长、我和另一人（姓名已忘记）。在行动前，蒋经国召见训话，勉以认真办理，打破一切顾虑。

9月22日，专案小组到扬子公司进行突击检查。孔令侃令人打开仓库，拿出清册，派人陪同清点。各仓库分门别类储存着大批物资。计有：轿车零件、汽车内外胎、各种钢材、钢管、西药、自行车以及五金交电材料，数量相当庞大。据称：这是公司三个月营业额的储存量。孔令侃当场声明：这些物质是限价前购进的，有文件可资证明。限价公布后，遵照规定，造册上报，督导员办公室有批文在此，货物冻结，并无买卖行为。

我们经过几天的详细核对，认为手续完备，并无违法行为。

由于扬子公司政治背景特殊，名声太大，检查扬子公司的案件引起了各方的重视。南京政府的监察院、立法院派出委员秘密来沪调查（监察院两名委员中一名倪弼，另一名姓名忘记了），苏、皖两省监察使署也派出精干人员协同工作，其结果与我们检查相同。

由于扬子公司库存物质是遵循法令行事，所以未作出任何处理。这件事引起外界种种猜疑。连后来江南写的《蒋经国传》中，用曹聚仁的话说，是杨贵妃（指宋美龄）不好（见该书175—176页）。对这件事来说，这种说法是失实的。

我是检查扬子公司专案小组成员之一，身历其境，觉得一件事，是就是是，非就是非，应该保存其真实面目。当时专案小组成员有十一人，如果还有健在者，当知"我言不谬"也。

三、有关杜维屏抛售股票案

杜月笙是旧上海著名阔人之一，权倾一时。他的二儿子杜维屏凭借父势，在社会上也享有一定的声誉。在限价未公布的前夕，财政部秘书陶启明于8月18日将经改消息告知在沪的妻子李国英，要她抛售永安股票。杜从李国英处得悉消息后，跟着抛售永安纱股票3000万股，由证券大楼109号经纪人杜尔春吸进1600万股，天裕证券号经纪人张某吸进1400万股，杜获暴利80亿元，为当时的大案之一。

蒋经国接到举报信后，将杜逮捕，送交上海特种刑庭审理。庭长沈天保，推事方祥海于9月22日开庭公开审理。由于杜维屏的身份关系，开庭这天，两千个听众席以及记者席都坐满了。法庭为了防止发生意外，在法庭内外布满武装法警，荷枪实弹，气氛严肃。

在第一次庭审时，杜维屏诿称是下面人干的，推得干干净净。辩护律师也说，杜当时生病，很少过问证券交易所业务。由于证人未到庭（可能是怕得罪杜月笙），证据不足，法庭宣布改期再审。

第二次开庭是9月28日，证人鸣兴证券号经理邱云峰、华美公司负责人孙树人，到庭证明是杜维屏亲手卖出的。至此，辩护律师只好改口请求庭上从宽处理。沈庭长当即宣判：

杜维屏在8月18日限价前，抛售大额永纱股票3000万股，获取暴利，犯投机倒把罪，判有期徒8个月。

与本案有关的其他人犯李国英被判有期徒刑10个月，杜乐耕被判有期徒刑8个月，杨淑瑶（女）被判处有期徒刑7个月

宣判完毕，四名被告均表示不服，请求上诉。庭长宣布，本判决为终审判决，不准上诉。至此四名被告当场被送往提篮桥监狱关押。

杜案的判决使当时的上海市民为之称誉。"杜月笙的儿子都坐牢了"这句话传遍全市，给经管限价工作带来了暂时的乐观。

四、虎标万金油少老板胡好的故事

在旧中国，永安堂虎标万金油、八卦丹是尽人皆知的日常用药。胡好是永安堂创始人胡天虎的儿子，是旧中国著名的阔少之一。

经改公布后，上海执行限价。胡好从香港来到上海，携带有黄金200两、美钞3万元、港币50万元。下飞机后，住在永安堂驻沪办事处经理郑源贵家中。因旅途劳顿，委托郑经理将款子妥为装箱待用。但次日清点款项时，发现美钞3万元不翼而飞，便向市警察局报案。经查明，是郑源贵见财行窃。由于这笔巨款未遵照法令兑换金圆券，违反经营条例，所以将款项封存，胡好应受拘留处分。胡好在报案后，因事飞回香港。上海市警察局将其款项兑换成金圆券，代为保存。胡在港闻讯后，发表声明，愿随传随到，于是不了了之。

自9月19 日起，在执行限价期间，经蒋经国批准逮捕，情节较为重大的案犯有64名，其中被处决的有三名，其余判刑或释放。除前面叙述的特大案件外，现再摘要介绍较大的案件。

1、处决张亚民和戚再玉

张亚民系上海稽查大队大队长，戚再玉系官员。二人均系利用职权受贿、勒索、攫取巨款。经群众检举，蒋经国查实后，予以逮捕，送交特种刑庭审讯。他俩对所犯罪行，供认不讳，经上报南京政府，于9月20日，以存字第2777号代电批复处决。

戚再玉在临刑前，写信给妻子，大意是，根据法律，我有上诉权，

但不准上诉，无可奈何。奉劝亲友，不要介入仕途，免受我同样命运，望妻不要悲伤，回乡念佛，超度亡灵。

张亚民被处决后，他年轻貌美的女友（外室）王蕙蘅，因此精神失常，服毒自杀，一时成为社会谈料。

2、布业大王荣鸿元囤积布匹案

荣鸿元在上海有布业大王之称。上海市的棉布，他占有量近百分之三十。四大公司中的永安、新新，以及大大小小的布店货源，都由他供应，大小仓库十多处。戡建队根据举报材料，对荣鸿元所有的仓库逐一清查，查出帐面与实际存货不相符，且未在限期内登记，按照囤积居奇罪，送特种刑庭处理。

3、逮捕香烟巨头黄以聪

香烟是上海市民生活的必需品之一，香烟牌号极多。上海市民中高层次的多吸"大中华"、"三五"牌等，中层者吸"大前门"、"飞马"……，广大劳苦群吸的是杂质烟。黄以聪素有香烟巨头之称，当戡建队接到群众检举黄以聪囤积大批香烟的线索后，在黄以聪的黄浦路等处仓库，查出各种牌号香烟13000余箱，属于囤积居奇案。香烟公开以限价出售，黄犯送特种刑庭处理。

4、米业老虎张墨林、食油业老虎张超案

上海每一行业都有公会，由本行业的商店为成员。这些公会的负责人都是霸主，操纵一切。米业老虎张墨林，食油业老虎张超在上海南市、北市都有为数颇多的大米、面粉、食油、食糖等。戡建队根据调查确实，二张均犯有囤积居奇，扰乱油、粮市场罪，报请拘捕送特种刑庭依法惩办。

5、奸商吴翼鹏囤积大量食糖案

平凉路412号"老大同"南货店店主吴翼鹏，囤积大量食糖。上海市民于10月5日起，开始排队购买生活用品时，吴翼鹏有货不卖。群众纷纷向戡建队举报，经查库属实。吴被依法逮捕。所有食糖由社会局配给各商店，按限价出售，货款上交市府，作冬季救济费。

在处理一批情节较大的案件中，逐案也按认罪情况，分别处理。如永安纱厂经理郭棣，就以认罪态度较好，获得宽大处理。郭棣是永安纱厂进货和销售业务的主要负责人，因查实囤积大量棉纱、布匹而被捕。郭在形势逼人的情况下，低头认罪，将所有纱、布，按限价出售。由于抛售了这批纱、布，使市场紧俏的局面暂时得到了缓和。

对外籍人士，亦依法处理。如上海市犹太协会主席比雪·吉，是犹籍白俄，住欠当路拨卡第公寓479号。据举报信，他有买卖外汇行为。我们派出戡建队员在该处守候，果然有一男一女手提皮包入内，随即入内搜查，发现在沙发内藏有美钞二万元，从抽屉中查出美钞176元。那一男一女，系中国人，男名章伯祥，女为章妻，是外籍人的经纪人。他们在限期内未履行登记手续，当即收审。根据供词，在五楼办公室查出美钞1050元，英镑票23元，大金条8根。本案外籍人两名连同章伯祥一并送特种法庭依法处理。

其他较为重要的有大同、大公、农商三家银行和通易信托公司的案件。他们的帐目与存款数目不符，经告知有关部门，勒令四家暂时停业，其持有的黄金、外汇，当面封存，负责人交保候讯。这对金融界来讲，也是一件大案。

9月17日是中秋节，上海经济警察大队长陈义宽带领戡建队员200人及经济警察多人，成立若干组（从二、三人，四、五人到七、八人不等），从上午9时到下午4时，在金陵路、南京路、江西路、浙江路、证券交易所等地检查黄金、银元黑市，逮捕人犯24名，其中情节较重者16名送特种刑庭，8名送市警察局。其中倪宪章（"亚光"中托）、王文彬（"立大成"号）等较为著名。

戡建队根据群众举报，与上海经济警察七队、宪九团组织检查小组，在著名的青莲阁、长乐茶社等处查获黑市交易布匹、呢绒等犯罪分子王家桢、陶文沛、周斌等十五名。在永安坊查获"李景记"囤积食糖7142包，当将"李景记"经理收审。

此外，值得一提的是黄牛党。黄牛党分子是一批地痞流氓和乞丐，并无什么组织，而是三五成群，以强买强卖、捣乱市场、牟取暴利为目的。为了打击这批不法分子，我们分组分批进入市场。他们平日人多，但现在早已闻风而逃。这些黄牛党还结伙成群套购布匹、食油、大米等运往外地，（上海是限价价格，比外地要低），以及购买飞机票、火车票、轮船票和汽车票，高价出售，真是防不胜防。

五、限价中的花絮

国民党政府是8月19日公布改革币制的。第四天起，兑换的人群开始排成长龙，到9月30日止，上海市共收兑黄金1,105,000两，白银923,300两，美钞3,279,000元，港币10,117,480元，菲律宾币13,555元，兑出金圆券为372,466,710.6元，全国共兑出52,000万元。

国民党政府认为上海是全国的金融中心，只要上海稳定，便无问题了，所以任命蒋经国在上海执行限价政策。蒋经国便施展他在赣南任行政专员的作风，公布检举方法，号召全市人民检举揭发；亲自部署，由戡建队队员负责，带领上海警备司令部官兵、驻沪宪兵第九团、市警察局（包括各分局）人员，在车站、机场、码头、仓库，突击检查。凡携带金银、外币出境者一律予以收缴；抗拒检查和隐匿不报者，根据情节作出适当处分，连政府官员（包括立法委员、监察委员）也不例外。对仓库物资，有帐货不符的，一律封存候令处理。对出境旅客，进行认真检查，尤其是去港澳和国外的，更为严格。

因此，检举信如雪片似的飞到蒋经国的办公室。对查出的金银、外币一律兑换成金圆券。物资按 8：19 限价公开出售。所得货款分为上缴国库、社会救济金和提成奖励举报人员。

上海市社会局局长莫开光，为表示他对蒋家父子的忠诚，亲率部属数百人，分成若干小组到先施、永安、新新等大中型企业的仓库登记存货。

我曾在北站检查开出的客货车。一列客车，分4—6个检查小组。我在执行任务中，一无收获。有一个小组查获私带美钞3万元。物主魏家修，人被拘留审讯，款被换成金圆券。

我也曾到上海证券交易所查访。为了不暴露身份，我外穿西装，扮成商人模样，只是臀部插上手枪。进得门来，只见人们三三两两，细语低谈，不到一会儿，人们逐渐散去。我是江西口音，又不便贸然开口，唯恐露出破绽，只好怏怏回队。"是不是带了手枪给人家看出来了？"带着这个疑问去访问几位当地人。他们说，到交易所来的人都是来找对象的，经过初步商谈，便到平日常去的茶馆坐下来慢慢地讨论。

为了扩大戡建队的力量，应付当前复杂的局面和繁琐的工作，蒋经国决定成立大上海青年服务团，由王昇兼任总团长，总团下辖四个分团，每分团辖四个中队。分团团长，大、小中队长，均由戡建队队员充任，组长则由青年中自行推选。经考核录用的有12000人。在复兴公园举行成立大会。

10月10日是国民党政府的国庆日。这天蒋经国在虹口公园召开了有戡建大队、青年军上海联谊会、上海青年服务总队参加的万人大会。在会上，蒋经国讲"经改限价工作一定要进行到底，一定要取得胜利！要打倒一切不法奸商，否则广大人民不能过好日子。人民的力量最伟大，人民的话最正确，与其一路哭，不如一家哭。"

讲完话后，列队游行。沿途高呼"打倒一切恶势力"、"打倒奸商"、"打倒贪官污吏"、"将经改、限价工作进行到底"等口号。所到之处，沿途为之堵塞，汽车、电车停止行驶。

在强大的政治压力下，限价工作取得成功，上海局势暂时得到了稳定，蒋经国的经改权力扩大到苏、浙、皖和南京市地区。但这只是昙花一现。不久，上海便发生排队抢购风，日甚一日。于是，蒋经国向上海市民进言，进言的大意是：

1、人们对排队购物有怨言，但这是暂时的现象。目前的一点麻烦可以给明天带来好处，这是不让有钱的人享受，是尽量将贫富悬殊拉平。

2、过去老百姓买面粉是以斤为单位买，现在是一袋一袋买。上海市存米可供全市人民吃3—4个月。政府已向印度、缅甸各国购买米、麦。上海棉布现有存货达650万匹，工厂还在生产。

3、上海不是没有物资，而是一些商人在等涨价。按照限价，获利较少，因此有货不卖。

4、外地来沪物质，可用米、麦交换。

5、米、油等生活必需品，国营商店尽量抛售，私营的，必要时政府将接管。

6、对近郊县乡农民购货，我们采取物物交换的办法。

7、奸商视钱如命，要杜绝黑市，需要广大人民与政府合作。

8、天下事都是从艰难困苦中奋斗出来的。政府下定决心执行经改限价政策，决不灰心后退。信心动摇是干事业的人最大的敌人。世间最可怕的是既无人生的目标，又怕吃苦的懒汉思想。有了这种思想，等于慢性自杀。

9.经改限价工作已取得初步成果，希望市民与政府合作，保持已取得的成果，希望共同奋斗，争取胜利。

稍后，蒋经国又在上海广播电台向全市人民发表讲话。他说：

自8月19日在上海进行经改限价政策后，物价平稳。能取得这样的胜利是与人民对政府的合作和支持分不开的。这次，上海市人民用自己积累的黄金、银元外汇，踊跃向中央银行兑换金圆券三亿七千多万元，就是一个明显的例证。

我们奉派来上海，就是要尽最大的努力，为穷苦人民服务，做人民的公仆，取缔囤积居奇，取缔黑市，一切货物，不准加价。

前几天，有人对我说，他买了米、油、糖，可供一家人全年食用。我对他说："你一个人，一家人吃饱了，其他的人吃不饱或没有得吃，你能吃得稳吗？我们目前不是怕货慌，怕的是人们心慌。

上海居民贫富悬殊是众所周知的。有钱人出入舞厅、茶楼、酒馆，或去杭州、北平、南京等处旅游，可是街上的乞丐、流浪汉不知有多少，也许他们中间有人从前也是富家子弟，希望你们不要步他们的后尘。

最后，他着重声明：发现他的部属有不法行为，可用书面或口头报告，查清事实，定依法严办。对他个人的缺点，也请大家提出来，以便改正。

这两次讲话表明蒋经国当时的心境。尽管如此，但抢购之风，愈演愈烈，连棺材里也装满了吃用的东西，物价开始波动。上海600多家米店，这时仅有百家开门。商店每天上午9—10点才开门，下午3—4点就关门。

为了安定人心，原来只对公教人员和60万产业工人供应的平价物品，现在扩大到凡持有上海市户口的人都能享受，但这一措施也扭转不了局面。各业公会的负责人向蒋经国诉苦：不开工，不开门，亏本少些；开工，开门亏本更大，实在无法负担。

在抢购风中又出现假冒商品。如西药一时缺货，便有人做假药卖。根据举报，在中正路南河弄重阳10号有人生产假药。经查获有李实发、邹松泉二人制造假奎宁丸102瓶，当将两人送交特种刑庭处理。

为此，蒋经国邀请经济专家、学者开会。专家、学者们认为经济改革要按照经济规律办，建议目前应急的措施是：

1、大力解决工厂原料供应；

2、全面实行配给制；

3、政府应压缩开支，厉行节约；官员要廉洁，严办贪官污吏；

4、放宽正当外汇配额；

5、对人民生活必需品如米、面、油、糖、煤、蔬菜，要有充分准备；

6、恢复正常的证券交易；

为了稳定上海的经济局面，国民党行政院长翁文灏召集蒋经国和有关单位负责人开会，采取如下措施：

1、政府拨出外汇专款，向国外购买工厂生产所需原材料，使工厂能不停产；

2、迅速向国外多方订购米、麦，并迅速启运；

3、提高银行存款利息；

4、出售国营招商局、纱厂和台湾、天津两地的纸业公司股票，将上海市日伪房产由中央信托局公布价格出售。其中有汉口路90—130号办公大楼、乍浦路371—385号十处公寓，直（？）天路3212号学校房地产等。

问题不在于经改的措施如何如何，而是国民党政府政治上的独裁、腐朽，军事上在解放军的凌厉攻势下，战局日益恶化，致使人心慌动。上海市的限价再也无法维持了。连国民党政府的首都南京也受到冲击。其中立法院的食堂竟因买不到米和蔬菜，一天未举火。

在上海限价的70天中蒋经国是尽了最大的努力的。召开了各种大大小小的会议。刚进上海时，他曾在国际饭店邀请各界重要人士召开座谈会。他在会上说，今天到会的大都是我的父辈，值此国家经济处在危机中，经国见危受命，督导经改工作，务请各位大力协助。如有不周之处，敬请随时指正和谅解。

接着，在中央银行会议室陆续开了不少的会议。计有工厂、金融、各行业公会负责人等的谈话会。其要点是希望大家都来协助搞好经改、限价工作。在中、后期则是阐明情况，安定人心。为疏导原材料来沪，除已有的渠道和办法，还用布、糖、日用品等与农村换原料；向印度订购大量大米，以维持米价不变；自11月份起实行配给制等。他强调要打倒一切恶势力，坚决查办囤积居奇者，不管什么人，违法必办决不手软。违法工厂，必要时政府接管。

对民众排队购物事，他认为这是政府宣传工作没有做好。民众对买东西排队不满和抱有反感，他认为这是可以原谅的，但我们应该向广大人民说明，排队购物有它有利的一面——不受奸商非法剥削，保持每个人生活上的需要，只是目前给生活带来暂时的不便而已。我们要向民众反复解释与政府合作的必要。

9月29日上午9时，蒋经国参加了在陕西南路体育馆举行的青年军联谊会。市长代表马敖坤、国民党上海市党部书记长方治也到会讲了话，会场四周贴满了经改运动的标语，如"不打倒奸商，贫苦人民活不了"、"要使大多数人有饭吃"、"只打老虎，不拍苍蝇"、"挽救贫苦人民"、"叫奸商、投机倒把者在人民面前发抖"……等等。蒋经国在会上号召参加青年军的军人投入到经改、限价的工作中去；阐明经济改革是一种社会性质的革命运功，奸商和不法大户，要彻底打倒，要使大多数贫苦人民有饭吃。我们要用政府给予的权力，以革命的方法去对付一切恶势力，把他们打倒，为人民撑腰，为人民做主。世界上最大的力量是人民的力量。荣鸿光被逮捕了，就有人替他说话，说荣鸿光养活了五万多工人。我说，不对，是五万工人养活了荣鸿光！当前，经改工作压倒一切，对违法的一定要办。希望大家象当年参加青年军抗日救亡那样，树立爱国主义精神，为国分忧，渡过困难时期。

10月16日上午，蒋经国在上海市警察局对戡建六大队及上海经济警察大队人员讲话。上海市警察局局长俞敬平、戡建六大队队长王昇、经济警察大队长程义宽、组长王恩祖、督导员办公室主任秘书高理文以及各警察分局局长600余人。

蒋经国讲话的大意是：在前一段限价工作已取得一些成绩。这主要是上海市广大人民给予支持和今天到会的各位日以继夜地忘我工作，做到廉洁、公正得到人民肯定的结果。但是，不要忘记，最艰难的工作尚未开始，希望大家继续努力，克服一切困难，直到经改工作取得胜利。今后工作重点是，(1)打击黑市交易和投机倒把；(2)对黑市买卖的黄金、白银（银元）、西药、棉纱、布匹等，均为重点打击对象；(3)对黑市交易者，逮捕后请法庭从严惩办。

六、尾声

在上海经改、限价工作两个月后，由于国民党政府的独裁专制，腐败无能，军事上的连续败北，蒋管区的面积日益缩小，政府收入锐减，只好靠发钞票、增税过日子。首先是烟酒增税给限价工作以严重的一击，从此，裂缝日益明显。

在国民党内部，对限价问题也是各搞一套。如北平的张厉生、广东的宋子文以及上海近邻的皖、苏、浙等省执行政策宽紧不一，这就使蒋经国孤掌难鸣了。如10月5日，他在日记中写道：

"十时主持检查例会，讨论实施总检查方案时，大家的情绪已不如过去的旺盛了。这与今天的困难环境有关系。"

为了解决"限价是否坚持下去"？行政院长翁文灏召集各方重要人士开会。到会者有王云五、蒋经国、俞大维、刘攻云、左舜生、徐惜、谷正纲等。会上有两种意见，王云五、蒋经国是主张将限价工作坚持下去的，但大多数人不赞成。最后通过的办法是宣告限价工作停止，内容大致如下：

在保持限价工作的基础上，把不合理的价格酌量调整；

拨一亿五千万美钞购买工厂急需原料，使工厂能从事生产；

将限价改为议价；

公私价格同时调整；

10月30人行政院宣布物价解冻的七条措施是：

粮食自由交易；

城市实行配粮；

棉纱、布匹、糖、煤，由中央核定成本定价，其他物品价格，由各地核定；

调整公教人员待遇；

调整税收；

严禁投机倒把、黑市交易；

工人工资根据各地情况，酌情予以调整。

蒋经国呈请辞职，于11月4日批准，6日离沪。行前，他发表了给上海人民的道歉书，大意如下：

> 此次奉命担任上海经改限价工作70天，没有完成政府交给我的任务，辜负了上海人民的期望和支持。在这70天中，不但没有减除人民的痛苦，反而给人民带来了精神上、物资上的损失。为此我非常内疚，谨向你们深致歉意。
>
> 经改限价工作现已告一段落。我不能把失败的责任推卸给别人。我已向政府请求给我以应得的处分。
>
> 上海经改限价工作虽遭到挫折，但在挫折和失败面前，我仍不放弃我的政治主张，要把千百万处在痛苦生活挣扎下的人民解放出来，填补给你们工作上、生活上带来的损失，减少我良心上的指责。
>
> 我不希冀上海人民对我的经改限价工作表示谅解，而是说明我对上海人民应尽的责任。我们决不容许投机倒把者一夜之间发了横财，尤其不能让官僚、恶霸地痞来控制上海。我始终认为上海人民是愿意与政府合作的，上海的前途是光明的。

6日，蒋经国离沪去奉化溪口老家。行前，曾对一些重要干部讲过：政府腐败，奸商可恶。他们是一群不拿刀枪的匪徒。

据传，自10月底至11月初，蒋经国常常大量饮酒解闷。

蒋经国走后，上海市社会局长莫开先召集各行业公会理事长开会，宣布工业品：烧碱、硫磺、牛油、橡胶、染料、厂丝等八种产品速报成本，由社会局核价出售；日用品：豆油、火柴、肥皂、煤球、呢绒、毛线等实行成本核价销售。

在上海经改限价中，据估计，公私经济损失数字都是庞大的。以工业品为例，共计出售棉纱5万件、棉布12万匹，金额达金圆券5千万元。其中以中新九厂最大，达500万元。奉华毛纺公司出售了20码呢绒料，损失为400万元，绒线10万磅，损失为2千万元。

关于上海经改限价工作的失败，论者纷纭，这里也毋须介绍。我想用"病入膏肓"这句成语来形容国民党政权的当时情况，是再恰当不过了。经改限价工作不按经济规律办事，全凭政治高压手段，当然只能是昙花一现了。不过绝大部分上海市人民还是支持蒋经国的。尤其是他那种作风的刚毅，处事的公正还是留在了上海人民的记忆中。

随着经改限价工作的终止，在上海奋斗70天的戡建队员也悄然离沪了。他们和驻在其他地方的戡建队一起开赴江西南昌，改编为隶属国防部的青年救国团。王昇大队长任国民党江西省党部书记长（主委为章益修）。由于局势演变，青年救国团撤至赣州，总团长由王昇充任，王妻胡香棣（浙江人，1942年在赣州女中任教时，与王结婚）则去了台湾。

青年救国团撤至广东曲江时，我任第一团副团长，负责收容败逃官兵。不久我成了解放军的俘虏，经过一段较长时期的改造，获得新生。今天在社会主义祖国的阳光雨露下，成为退休教师，过着幸福的晚年。回首往事，感喟无穷。

无数水滴汇成江海　千万个体成就历史
"壹嘉个人史"系列已出书目

《鸢飞戾天：一位国军少将的抗战军旅实录》，$23.99

《八十年代的一束思想之光：<青年论坛>纪事》，李明华著，$36.99

《申泮文的西南联大》，申泮文著，文版平装：$29.99，图版平装：$39.99

《风吹稻花香两岸：一个外省人的台湾回忆》，黄雅纯著，$19.99

《滹沱河》，温雅娟著，$22.99

《逆流者：抗日杀奸团成员口述历史实录》，赖恩典著，$32.99

《寻找尘封的记忆：抗战时期民国空军赴美受训历史及空难探秘》，李安著，$28.99（获奖图书）

《李慎之与美国所》，资中筠、茅于轼等著，$18.99

《老卒奇谭：一位逃港者的自述》，老卒著，$22.99

《鲁冀宝藏》，高鲁冀著，$22.99

《革命时期的芭蕾》，史钟麒著，$23.99

　　"壹嘉个人史"系列持续出版，欢迎关注，欢迎投稿。电子邮件地址：1plus@1plusbooks.com

　　壹嘉出版致力优质海外中文出版，聚焦传记、历史、人文、社科。更多信息，请访问壹嘉官网https://1plusbooks.com。

 扫描访问
壹嘉官网

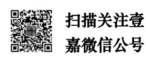 扫描关注壹
嘉微信公号